本书系教育部人文社科基金项目"超市供应链垂直协作与果蔬质量安全市场治理"（10YJC790234）的最终研究成果和国家社科基金项目"公益诉讼与农产品质量安全保障机制研究"（15BGL135)的前期研究成果。

供应链垂直协作与果蔬质量安全市场治理

唐步龙 何伟/著

人民出版社

责任编辑：吴焰东
封面设计：石笑梦

图书在版编目（CIP）数据

供应链垂直协作与果蔬质量安全市场治理/唐步龙,何伟 著. —北京：
　人民出版社,2017.12
ISBN 978－7－01－018657－3

Ⅰ.①供…　Ⅱ.①唐…②何…　Ⅲ.①水果-供应链-质量管理-安全管理-
研究-中国②蔬菜-供应链-质量管理-安全管理-研究-中国　Ⅳ.①F326.13

中国版本图书馆 CIP 数据核字（2017）第 302257 号

供应链垂直协作与果蔬质量安全市场治理
GONGYINGLIAN CHUIZHI XIEZUO YU GUOSHU ZHILIANG ANQUAN SHICHANG ZHILI

唐步龙　何　伟　著

人民出版社 出版发行
（100706　北京市东城区隆福寺街 99 号）

北京中科印刷有限公司印刷　新华书店经销

2017 年 12 月第 1 版　2017 年 12 月北京第 1 次印刷
开本：710 毫米×1000 毫米 1/16　印张：18.5
字数：270 千字

ISBN 978－7－01－018657－3　定价：60.00 元

邮购地址 100706　北京市东城区隆福寺街 99 号
人民东方图书销售中心　电话 （010）65250042　65289539

目　录

第一章　供应链垂直协作与果蔬质量安全市场治理概述

一、研究问题的提出

随着人民生活水平的提高，消费者对水果、蔬菜、生鲜食品消费的观念已经由传统的贫乏型、数量化向现代的多元化、质量化转变，蔬菜、水果以新鲜、可口、营养丰富而为广大消费者所喜爱，成为日常必需食品，对食品的新鲜性和安全性的要求也越来越高，因此果蔬食品的安全直接关系到消费者的生命安全。但是，目前的果蔬质量安全与消费者的要求还有一定差距，果蔬食品安全事件时有发生：2011 年由于食品添加剂引起的"沈阳毒豆芽"事件和由于植物激素滥用引起的"爆炸瓜""乒乓球草莓"事件；2012 年在德国由于诸如病毒感染"速冻草莓"引起的食物中毒事件和波及整个欧盟的 O104：H4 大肠杆菌污染事件；2013 年南京、广州等地的"镉大米"事件，以及在山东潍坊因滥用剧毒农药"神农丹"引起的"毒生姜"事件等。各类果蔬相关的恶性食品安全事件的高度频发，激发了消费者的强烈关注，也引起了消费者对果蔬食品安全问题的重视。

果蔬质量安全状况直接关系到广大消费者的生命健康，因此，加强对果蔬质量安全的控制和治理成为一个亟待解决的重要问题。由于果蔬质量安全受到供应链各环节各主体的影响，因而，加强果蔬供应链管理，发展现代果蔬供应链无疑是一个必然的选择，超市果蔬供应链是现代果蔬供应链的重要组成部分，研究果蔬质量安全必然要研究超市果蔬供应链。

从 20 世纪 90 年代开始，超市逐渐取代传统农产品市场的所谓"超市化运动"在发展中国家蓬勃发展。由于不同国家经济发展起步时间上的差异，超市在这些发展中国家形成了三个主要阶段，也有人把这三个阶段称为"超市发展的三个浪潮"。第一批发展超市的发展中国家和地区有韩国、智利、菲律宾等。这些国家和地区的超市快速发展期起始于 20 世纪 90 年代，当时在超市销售的农产品还不到农产品零售总额的 10%，然而到了 2003 年，这个比重就已经增加到了 50%—60%，2010 年更是提高到了 65%。墨西哥、泰国、印度尼西亚等国家和地区是属于第二批发展超市的发展中国家，其超市快速发展期起始于 20 世纪 90 年代中期，当时在超市销售的食品仅仅占食品零售总额的 5% 左右，然而到了 2003 年，很快就上升到了 30%—50%，平均每年的增长速度达到 20% 左右。20 世纪 90 年代末期，第三批发展中国家和地区开始进入超市的高速发展期，这些国家包括中国、秘鲁和越南等。在这些国家和地区，超市经营农产品的比例平均每年增加 30%—40%。

在拉丁美洲，每个国家的前 5 位超市连锁店占超市部门总销售额的 65% 左右，与美国 40% 和法国 72% 的份额相比较也不算低。在墨西哥，食品支出中每 10 个比索（pesos）值大约就有 3 个是被沃尔玛占有，这个比例与阿霍德（Ahold）在哥斯达黎加（Costa Rica）的比例和家乐福（Carrefour）在阿根廷的比例相当。超市产业集中的结果是由于本地连锁业的外国收购，一般是由外国直接投资的流入而推动的。此外，超市已经不再是为富裕或者中产阶级运行的销售网络，它们已经扩展成为面向穷人的食品市场。

中国超市的出现和迅速发展为解开质量安全农产品销售难题创造了客观条件。自 1990 年广东省深圳市建立起中国第一家超市以后，中国超市获得迅猛发展，目前已经逐步成为城市消费者购物的主要场所。2003 年，中国连锁超市的门店共有 74000 多家，销售总额 5900 多亿元。连锁超市销售额在社会消费品零售总额中的比例也在迅速上升，如 2004 年上海占 37%、北京占 29%、青岛占 29%、沈阳占 26%、天津占 23%（胡定寰、弗雷德·葛尔、托马斯·里尔登，2006）。① 在连锁经营协会统计的百强连锁商店中，2008 年，中国有外资超市的店铺 851 个，2011 年就增加到了 3281 个，年均增长率达到 178%，超过国内超市店铺 142% 的年均增长率。2000 年外资超市的销售总金额为 76.10 亿元，2005 年就增加到了 991.80 亿元，年均增长率达到 221%，同期国内超市的年均增长率为 119%，以超市为龙头的现代化农产品供应链逐渐形成。

超市具备经营质量安全农产品的客观条件：（1）连锁超市是建立在现代化经营理念之上，拥有先进的物流、销售设备和技术的大型零售企业，同个体商店、农贸市场和小商贩相比，超市更加重视所经营农产品的质量和安全性。（2）超市拥有可靠的标识系统，使得企业可以掌握每一件产品的流向，消费者能够通过查询获得质量安全农产品的整个生产和流通过程的全部信息。（3）外部竞争环境促使超市经营质量安全的农产品。同农贸市场相比，超市经营普通的农产品在价格上没有竞争优势，而质量安全的农产品的利润空间高于普通的农产品，超市在经营质量安全农产品方面拥有竞争优势。

随着超市的飞速发展和果蔬质量安全问题的凸显，本书以果蔬为例，重点从供应链的垂直协作关系入手，研究供应链系统中果蔬质量安全的市场治理问题，主要分析供应链各环节上的市场主体在自身利益最大化的前提下，如何选择适合自身的垂直协作方式，从而对果蔬质量安全进行治理。本书在理论上具有一定的学术价值，在实际操作层面具有一定的实践价值，调研的资料可以为相关研究提供素材支撑，提出的果蔬质量安全市场治理理论框架可以为以后相关研究提供学术借鉴，由于涉及供应链的利益主体较多，因此，本书也提高了果蔬质量安全问题研究的系统性和综合性。

---

① 胡定寰、弗雷德·葛尔、托马斯·里尔登：《试论"超市+农产品加工企业+农户"新模式》，《农业经济问题》2006 年第 1 期。

二、国内外研究现状

(一) 国内外农业领域垂直协作的相关研究

1. 国外对垂直协作的研究

总体来说，国外学者关于垂直协作的研究起步较早，也较为系统，比如，霍布斯·J.E. (1996) 利用交易成本的方法对供应链管理进行了相关研究，分析了产业组织的组成及在不同组织结构下效率的获得，提出了一个对理解和发展供应链管理有用的理论分析框架，并且讨论了交易成本对企业内部以及供应链管理的潜在作用，也提供了利用交易成本理论对垂直协作进行实证分析的方法。[①]

雷伯宁·M.J. (2003) 提供了一套利用交易成本理论、资源基础论和真实选择理论对组织治理形式的选择以及这些组织治理形式的选择对经济价值的创造和评估的影响的分析方法。他通过对三种理论所隐含假设的推断分析了三种理论的相似性与不同，为以后对经济价值创造和评估的实证研究提供了较好的思维视角。[②]

霍布斯·J.E. 和杨格·L.M. (2000) 分析后认为，农业食物领域紧密垂直协作增加的动因主要来源于技术、规则和社会经济特征等的改变，并进一步指出由于技术的进步、消费者偏好的改变以及规则和社会经济特征的变化引起了产品特征的改变，产品特征的变化又引起交易特征的改变，交易特征的改变又引起交易成本的变化，而交易成本的变化直接影响垂直协作的变化。[③]

① Hobbs, J. E., "A Transaction Cost Approach to Supply Chain Management", *Supply Chain Management*, 1996, 1 (2).

② Leiblein, M. J., "The Choice of Organizational Governance Form and Performance: Predictions from Transaction Cost, Resource - based, and Real Options Theories", *Journal of Management*, 2003, 29.

③ Hobbs, J. E. and Youg L. M., "Closer Vertical Co-ordination in Agri-food Supply Chains: A Conceptual Framework and Some Preliminary Evidence", *Supply Chain Management*, 2000, 5.

弗兰克·S.D. 和汉德森·D.R.（1992）利用多元 OLS 回归分析对美国 42 个食品工业进行了分析，并运用实证研究的方法分析了美国食品行业垂直协作的决定因素。研究结合产业的投入产出关系和非市场安排提出了分析食品行业的垂直协作的具体指标，这些指标主要是用来考察交易成本对食品行业垂直联结的影响。实证结果支持了原假设即交易成本是影响食品行业垂直协作朝非市场安排转变的主要因素。①

霍布斯·J.E.（1997）根据交易成本经济学理论的研究，利用英国肉牛养殖户的调查数据，通过计量分析估计出了不同类型的交易成本变量和生产者及农场特征变量对肉牛销售渠道选择的影响程度和方向。研究中，将交易成本主要划分为三大类，即信息成本、谈判成本、监督成本。实证结果表明，四个交易成本变量和三个生产者特征变量对生产者垂直协作形式选择的影响很显著。②

博格·S.（2001）利用交易成本经济学理论和 200 户生猪生产者的调查数据，运用多元选择模型和聚类分析法研究了当波兰高质量的生猪市场出现时生猪生产者和买者之间销售渠道的选择情况。实证结果显示，生产者与大型加工者之间的交易在合约、等级和质量投资方面显著不同于生产者与贸易商及本地屠宰场之间的交易，大型加工厂在等级和加工技术方面的专用性投资明显地能得到保护，波兰以质量为基础的生猪定价体系尚未完全建立，但高质量的生猪产品具有较高的谈判能力，生产者并不能总是通过价格奖金和合约来保护他们对质量的专用性投资。③

霍布斯·J.E.（1996）利用交易成本理论分析肉牛屠宰加工厂对供应渠道选择问题时发现，不同供应渠道的选择会导致英国肉牛屠宰加工厂承担不同的交易成本，因此，供应渠道的选择受交易成本的影响。对肉牛生

---

① Frank, S.D., Henderson, D.R., "Transaction Costs as Determinants of Vertical Coordination in the U.S. Food Industries", *Amer. J. Agr. Econ.*, 1992, 74 (4).

② Hobbs, J.E., "Measuring the Importance of Transaction Costs in Cattle Marketing", *American Journal of Agricultural Economics*, 1997, 79.

③ Boger, Silke, "Quality and Contractal Choice: A Transaction Cost Approach to the Polish Hog Market", *European Review of Agricultural Economics*, 2001, 28 (3).

产源头进行追溯的监督成本对加工厂选择肉牛供应渠道具有很重要的影响，随着英国可追溯性及向消费者提供农场和质量保证等压力的增加，加工者和零售者承受的监督成本增加，使通过拍卖或与单个生产者非正式供应关系获得肉牛产品变得越来越不可行，随着下游企业压力的增加将导致企业朝更加紧密的垂直协作方向发展。①

通过对交易成本、资产专用性与农户销售渠道选择之间关系的研究来分析匈牙利果蔬农户选择不同销售渠道的原因时发现，农户销售渠道的选择受交易成本影响显著；户主的年龄、信息成本、谈判力量和监督成本对农户选择批发市场有显著的正影响，批发商的实证结果与农户相似，年龄和信息成本对农户选择销售合作社有显著正影响，而资产专用性和谈判成本对其有负影响，这对农户选择生产者组织没有影响，除非资产专用性与理论预期有相反的作用和影响，因此，该研究中销售渠道的选择与交易成本经济学的基本观点相悖（Imre Ferto and Gábor G. Szabóv，2002）。②

通过实证研究考察印度牛奶、烤鸡和蔬菜部门采用不同供应链机制对生产者交易成本和农场效率的影响发现，以合同农业为代表的制度革新极大地减少了交易成本、改善了市场效率使小农户受益，小农户没有受到合同农业的偏见，也没有发现公司以其垄断地位对小农户进行剥削，合同生产者认为自己受到了合同农业带来的农产品高价格的好处（Pratap S. Birthal，P. K. Joshi and Ashok Gulati，2005）。③

利用交易成本经济学、委托—代理理论和信息经济学研究有机小麦供应链垂直协作后发现，采用不同的治理结构销售对有机小麦的价格和生产者的交易成本有很大影响，生产者通过自己的公司销售获得的利润最大，而经销商如果拥有大公司并通过市场交易购买有机小麦获得的利润最大，

①　Hobbs，J. E.，"A Transaction Cost Approach to Supply Chain Management"，*Supply Chain Management*，1996，1（2）.

②　Imre Ferto and Gábor G. Szabóv，"The Choice of Supply Channels in Hungarian Fruit and Vegetablesecto"，*Agricultural Economic Report*，2002，6.

③　Pratap，S. Birthal，P. K. Joshi and Ashok Gulati，"Vertical Coordination in High – value Food Commodities：Implications for Small Holders"，*MZ'ID Discussion Paper*，2005，4.

通过加强生产者和销售者之间的垂直协作对生产者有利，但由于利润分配上存在差异，这种结果不一定对经销商有利（Shon Martin Ferguson，2004）。[①]

2. 国内对垂直协作的研究

国内学者对农业领域垂直协作的研究从中国农业产业化政策颁布并实施以后才开始出现，目前这方面的研究文献渐渐丰富起来。比如，桑乃泉（2001）[②] 对食品产业纵向联合、供给链管理与国际竞争力进行研究，首先阐述了食品行业纵向联合的内涵，利用交易成本理论、产业组织理论、委托—代理理论等对食品行业纵向联合的动因从理论上进行了分析，介绍了供应链管理的概念和国外供应链管理的经验，最后指出我国食品行业纵向联合与供应链管理的现实意义。

夏英、宋伯生（2001）从食品安全保障的角度对供应链综合管理进行研究，阐述了食品质量标准体系和供应链管理对食品安全的保障。[③]

方敏（2003）在阐述绿色食品供应链概念的基础上对比分析了传统食品供应链和绿色食品供应链，指出大力发展物流配送中心是绿色食品供应链的关键，而优化绿色食品供应链的主要措施是建立和规范物流配送中心，建立和完善供应链管理信息系统，健全新产品开发机制等。[④]

方志权、顾海英（2003）从蔬菜生产链、供应链和需求链的角度对大中城市蔬菜产业链发展的现状、问题及对策进行研究，发现大中城市蔬菜产业虽已初具规模和体系，但各行为主体缺乏整链运作意识，各链条之间缺乏必要的合作，导致出现蔬菜育种者与生产者之间、蔬菜生产者与消费者之间、蔬菜生产者与市场之间的环节脱离、信息断流，生产者对消费者

---

① Shon Martin Ferguson, "The Economics of Vertical Coordination in the Organic Wheat Supply Chain", *University of Saskatchewan*, *Discussion Report*, 2004, 10.

② 桑乃泉：《食品产业纵向联合、供给链管理与国际竞争力》，《中国农村经济》2001 年第 12 期。

③ 夏英、宋伯生：《食品安全保障：从质量标准体系到供应链综合管理》，《农业经济问题》2001 年第 11 期。

④ 方敏：《论绿色食品供应链的选择与优化》，《中国农村经济》2003 年第 4 期。

的需求缺乏了解，对市场更无预测能力，消费者则抱怨市场上缺少蔬菜新品，上市蔬菜品质欠佳，构成批发市场主体的买卖双方数量众多但多不固定，市场发布的供需状况及价格信息，不能迅速反馈给蔬菜生产者，蔬菜产业缺乏市场竞争力。①

周曙东、戴迎春（2005）以江苏省为例分别运用主成分分析法和 Logit 模型分析了养殖户选择销售渠道时考虑的因素、养殖户对生猪合同生产方式的意愿及影响因素。研究结果表明，养殖户选择不同生猪销售渠道的最重要动机是减少价格和付款的不确定性。养殖户对生猪合同生产方式表现出较积极的意愿，户主年龄、养殖规模、非农职业状况、有无借贷用于养猪、地区差异等因素对养殖户采用合同生产方式的意愿影响较大。②

王桂霞、霍灵光、张越杰（2006）以吉林省和河北省部分肉牛养殖户为例对影响农户垂直协作形式选择的影响因素进行了实证分析。研究表明，交易成本是养殖户肉牛销售渠道选择行为的主要影响因素。市场能否及时销售的风险程度、价格有保证程度对有一定饲养规模的农户（年出栏 10 头以上）选择销售渠道具有不同程度的正影响，对销售中的损失、运输成本及风险程度具有负影响，而农户饲养规模对销售形式选择的影响并不显著。这在一定程度上表明交易成本比农户自身特征和农户生产经营特征对其垂直协作形式选择的影响更显著。③

孙世民（2006）对质量安全的优质猪肉供应链建设与管理进行探讨，分析中国现有的生猪生产组织模式的优点及存在的问题，并分别深入剖析了"公司+养猪户""公司+基地+养猪户""生猪定点屠宰""公司+合作经济组织+养猪户""产销集团"等模式。④

---

① 方志权、顾海英：《大中城市蔬菜产业链发展的现状、问题及对策》，《农业经济问题》2003 年第 6 期。

② 周曙东、戴迎春：《供应链框架下生猪养殖户垂直协作形式选择分析》，《中国农村经济》2005 年第 6 期。

③ 王桂霞、霍灵光、张越杰：《我国肉牛养殖户纵向协作形式选择的影响因素分析》，《农业经济问题》2006 年第 8 期。

④ 孙世民：《基于质量安全的优质猪肉供应链建设与管理探讨》，《农业经济问题》2006 年第 4 期。

　　王爱群、夏英（2006）运用交易特性、资产专用性理论，分析了合同一体化与垂直一体化方式各自适应的条件，对在农业产业化经营中如何正确选择和应用两种一体化方式进行了阐述，认为双方资产专用性都很强时应该采用垂直一体化方式；否则应该采用合同关系，并在最后就垂直一体化发展中存在的主要问题提出了应对措施。[①]

　　胡定寰（2006）以山东省苹果产业为例，实证研究合同生产模式对农户收入和食品安全的影响。结果显示，与市场交易模式相比，组织内部的交易模式更有助于提高农产品的品质和安全性，虽然组织内部交易模式会使农户失去一定的"自由"，并且会使企业增加管理成本，但农户和企业都可以获得经济上的补偿或回报，实行组织内部交易模式的前提是存在对优质和安全农产品需求的市场。在中国，这个市场由于超市的发展而形成，并伴随超市经营农产品比重的增加而扩大。[②]

　　江波、吴秀敏（2008）认为，供应链管理思想的核心是建立整体优势的协作关系，交易成本从资产专用性、不确定性和交易的频率影响交易方协作方式，交易不确定性及频率相对资产专用性不重要，因此，重点从资产专用性角度讨论农产品供应链垂直协作方式的选择，在非垄断竞争市场条件下，农产品供应链中各交易方协作方式随资产专用性的强弱而不同。[③]

　　应瑞瑶、王瑜（2009）利用 2007 年在江苏省入户调查的数据，分别从信息成本、谈判成本、执行（监测）成本三个方面，分析了生猪生产流通中交易成本对养猪户垂直协作方式选择的影响，以及不同养殖规模的养猪户销售生猪时所面临的约束。实证结果发现，信息成本和谈判成本对养猪户垂直协作方式选择的影响比较显著，生猪销售频率、料肉比、养猪户

　　① 王爱群、夏英：《合同关系与农业垂直一体化应用比较研究》，《农业经济问题》2006 年第 7 期。
　　② 胡定寰等：《合同生产模式对农户收入和食品安全的影响——以山东省苹果产业为例》，《中国农村经济》2006 年第 11 期。
　　③ 江波、吴秀敏：《农产品供应链垂直协作方式的选择——基于资产专用性维度的分析》，《农村经济》2008 年第 3 期。

年龄、养殖年数等因素的影响也很明显。①

孙艳华等（2010）利用江苏省431户养鸡户的调查数据研究养鸡户垂直协作的意愿选择及其影响因素，发现当养鸡户面临多种垂直协作形式时，生产合同、户主风险态度、自治权、与贷款者关系、与鸡贩关系、养殖规模、专门养鸡人数等对养鸡户的选择意愿影响显著。②

蔡荣、韩洪云（2011）利用山东省348户苹果种植户实地调查数据考察交易成本对农户垂直协作方式选择的影响时发现，苹果种植户垂直协作方式包括现货市场、销售合同和合作社三种类型，并且绝大多数农户同时存在不同类型的垂直协作方式。③

姚文、祁春节（2011）基于交易成本理论和中国茶叶优势产区9省（自治区、直辖市）29县1394户农户的调查数据，采用有序Logistic模型，分析不同生产规模农户鲜茶叶交易中垂直协作模式选择意愿的影响因素。结果表明，降低交易成本和交易风险是农户选择垂直协作模式的主要原因，交易频率、信息搜寻成本、谈判成本和监督成本对不同生产规模的农户都有较强的约束。④

陈素云、吴一平（2012）依据中国生猪市场2003—2010年销售价格和成本数据，运用委托—代理和交易成本理论，利用投入产出方法，研究规模生猪加工企业垂直协作的交易成本。结果表明，在目前的市场环境下，规模生猪加工企业适宜采用紧密型契约、战略联盟和纵向一体化相结合的综合模式。⑤

孙振等（2013）使用一个关系合约模型对农业垂直协作关系进行研

① 应瑞瑶、王瑜：《交易成本对养猪户垂直协作方式选择的影响——基于江苏省542户农户的调查数据》，《中国农村观察》2009年第2期。
② 孙艳华等：《农户垂直协作的意愿选择及其影响因素分析——基于江苏省肉鸡行业的调查数据》，《农业技术经济》2010年第4期。
③ 蔡荣、韩洪云：《交易成本对农户垂直协作方式选择的影响——基于山东省苹果种植户的调查数据》，《财贸经济》2011年第7期。
④ 姚文、祁春节：《交易成本对中国农户鲜茶叶交易中垂直协作模式选择意愿的影响——基于9省（自治区、直辖市）29县1394户农户调查数据的分析》，《中国农村观察》2011年第2期。
⑤ 陈素云、吴一平：《生猪产业垂直协作模式分析》，《河南农业大学学报》2012年第2期。

究，结果表明：资产所有权、合约关系均会对农业垂直协作形式产生影响，不同规模农户、不同类型农产品会采取不同的垂直协作方式；关系合约的自执行会受到垂直协作方式的总剩余、关系合约的激励强度、非合约化价值和农产品的价格波动等因素影响，关系合约有助于改进双方的总剩余和提高农产品质量。①

张昆等（2014）基于579份问卷调查数据的实证检验结果显示，紧密的垂直协作模式不仅能够直接提高农户生产绩效，而且能够通过减少交易成本和降低风险间接提高农户生产绩效，应将紧密垂直协作模式作为未来农业生产交易组织模式创新的目标取向，从政策制度、社会服务、运行机制等方面予以扶持。②

刘芳等（2015）基于油茶种植户的视角，对广东省油茶产业垂直协作方式进行了初步分析。③ 樊海、方凯（2017）以广东省为例，对柑橘种植户的垂直协作模式选择及其意愿进行了研究。④

总的来看，国外有关农业领域垂直协作的研究文献已经相当丰富，其研究领域多、视角广泛。从经济作物、粮食作物到畜产品，从企业的角度到生产者的角度，从普通的农产品到高价值的农产品，由定性分析到定量分析等，都有不同程度的涉及。国内对农业领域垂直协作的研究主要集中在对供应链或垂直协作的现状、模式、产生的动因和特征的分析，对优化供应链或垂直协作的政策建议大多也是通过理论分析或简单的计量分析得出。无论从研究内容还是从研究方法上来看，都与国外有很大的差距。有关果蔬行业垂直协作的研究，国外研究文献相对较多，而中国从食品安全治理角度结合交易成本理论对果蔬行业垂直协作进行的研究仍很缺乏。

---

① 孙振等：《基于关系合约的农业垂直协作研究》，《农业技术经济》2013年第9期。
② 张昆等：《垂直协作模式与农户生产绩效：基于交易成本与风险的视角》，《江海学刊》2014年第4期。
③ 刘芳等：《广东省油茶产业垂直协作方式分析——基于油茶种植户视角》，《广东农业科学》2015年第8期。
④ 樊海、方凯：《柑橘种植户垂直协作模式方式选择及其意愿研究——以广东省为例》，《基层农技推广》2017年第4期。

另外，受到中国经济体制和市场结构的影响，国内专家的研究领域和研究视角还不够广泛，因此，有关这方面的研究还有待进一步地深入。具体的用定量分析的方法从农户、消费者等多角度对农业领域垂直协作进行分析的研究成果至今仍不多见，结合交易成本理论从全供应链系统研究果蔬行业垂直协作及其质量安全治理的文献则更少。

（二）超市供应链的研究

1. 国外的研究

里德森等（2003）对拉丁美洲、东亚和东南亚超市的迅速增长进行了深入研究。其研究结果表明，最近几十年来，在拉丁美洲、东亚和东南亚这几个发展中地区，超市的数量正在迅速增长。这几个地区有30多亿的消费者，包括7亿多的中产阶级消费者，是世界上食品需求增长最快的地区。其中，水果和蔬菜消费的增长是最为关键的部分，随着收入的增长，以淀粉为原料的食品消费份额将迅速下降。超市在发展中国家的传播和扩散是由几个方面的因素推动的，这些因素在国家间是很相似的，并且对零售部门的进步也具有相似的结果。超市增长的决定因素包括社会经济因素，例如迅速的城市化、收入的增长和20世纪八九十年代基础设施的提高。这些变化也伴随着妇女从家中走出加入劳动大军，增加了她们的机会成本。[1]

其次，随着外国直接投资管制的逐渐自由化也导致发展中国家外国直接投资的流入，这已经成为超市在这几个地区的进入和扩散的关键因素之一（中国在1992年，巴西、墨西哥、阿根廷在1991年，印度尼西亚在1998年）。20世纪90年代早期，在这几个地区全部的外国直接投资每年约90亿美元左右，到2000年，已经增长到了约900亿美元左右。美国在亚洲和拉丁美洲等地区直接投资的平稳增长，则反映了在这几个地区的总的外国直接投资的增长。

托马斯·瑞丁·C.（2002）的研究表明，在拉丁美洲、东亚和东南亚，

---

[1] Reardon, T. C. P. Timmer, C. B. Barren, J. Berdegue, "The Rise of Supermarkets in Africa, Asia, and Latin America", *American Journal of Agricultural Economics*, 2003, 85 (5).

这几个地区的超市部门正在经历着快速的集中，反映出与发达国家和地区相同的趋势。在拉丁美洲，超市发展速度最高的 6 个国家中，超市的食品零售份额平均在 25%—75%。在东亚和东南亚，超市的发展速度与拉丁美洲相类似；在亚洲，超市"起飞"阶段的开始时间平均要落后于拉丁美洲 5—7 年，但是其增长的速度更快。[1]

2. 国内的研究

胡定寰等（2003）、王晓燕等（2006）对中国超市的发展，以及超市发展对中国奶业、蔬菜采购体系以及养禽业的发展进行了比较深入的研究。[2] 此外，胡定寰、王素霞（2007）对农产品进超市的流通费用和流通成本进行了比较深入的研究后认为，超市能够降低农产品流通成本，加快新品种农产品进入市场的速度，提高农产品品质和安全性及培养一大批具有一定规模的供应商，超市的发展改变了消费者的饮食习惯，为农业部门的发展提供了新的机遇和理念。[3]

周洁红等（2004）结合发达国家和部分发展中国家的经验，认为随着经济和现代物流技术的发展，超市通过建立大规模的配送中心和组织鲜活农产品的流通，产生规模效应来获取竞争优势，使得超市逐渐取代农贸市场和个体商贩的地位，在生鲜零售业中占据了统治地位。[4] 黄祖辉等（2005）研究认为，由于城镇居民收入水平的进一步提高，消费者对鲜活农产品质量的关注程度逐渐加强，再加上农贸市场销售鲜活农产品在质量上不能够保证和购物环境差等因素的影响，城镇居民开始倾向于在超市购买鲜活农产品，鲜活农产品供应链管理应该被提上重要的议事日程，由于生鲜农产品供应链上的各环节不连贯，在供应链上没有形成针对增值活动

---

① Thomas Reardin, C., "The Rapid Rise of Supermarkets in Latin America: Challenges and Opportunities for Development", *Development Policy Review*, 2002, 20 (4).

② 胡定寰等：《中国超市生鲜农副产品经营与消费者购买行为》，《中国农村经济》2003 年第 8 期。王晓燕等：《超市发展对中国养鸡业的影响》，《中国家禽》2006 年第 28 卷第 18 期。

③ 王素霞、胡定寰：《以超市为中心的农产品供应链流通成本研究》，《经济研究参考》2007 年第 26 期。

④ 周洁红、金少胜：《农贸市场超市化改造对农产品流通的影响》，《浙江大学学报》（人文社会科学版）2004 年第 3 期。

的分派体系，国内超市在生鲜农产品的经营中并未真正运用现代的供应链管理方法，从中国超市经营生鲜农产品和供应链管理的障碍性因素看，产品特性、技术支持、营销与竞争、组织成熟度和公共政策是主要的障碍性因素。[1] 在中国，超市将有可能成为带动亿万个农户进入农业产业一体化经营的龙头企业，超市对农产品供应链的整合和超市之间争夺供应基地的竞争，将会推动我国农业现代化的进程（胡定寰等，2003）。[2]

（三）垂直协作与果蔬安全治理

果蔬是私人物品，生产、交易、流通和消费主要通过市场来进行，但是，果蔬的质量安全又具有外部性，属于公共产品的范畴，必须对其进行治理，因此，食品质量安全将主要通过市场治理来达到。关于市场治理方面，杨为民（2007）认为，在国外果蔬供应链包括生产者、承包人、佣金代理人、批发商、零售商等诸多环节，他们通过成文的或不成文的协定来履行市场行为，这就涉及行为主体选择垂直协作形式的问题。[3]

垂直协作（Vertical Coordination）是指在某种产品的生产和营销垂直系统内协调相继各阶段的所有联系方式，这些联系方式包括市场交易、契约、合作社和一体化等各种形式（Mighell, et al., 1963；Martinez, 1999, 2002）。[4] 如图 1.1 所示，垂直协作可以采用从最松散的纯粹市场交易到最紧密的一体化经营等一系列形式。

目前，解释垂直协作的理论主要有交易成本理论、企业能力决定论、战略管理理论、委托—代理理论、关系营销论、产业组织理论、资源基础

---

① 黄祖辉等：《中国超市经营生鲜农产品和供应链管理的思考》，《商业经济与管理》2005 年第 1 期。

② 胡定寰等：《中国超市生鲜农副产品经营与消费者购买行为》，《中国农村经济》2003 年第 8 期。

③ 杨为民：《农产品供应链一体化模式初探》，《农村经济》2007 年第 7 期。

④ Mighell, R. L., Jones, L. A., "Vertical Coordination in Agriculture, U. S. Department of Agriculture, Economic Research Service", *Agricultural Economic Report*, 1963, No. 19. Martinez, "Vertical Coordination in the Pork and Broiler Industries：Implications for Pork and Chicken Products", *USDA. ERS. AER.*, 1999, No. 777. Martinez, "Vertical Coordination of Marketing Systems：Lessons from the Poultry, Egg, and Pork Industries", *Agricultural Economic Report*, 2002, No. 807.

| 市场交易 | 战略联盟 | 销售合同 | 生产合同 | 合资关系 | 垂直一体化 |

控制强度逐渐增强

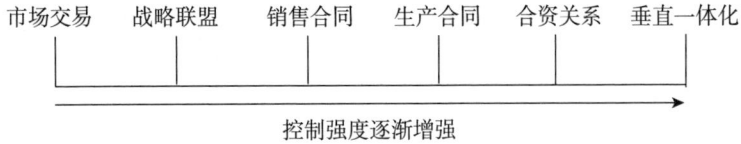

图 1.1 垂直协作形式一览

论等。垂直协作形式选择的合适与否在于交易成本的节约，资产专用性、交易的频率和不确定性是决定交易特征以及合宜的治理模式的三个主要的判断维度（Williamson，1985，2001）。① 合理的治理结构应该能够使交易总成本最小化。

关于垂直协作与食品质量安全市场治理方面的国内外理论研究和实践也很多。如孙艳华、刘湘辉（2009）深入分析了紧密垂直协作（如生产合同、合作社等）对农产品质量安全控制的作用机理：紧密垂直协作形成保障农产品质量安全的动力源泉，利益攸关与品牌共享需要农产品供应链各利益相关者共同维护农产品的质量安全；紧密垂直协作提供保障农产品质量安全的制度因素，资产专用性促使农产品供应链各利益相关者必须保证质量安全，制度条款帮助农产品供应链各利益相关者规避了质量安全问题。② 王秀清等（2002）研究提出，应从食品产业链整体出发成立一个涉及农业和食品部门的全国统一机构，最终促进食品质量信号的有效传递，确保食品安全。③ 李季芳（2009）研究认为，新鲜度和食品安全性是消费者购买食品时考虑的首要因素，由于消费者在购买食品的时候通常是无法发现其食品的安全损害的，也即存在市场失灵的问题。④ 为了应对市场失灵，政府会出台政策适当干预市场运行，公共政策处理市场失灵的方法是

---

① Williamson, O. E. , *The Economic Institutions of Capitalism*：*Firms*，*Markets Relational Contracting*，New York：The Free Press，1985. 奥利弗·E. 威廉姆森：《治理机制》，中国社会科学出版社2001 年版，第 201—202 页。

② 孙艳华、刘湘辉：《紧密垂直协作与农产品质量安全控制的机理分析》，《科学决策》2009年第 6 期。

③ 王秀清、孙云峰：《我国食品市场上的质量信号问题》，《中国农村经济》2002 年第 5 期。

④ 李季芳：《基于连锁超市的生鲜农产品供应链管理模式研究——以家家悦连锁超市为例》，《山东财政学院学报》2009 年第 2 期。

建立和设置强制标准（Unnevehr，2003）。① 除了政府设置强制性的农产品质量安全监管机制之外，有效的企业治理机制更是解决农产品质量安全的长效机制之一，即所谓的垂直一体化策略（威廉姆森，2002）。② 在市场自由化条件下，每个市场主体都拥有较为充分的决策权，市场交易比较自由，此时，契约关系对于同时提高食品安全标准和降低风险能提供可供选择的办法（Van Tilburg and Moll，2000）。③ 产业组织形式对垂直协作也有重要影响，食品供应链中紧密的垂直协作是保障食品安全的重要产业组织形式（吕志轩，2009）。④ 食品安全和可追溯制度是形成紧密垂直协作的主要动因，由于农业生产的特殊性，农产品生产者为了能够规避原材料价格风险和农产品销售风险，所以更倾向于加入紧密的垂直协作组织（Rhodes，1995；Hennessy，1999）。⑤ 王瑜（2009）利用江苏省入户调查数据对不同养殖规模的养猪户药物添加剂使用行为及其影响因素进行定量分析，认为紧密的垂直协作可以有效地降低农户药物添加剂的使用行为，从而可以提高生产环节的食品安全控制行为。⑥ 万玮（2015）在分析垂直协作方式对水稻种植农户化肥施用行为的影响后认为，农产品供应链的垂直协作方式能够在一定程度上解决生态环境污染问题和消费者食品安全的问题。⑦ 闵继胜、周力（2016）则采用 OLS 模型和工具变量法，结合国内 5 省 754 家生猪养殖户（场）的调查数据，实证分析生猪养殖户健康养殖行为以及垂

① Unnevehr, L., "Food Safety: Setting and Enforcing Standards", *Choices*, 2003, 1st Quarter.

② 威廉姆森：《资本主义经济制度：论企业签约与市场签约》，商务印书馆 2002 年版，第 178—179 页。

③ Van Tilburg, A. and Moll, H. A. J., *Agricultural Markets beyond Liberalization*, Kluwer Academic Publishers, Boston, 2000.

④ 吕志轩：《质量安全背景下农业龙头企业对合同关系的选择问题——约束条件、治理机制及其绩效分析》，《山西财经大学学报》2009 年第 2 期。

⑤ Rhodes, V. James, "The Industrialization of Hog Production", *Review of Agricultural Economics*, 1995, Vol. 17, No. 2. Hennessy, David, A. Lawrence, John, D., "Contractual Relations, Control, and Quality in the Hog Sector", *Review of Agricultural Economics*, 1999 , Vol. 21.

⑥ 王瑜：《养猪户的药物添加剂使用行为及其影响因素分析——基于江苏省 542 户农户的调查数据》，《农业技术经济》2009 年第 5 期。

⑦ 万玮：《分析垂直协作方式对水稻种植农户化肥施用的行为影响》，《农民致富之友》2015 年第 1 期。

直协作的现状，并从猪舍设计、苗猪繁育、饲料管理、医疗防疫和粪便处理5个关键环节考察垂直协作对养猪者健康养殖行为的影响。[①]

水果和蔬菜是人们现在食品消费的重要组成部分，其食品安全状况直接关系到人们的身体健康，具体到果蔬质量安全治理问题的研究也很多。王晓霞等（2006）研究认为，为了有效地解决农产品认证及相应的果蔬安全问题，应该将体现公共利益的食品安全公共管理，与基于市场机制的农产品质量认证制度有机地结合起来。[②]蒲应龚、杨为民（2007）研究认为，蔬菜供应链各个环节之间的关系及其连接的紧密程度直接影响到蔬菜从田间到餐桌的效率、安全和成本。[③]胡定寰等（2003，2006）、黄祖辉（2005）、王晓燕和胡定寰（2008）则对中国超市的发展状况，以及超市发展对中国奶业、蔬菜采购体系以及养禽业的发展及安全问题进行了比较深入的研究，认为超市的发展能够降低农产品流通成本，提高农产品品质和安全性。[④]

综上所述，已有的食品质量安全问题的理论研究呈现出经济学、管理学交叉的多学科性，但对果蔬供应链的研究还是比较薄弱的，其系统性、规范性和实证性研究都有待进一步地加强。本书将从供应链垂直协作的视角研究果蔬质量安全的市场治理问题，提高研究的系统性、综合性和操作性。

---

① 闵继胜、周力：《垂直协作对生猪养殖户健康养殖行为的影响研究——基于江苏、福建、江西、山东和四川省的调查数据》，《农林经济管理学报》2016年第3期。
② 王晓霞：《农产品认证制度的经济学分析》，《世界标准化与质量管理》2006年第4期。
③ 蒲应龚、杨为民：《蔬菜供应链一体化经营的国际比较》，《世界农业》2007年第6期。
④ 胡定寰、俞海峰、T. Reardon：《中国超市生鲜农副产品经营与消费者购买行为》，《中国农村经济》2003年第8期。胡定寰、陈志钢、孙庆珍、多田稔：《合同生产模式对农户收入和食品安全的影响——以山东省苹果产业为例》，《中国农村经济》2006年第11期。黄祖辉、鲁柏祥、刘东英、吕佳：《中国超市经营生鲜农产品和供应链管理的思考》，《商业经济与管理》2005年第1期。王晓燕、胡定寰：《中、外资超市有机蔬菜经营实证分析——以北京超市为例》，《中国食物与营养》2008年第8期。

三、研究目的

从供应链垂直协作的角度出发，在对超市果蔬质量安全治理概况进行描述的基础上，以永辉超市、时代超市、苏果超市、江苏商联超市等连锁企业的果蔬供应链为例，并结合对农资经营者、城市消费者、江苏省果蔬产地种植农户、经纪人、中间商等的实地问卷调查，主要通过实证研究的方法达到以下目的：

（一）垂直协作与果蔬质量安全治理逻辑分析

基于前人的研究，对连锁超市果蔬供应链的垂直协作形式及其内在逻辑作进一步理论分析与梳理，并通过对近年来超市果蔬供应链中主要垂直协作模式的对比，分析新型果蔬供应链发展的合理性，进而阐明紧密的垂直协作形式对促进连锁商业发展、保证食品质量安全和扩大消费的必要性和可行性。

（二）供应链垂直协作与果蔬质量安全治理框架构建

以供应链理论、交易费用经济学和治理理论为基础，提出建立以超市为核心的现代化果蔬供应链，并在供应链拓展的基础上，从垂直协作的视角构建果蔬供应链质量安全治理的理论框架。

（三）供应链拓展后各阶段果蔬质量安全治理选择

由于果蔬供应链涉及生产资料供应商、生产农户、经纪人、中间商、超市、政府监管部门、消费者等利益主体，基于供应链垂直协作与食品供应链质量安全治理的逻辑关系，本书研究各利益主体在超市果蔬质量安全市场治理框架中垂直协作形式的选择及其影响因素。

（四）新型城镇化与果蔬质量安全市场治理

考虑到目前正在加速推进的新型城镇化背景，及新型城镇化背景下农村各项改革正在紧锣密鼓地进行，本书将研究新型城镇化对果蔬供应链垂直协作及质量安全治理的影响。

（五）"互联网+"与果蔬质量安全市场治理

随着互联网技术的进步，电子商务深入人们的生活，本书将进一步分析"互联网+"引起的果蔬电子商务及其质量安全治理问题。

（六）政策建议

食物安全长效机制的建设需从市场、有效的政府监管和供应链管理体制三方面进行彻底的革命。本书从分析果蔬超市供应链质量安全的现状和问题入手，结合国际经验，提出将小农户纳入现代化果蔬供应链管理，完善现代果蔬供应链和农产品质量安全组织体系、运行机制和保障制度的政策建议，从而构建一个食物安全长效机制的市场治理结构。

四、研究思路及研究方法

（一）研究思路

本书在供应链理论、交易成本理论、市场治理理论等的指导下，以相关研究为基础，对超市供应链垂直协作与果蔬质量安全市场治理的关系进行逻辑梳理，根据对农户、超市、消费者、龙头企业等实地调研的资料，把果蔬供应链上的农资供应商、生产农户、经纪人、超市、消费者等利益主体的垂直协作形式选择行为及其质量控制作为研究的具体对象，从而提出包括源头治理、中间环节治理、零售终端治理和消费者治理的超市果蔬供应链质量安全市场治理的理论框架，并最后提出政策建议，为把小农户纳入现代超市供应链和提高果蔬质量安全水平提供智力支持和经验借鉴。

（二）研究方法

根据本书研究需要，选用研究方法的原则是：规范研究方法和实证研究方法相结合，以实证研究方法为主；定性研究方法和定量研究方法相结合，以定量研究方法为主。主要的方法有：

1. 社会调查法

问卷调查法的最大优点是能突破时空限制，在广阔的范围内，对众多的调查对象同时进行调查，这个优点是任何直接调查方法所不可比拟的。本书对农户消费选择、连锁总店与加盟店之间的加盟方式选择及质量控制行为的实证分析将通过问卷调查法进行。

2. Logit 回归分析模型

从农户、消费者的交易成本、个体特征、生产特征、交易特征、风险态度和社会资本等方面考察其垂直协作选择和质量控制行为的因素。

3. 交易成本分析法

本书将在对连锁总店选择加盟店和果蔬供应商时，从理性经济人的角度出发，系统分析行为主体的选择动机及其选择机理。

4. 案例分析法

主要对农业龙头企业、连锁超市的供应链垂直协作形式及其蔬菜质量安全治理行为进行研究。

（三）数据来源

本书所需要的数据主要来自对果蔬种植农户、超市、龙头企业、专家和消费者的实地问卷调查和访谈，及相关行业的统计年鉴和研究报告等。

第二章　供应链垂直协作与果蔬质量安全市场治理理论基础

以超市供应链为核心的现代果蔬供应链的食品安全治理研究涉及的理论主要包括管理学、交易成本经济学以及国际贸易的发展等多种学科的融合。在发展中国家，农产品供应链对于农产品主要生产者——农民进入现代化大市场，起着越来越重要的作用。贸易全球化和供应链的整合对于农产品质量和农产品安全提出了新的更高要求。农产品供应链管理的分析方法是各种学科的融合，主要关注效率、组织和革新，并且以此作为衡量竞争的关键尺度。

农户是否能参与到全球化的供应链中，主要是由三个过程来决定的：市场进入、管理网络和供应链的升级。对于强化供应链环境，公共的和自愿的代理机构起着重要的作用。为了能够简要地回顾已有的理论研究，本书研究的相关理论基础主要是交易成本理论、供应链管理理论和食品安全治理理论等。

一、供应链管理理论

（一）供应链管理的基本思想

供应链管理萌芽于 20 世纪 80 年代，美国的著名学者迈克尔·波特在其代表作《竞争优势》一书中，最早提出了价值链这一概念，价值链思想是供应链管理产生的理论基础。

美国著名管理学家斯蒂文斯（Stevens）[①] 在 1989 年提出了供应链管理的概念。斯蒂文斯研究认为，供应链管理是通过前馈的信息流和反馈的物料流及信息流，将供应商、制造商、分销商、零售商直到最终用户连成一个整体的管理模式。供应链管理是对传统的企业内部各业务部门间及企业之间的职能从整个供应链的角度进行系统的、战略性的协调，目的是提高供应链及每个企业的长期绩效。供应链管理是从供应链整体出发，管理上游供应商和下游客户，以更低的成本传递给客户更多的价值（Martin Christopher，2006）[②]。因此，供应链管理的焦点是通过管理相互"关系"，为整条链中的所有成员带来更多的利润。但当把"供应链"作为一个整体来考虑其利润最大化时，就可能出现链中某个成员收益减少的情况，这是供应链管理面临的一大难题。关于供应链管理的概念，还存在着一些争议：供应链系统中包括很多供应商，不仅存在供应商到多个客户的"链"，也存在着供应商到供应商的"链"，甚至是到"客户的客户"的"链"，这些链交汇在一起形成了复杂的网络。因此，供应链是个由相互联系、相互依靠的组织构成的网络，这些组织相互合作、共同经营，控制、管理并改进从供应商到客户的物料流和信息流。20 世纪 90 年代早期是供应链管理理论初步形成的阶段，其主流思想认为，提高供应链竞争力的最大障碍是信息不能共享。20 世纪 90 年代后期，是建立供应链管理合作伙伴关系的时期（董安邦、廖志英，2002）[③]。

国内较为有影响力的供应链概念是 2001 年发布实施的《物流术语》（国家标准 CGB/T 18352-2001）中对供应链的官方定义：生产及流通过程中，涉及将产品或服务提供给最终用户活动的上游与下游企业所形成的网链结构。马士华研究认为，供应链是围绕核心企业，通过对信息流、物流、资金流的控制，从采购原材料开始，制成中间产品以及最终产品，最

---

① Stevens, G. C., " Integrating the Supply Chain", *International Journal of Physical Distribution and Materoals Management*, 1989, Vol. 19, No. 8.

② 马丁·克里斯托弗著，何明珂等译：《物流与供应链管理》（第 3 版），电子工业出版社 2006 年版，第 67 页。

③ 董安邦、廖志英：《供应链管理的研究综述》，《工业工程》2002 年第 5 期。

后由销售网络把产品送到消费者手中的将供应商、制造商、分销商、零售商直到最终用户连成一个整体的功能网链结构。它是一个范围更广的企业结构模式，包含了所有加盟的节点企业（马士华等，2005）。[①]

供应链管理就是对整个供应链系统进行计划、协调、操作、控制和优化的各种活动和过程，其目的是要将顾客所需的正确的产品（Right Product）能够在正确的时间（Right Time）、按照正确的数量（Right Quantity）、正确的质量（Right Quality）和正确的状态（Right Status）送到正确的地点（Right Place），也就是"6R"原则，并且总成本最低。

综上所述，供应链管理的思想体现为把网链看成一个整体，链上的各个组织之间则是战略合作伙伴关系，通过其分工与合作，改善整个供应链上的物流、信息流和资金流，提高整个网链的竞争能力。供应链合作伙伴关系的产生，反映了企业经营思维方式已由企业内部扩展到企业外部。从理论层面来看，供应链管理的目的在于从总体上改善长远绩效，达到企业之间合作有效率、有效果的最佳状态；而在实践层面，企业之间的供应链管理都只是部分地实现了这一目的（张静、傅新红，2007）。[②]

（二）供应链管理研究的新方法

近年来，在农业食品链、网络的分析结构和动态方面的新方法上已经取得重要进展。贡献于食品链和网络的创新的科学方法可以分为三大类：

1. 供应链管理（SCM）

作为基于消费者的方法，供应链管理的目标是通过整个供应链对企业供给与需求的商业计划进行的整合（Bowersox and Closs，1996）。[③] 正在增长的先进的信息和通信技术系统成为整合供应链的中枢（Lancioni et al.,

---

① 马士华、杨文胜、李莉：《基于二层规划的供应链多阶响应周期决策模型》，《管理科学学报》2005 年第 6 期。

② 张静、傅新红：《聚焦供应链管理 提升产业化经营——农产品供应链管理与农业产业化经营国际研讨会观点综述》，《中国农村经济》2007 年第 2 期。

③ Bowersox, Donald, J. and David, C. Closs, *Logistical Management*: *The Integrated Supply Chain Process*, McGraw-Hill Series in Marketing, New York: The McGraw-Hill Companies, 1996.

2000；Porter，2001）。① 供应链管理研究是由数据模型和模拟工具支持的。在供应链管理中全面质量管理（TQM）以及良好农业规范（GAP）、良好制造规范（GMP）、国际标准化组织（ISO）和危害分析及关键控制点（HACCP）等保证系统获得重视。良好农业规范、良好制造规范和危害分析及关键控制点主要集中于技术方面，国际标准化组织则主要集中于管理方面。全面质量管理基于一个质量概念，致力于持续提高一个组织的全部功能。全面质量管理是基于从采购到售后服务全过程的管理委员会和雇员的共同努力（Kaynak，2003）。②

2. 网络和合同选择（NCC）

组织内部关系和交换资源是一个关系因素。在网络理论中，协作的形式不仅是基于经济动机，激励和信任也是相当重要的（Uzzi，1997）。③

社会资本理论已经是网络方法研究的一个重要的新分支。网络关系可以通过提高信息的准入、技术的如何获得和金融支持而加强一个公司的"社会资本"。在一个网络内的合同选择理论，提供了代理商之间分析界面的经验方法。当监督成本和风险降低时，耕种经典模型的使用，主要关注投入品和商品市场的内部交易，对确定的生产或加工标准以及满意的运输条件作出回应。现代化的合同选择的应用，也包含主要的质量管理方面和忠诚度问题。

3. 交易成本经济学（TCE）和代理理论

交易成本经济学的新制度理论和代理理论为生产—购买决策提供了基本原理。这些原理主要与组织合作的管理体制、商业经济学和组织理论的整合观点有关。

---

① Lancioni, G. E., O'Reilly, M. F., Oliva, D., Bianchi, M., & Pirani, "Promoting Functional Ambulation with People with Blindness and Multiple Disabilities", *Scandinavian Journal of Behaviour Therapy*, 2000, 29. Porter, M. E., "Strategy and the Internet", *Harvard Business Review*, 2001, 3.

② Kaynak, K., "The Relationship between Total Quality Management Practices and Their Effects of Firm Performance", *Journal of Operations Management*, 2003, 21.

③ Uzzi, B., "Social Structure and Competition in Interfirm Networks: The Paradox of Embeddedness", *Admin. Sci. Quart.*, 1997, 42.

代理理论对普遍存在的代理关系有指导性，在这个代理关系中，一个行业的代理人通过契约接受委托为另一个从事该项工作的代理商服务。交易成本和风险的减少能够通过在供应链中的不同代理商间合同履行效果的改革而实现。就公共和自愿代理互补的角色来说，监测食品安全增加了对包括所有相关伙伴的垂直协调和合同机制的依赖（Antle，1996）。[1] 这些方法是为连接消费者而努力的，是关于食品安全属性和对生产者、加工者的感观特征的需求，是在全球网络管理和国际链整合的框架内的实践。

二、农产品供应链管理

（一）农产品供应链管理的基本理论

农产品供应链的产生和发展是人们对农产品消费的要求不断提高的必然结果。农产品供应链是以农产品为对象，围绕农产品经营核心，通过对信息流、物流、资金流的控制，协调农业生产资料供应商、农户、农产品经营者、消费者之间的利益需求，从农产品的采购开始，完成农产品生产作业、收购运输、分销的一系列过程（蒋侃，2006）。[2] 它也可以说是由农业生产资料供应商、种植者、养殖者、加工者、中介代理、批发商、物流服务经销商、消费者等与农产品密切相关的各个环节构成的组织形式或网络结构（朱毅华，2004）。[3] 在国外，这个供应链被形象地比喻为"种子—食品"，在中国通常被称为"田头—餐桌"。

农产品供应链管理的核心是强调运用集成的思维和理念指导企业的管理行为实践，即以消费者的需求引导整个供应链的运作，不是环节的单独管理。对供应链中的物流、信息流、资金流进行计划、协调和控制，通过

---

① Antle, J. M., "Efficient Food Safety Regulation in the Food Manufacturing Sector", *American Journal of Agricultural Economics*, 1996, 78（5）.

② 蒋侃：《生鲜农产品供应链的分析及其优化》，《沿海企业与科技》2006 年第 1 期。

③ 朱毅华、王凯：《农产品供应链整合绩效实证研究——以江苏地区为例》，《南京农业大学学报》（社会科学版）2004 年第 2 期。

贸易伙伴间的密切合作，以最小的成本为客户提供最大的价值和最好的服务，从而提高整个供应链的运行效率和经济收益，并通过一定的利益分配机制，使供应链上所有贸易伙伴的经济效益都得到提高（张敏，2004）。[1]

胡定寰（2005）在研究超市发展对农业和食品安全的影响时提出农产品的"二元结构"论，认为在农业中存在两条供应链，一条是传统的农产品供应链，另一条是以超市为龙头的现代化农产品供应链，并且提出超市是带领中国农产品供应链走向现代化的火车头。[2] 夏英、宋伯生（2001）则认为，供应链是有机联系的一个系统，中国应该利用农产品供应链实施农业综合管理，重点加强对食品质量的反馈和控制。[3] 徐潇潇等（2006）对蔬菜供应链管理中信息技术采用的障碍因素进行了分析。[4] 冷建飞（2006）对蔬菜供应链的利益分配问题进行了探讨。[5] 刘东英、梁佳（2007）对中国生鲜蔬菜物流体系的制度、组织与交易效率进行了研究。[6] 浦徐进、金德龙（2017）将涉农供应链定义为"以农业原材料作为后续各阶段生产加工和运销为主要对象的供应链的总称"，并且分析了涉农供应链的特点。[7]

近年来，农产品供应链管理的概念得到不断的拓展，"集成化农产品供应链管理""农产品服务业供应链"等新概念应运而生。集成化农产品供应链管理是指供应链上的各节点企业，通过信息共享、资金和物资等方面的相互协作来进行协调，优化组织目标（整体绩效），对供应链上所有的

---

[1] 张敏：《基于核心企业的农产品供应链分析》，《物流技术》2004年第5期。

[2] 胡定寰：《农产品"二元结构"论——论超市发展对农业和食品安全的影响》，《中国农村经济》2005年第2期。

[3] 夏英、宋伯生：《食品安全保障：从质量标准体系到供应链综合管理》，《农业经济问题》2001年第11期。

[4] 徐潇潇、傅泽田、张小栓：《我国蔬菜供应链管理中信息技术采用的障碍因素分析——基于TOE（技术—组织—结构）模型的实证研究》，《农业图书情报学刊》2006年第11期。

[5] 冷建飞：《蔬菜供应链利益分配问题初探》，《江苏经贸职业技术学院学报》2006年第2期。

[6] 刘东英、梁佳：《中国的生鲜蔬菜物流链：观察与解释——以河北省乐亭县蔬菜物流系统为例》，《中国农村经济》2007年第8期。

[7] 浦徐进、金德龙：《生鲜农产品供应链的运作效率比较：单一"农超对接"VS.双渠道》，《中国管理科学》2017年第1期。

过程和物流功能进行无缝链接，集成供应链各节点企业的核心竞争力，实现集成化供应链的整体目标。农产品服务业供应链则是指在农产品的交换过程中，各利益相关者运用各种物质的或非物质的手段，在农产品的产前、产中、产后提供有形产品或无形价值的支持，促进农产品交换，以满足被服务方和农产品最终用户的需求（张静等，2007）。[①]

（二）农产品供应链管理的全球化和整合化

全球化、城市化和农业工业化对农产品供应链提出了新的要求。食品和农业企业供应链曾经是独立自主的参与者，现在向具有许多复杂关联的全球化合作体系转移，这也正在影响着农产品的生产和向市场转移的方式。

现在易腐烂的食物在公平的价格下，几乎可以被运往世界各地。农产品供应链在市场中面临着双重压力：供应链持续的革新和代理商的协调。因为消费者有更多的产品可供选择，所以，产品价格和质量问题就比以前显得更为重要。

本地和其他地区农产品供应链的不断整合，对于农业发展来说，既是威胁，也是挑战。由于发展中国家的农民生活贫困、资源稀缺、信息不充分以及难以进入市场等原因，他们对于技术革新的应用受到了严重的限制，因此被排除在贸易之外（Martinez，S. W.，2002）。[②]农产品加工、运输和配送的规模经济对农产品交易量和同等质量农产品稳定的运输能力也产生了新的需求。此外，对于需要加强质量管理的劳动密集型农产品来说，具有运输成本低的优势。把农民纳入全球化的农产品供应链中，对于确保更加公平的价值增值的分配，也是一个很好的方法。减少本地区经济发展与全球化供应链整合间的差距，呼唤新的制度和组织网络的出现，这

---

① 张静、傅新红：《聚焦供应链管理　提升产业化经营——农产品供应链管理与农业产业化经营国际研讨会观点综述》，《中国农村经济》2007 年第 2 期。

② Martinez, S. W., "Vertical Coordination of Marketing Systems: Lessons from the Poultry, Egg, and Pork Industries", *Agricultural Economic Report*, 2002, April, No. 807.

就使得发展中国家的农民能够满足贸易需求和贸易标准。同时，它也要求信息流和代理关系的基本重组，为农民调整农产品供应量以满足消费者需求，并且成为全球资源体制可公认的一部分提供了机会。

消费者对于产品质量和安全的关注以及产品产量和生产方法的持续性，极大地影响着农产品供应链的发展。在一个日益全球化的、竞争性的环境中，对于转基因作物、化学药品残留物以及对环境的影响日益受到社会的关注。

消费者对于产品质量、产品可追溯性以及产品生产和加工过程的环保性有了很多需求，对产品生产、发展、营销方法提出更高的要求（Hnmphrey and Oetero，2000；Omta，etal.，2001）。[①] 因为引发了产品等级、产品标准、优质产品的认同以及产品管理的发展，同时也需要有足够的监测体系，以确保有及时的反馈和可信的产品质量。对于保持竞争的市场地位，整合产品、物流、信息以及革新体系成为至关重要的方面。为了在农民、农业企业和零售企业间获得国际性的合作，跨文化依存、战略策略、国内和国际间的相互信任和依赖也已经成为主要的问题。为了确保国际间合作的顺利，相互学习的过程和反馈机制是非常重要的。

（三）农产品供应链的发展

在最近几十年，发展中国家的企业在地理位置上遍布于供应链或产品链中。该链把发展中国家的生产者、商人、加工者与城市地区和发达国家的零售商与消费者连接在一起。包括在该链中的企业正在面临着商业环境的快速变化，为此，他们必须进行不断地革新。出于食品安全和健康的考虑，与初级产品生产者、加工者和零售商直接联系的新的程序和方法不断涌现。供应链上个体阶段的最优化通常导致整个供应链次佳的业绩。正因

---

① Humphrey, John & Oetero, Antje, "Strategies for Diversification and Adding Value to Food Exports: A Value Chain Perspective", UNCTAD Conference on Trade and Development, 2000, 3. Omta, S. W. F., Trienekens, J. H. & Beers, G., "Chain and Network Science: A Research Framework", *Journal on Chain and Network Science*, 2001, 1 (1).

为如此，农产品企业试图对供应链上所有的参与者加强管理，使供应链成为全球化市场和制度化环境中的一部分。然而，在发展中国家的企业却面对着有限的技术和市场信息以及低的借款机会的特殊限制。供应链的整合以更加稳定地进入市场、获得信息为基础——该市场和信息能在产品质量管理方面进行额外的投资——对于提高可持续资源的管理是有帮助的。

近来对于贸易和发展的研究主要关注由于严格的卫生和植物检疫的需要，发展中国家的农产品出口受到的制约（Henson and Loader，2001）。[①]全球贸易的自由化与日益先进的技术措施相伴随，该技术措施对于影响食品质量的残留物、添加剂、微生物污染物等具有严格的限制。此外，在发达和次发达国家如美国和欧共体国家，农产品零售部门发生了快速的集中，在这些国家，超市（如 Royal Ahold, Carrefour, Tesco, Sainsbury's, WalMart）在城市消费者的食品供给中所占份额越来越大。零售商也销售更多的高质量的新鲜农产品，用以吸引和留住中产阶级消费者。这也给生产商和加工商提出了额外的要求，即确保产品统一的质量标准以及经常性的货物需求。通过合伙和长期合同，易腐烂农产品在国际间的常年供给（在私人商标下）也得到了保证。把发展中国家的农民纳入全球化的农产品供应链体系中，常常是以外部采购和附属合同对本地的设备和运作过程进行严格的审计监督为基础（Dolan, etal., 1999）。[②]

然而，事实上，由于复杂的合同规定了严格的产品质量标准和产品加工标准，农产品供应链的垂直化整合程度才越来越大。因此，如果生产者采用可信赖的措施提高产品质量和产品安全性，他们就可维持其市场份额。

随着城市化的加快和消费模式的转变，市场整合过程和全球化间的复杂联系，在农产品供应链组织化中，发生了一系列变化。在发达国家和发

---

① Henson, S. and Loader, R., "Barriers to Agricultural Exports from Developing Countries: The Role of Sanitary and Phytosanitary Requirements", *World Development*, 2001, 29 (1).

② Dolan, C., Humphrey, J. and Harris-Pascal, C., " Horticultural Commodity Chains: The Impact of the UK Market on the African Fresh Vegetables Industry", Institute of Development Studies, Brighton Institute of Development Studies Working Paper, 1999.

展中国家，超市的快速发展使农产品生产和交换体系的制度化前景发生了转变。需要正视小农生产者参与这些新的和具有巨大需求的供应链中所面临的挑战，同时也要关注制度化需求，例如，使农民生产的农产品能满足更加严格的食品安全和食品质量的管理。

国际化竞争越来越表现在农产品等级化和农产品标准（公共和私人）化的竞争上。供应链的准则与实际情况相反，说明了为了满足消费者需求的不断变化，把发展中国家的生产者纳入农产品供应链体系中，是实现供应链成功和公平整合的必要条件，所以不断革新方法是必要的。

（四）农产品供应链管理的食物质量安全维度

许多早期国际贸易的研究主要是关于农作物种植、收获、分等级和销售的过程，关注贸易商和收款员的效率，而对于签署合同、在互相封锁交易、外包合同安排的框架中关系到外部联系的考虑，供应链间的合作通常是有限的（Glover，1990）。[1] 在发展中国家，对于农作物的市场研究主要集中在农产品供应方，主要关注的是"寻找市场出路"，很少注意到消费者需求（Scott，1995）。[2] 国际商品链的整合分析主要是对在运输和加工过程中可观的价值增值的长链分析（如咖啡、棉花、糖料、香蕉）。而对于公平贸易和生态农产品的研究受到市场产品服务所需的特殊领域的限制。

另外，农业企业分析对于现存的消费者食品需求和生产者福利间的交易关注很少。现货市场交易或宽松的交货合同也不能弥补这个缺口。随着生鲜农产品全球化交易的不断涌现，产生了新的市场制度，该制度能更好地迎合农产品体系的发展。

在富有前景的分析框架中，代理理论和合同选择近来已经是可使用的，它能识别潜在的双赢场景。全球化食品链的进一步整合越来越被认为

---

[1]　Glover, D., "Contract Farming and Outgrower Schemes in East and Southern Africa", *Journal of Agricultural Economics*, 1990, 21 (3).

[2]　Scott, G. J., *Prices, Products and People: Analyzing Agricultural Markets in Developing Countries*, Lynne Rienner Publishers, 1995.

是一个很好的策略，能够在不同规模下提高产品质量和可持续资源管理。在市场自由化条件下，契约关系对于同时提高食品安全标准和降低风险能提供可供选择的办法（Van Tilburg and Moll，2000）。[1]

近些年来，在发展中国家对于供应链管理的食品质量安全维度的关注也开始越来越受到重视。预防食源性疾病需要对农产品质量进行全球性监管（Hdeberg，2000）。[2] 由于食源性疾病对人类的威胁，消费者对食品安全需求日渐增加，新的生产方式不断纳入供应链，给食品安全带来新的风险，消费者购买越来越多的加工食品，因此，农产品行业必须发展新的监管方法满足消费者对农产品质量安全的需求（Unnevehr，2003）。[3]安全是农产品的一种属性，但并不能被立即观察到，因此称作信用属性（Credence Attribute），对于信息属性需要建立可追溯性体系，安全的信息在供应链的参与者之间的分布是不完备的（Starbird，S. A.，2005）。[4] 当供应商比购买者拥有更多的关于质量的信息时，市场将会出现两种令人不愉快的经济现象：道德风险和逆向选择。校正农产品供应链中的信息不对称的政府措施通常是设置强制性的质量标准。周德翼、杨海娟（2002）和周洁红、黄祖辉（2003）探讨了食品质量安全管理中的信息不对称与政府监管机制的问题，并指出政府可以相互结合的市场准入、检查监督和安全标识三项制度节约信息的揭示和管理成本，同时认为，还应鼓励建设由食品产业链相关企业的主要厂商组成的行业协会，委托协会制定和管理食品安全标准及为消费者提供食品安全信息，以降低政府实施检测和监督的成本。[5] 王秀清、孙云峰（2002）提出应从食品产业链整体出发成立一个涉

[1] Van Tilburg, A. and Moll, H. A. J., *Agricultural Markets beyond Liberalization*, Kluwer Academic Publishers, Boston, 2000.

[2] Hdeberg, C. W., "Global Surveillance Need to Prevent Foodborne Disease", *California Agriculture*, 2000, 52 (5).

[3] Unnevehr, L., "Food Safety: Setting and Enforcing Standards", *Choices*, 2003, 1st Quarter.

[4] Starbird, S. A., "Supply Chain Contracts and Food Safety", *Choices*, 2005, 2d Quarter, 20 (2).

[5] 周德翼、杨海娟:《食物质量安全管理中的信息不对称与政府监管机制》,《中国农村经济》2002 年第 6 期。周洁红、黄祖辉:《食品安全特性与政府支持体系》,《中国食物与营养》2003 年第 9 期。

及农业和食品部门的全国统一机构，最终促进食品质量信号的有效传递，确保食品安全。[①] 汪普庆等（2009）以农产品供应链为研究对象，在对湖北、广东、浙江和山东等地的多种供应链组织模式进行调研的基础上，比较分析了各种组织模式的影响因素及其对食品安全的作用，认为供应链的一体化程度越高其提供产品的质量安全水平越高。[②] 胡凯、马士华（2013）在产品质量影响需求的假设下，研究以品牌食品制造企业为核心节点，具有众多小型供应商的品牌食品供应链的食品安全问题。[③] 谢康等（2015）聚焦于探讨社会共治体制下食品供应链质量协同与单一监管体制下的差异，并通过结果讨论提出相应的制度需求。[④]

除了政府设置强制性农产品质量安全监管机制之外，有效的企业治理机制才是解决农产品质量安全的长效机制之一，即所谓的纵向一体化策略（威廉姆森，1997）。[⑤] 奥登等（1999）对肉类供应链纵向一体化作出开创性的研究，美国农产品的36%、猪肉生产的70%以上是以合同和纵向一体化形式进行的，丹麦的猪肉也基本上是纵向一体化生产的，德国猪肉生产纵向一体化趋势也比较明显。[⑥] 胡定寰等（1995）对中国鸡肉一体化经营进行了研究。该研究指出我国肉鸡产业迅速发展的最主要原因是龙头企业有效地连接小规模养殖农户和鸡肉需求市场。[⑦]

由于受疯牛病爆发的影响，在英国牛肉生产的纵向一体化已经成为主要的治理手段，垂直一体化已经扩展到包括饲养者、饲料生产者、屠宰场

---

① 王秀清、孙云峰：《我国食品市场上的质量信号问题》，《中国农村经济》2002 年第 5 期。

② 汪普庆等：《农产品供应链的组织模式与食品安全》，《农业经济问题》2009 年第 3 期。

③ 胡凯、马士华：《具有众多小型供应商的品牌供应链中的食品安全问题研究》，《系统科学与数学》2013 年第 8 期。

④ 谢康等：《食品安全社会共治下供应链质量协同特征与制度需求》，《管理评论》2015 年第 2 期。

⑤ 威廉姆森：《交易费用经济学：契约关系的规制》，上海人民出版社 1997 年版，第 25 页。

⑥ Ouden, J. Den, Wijk, C. Van, Terken, J. Noordman, L., "Reliability of Discourse Structure Annotation", *IPO Annual Progress Report*, 1999, 33.

⑦ 胡定寰、杉山道雄、小栗克之：《中国鸡肉生产的一体化经营组织构造》，《农村和食品经济》1995 年第 12 期（日本中部农业和食品经济协会杂志，日文）。

直到零售（Hornibrook，2005）。① 斯塔伯德（2005）则认为，设计良好的质量安全合同可以有效地将非安全交易商拒绝在市场交易之外，降低道德风险和逆向选择导致的质量安全问题。② 可通过信誉机制形成一个独特的高质量高价格市场均衡而不需要通过政府来解决食品市场的质量安全（Grossman，1981）。③

三、垂直协作的概念和内涵

垂直协作（Vertical Coordination）是营销系统内联结各垂直阶段所有方式的连续体。马丁内斯（2002）研究认为，垂直协作是指同时协调生产和营销各阶段有关产品的数量、质量和产品传递时间。④ 垂直协作的形式包括开放式市场交易、合同生产和垂直一体化。

市场交易是一种独立的、灵活的、一次性的交易，双方之间的信息交流是有限的，并且给对方施加的控制仅限于参与价格的发现过程并决定是否接受该交易，属于控制强度最低的一种形式。市场（现货）价格协调资源在产品各个阶段的转移。在市场交易中生产者在产品生产完成之前没有责任和义务出售他们的产品。

合同生产是指为未来某个时期产品的传递而进行生产的货物或服务产品。生产合同比市场交易在买者和卖者之间存在着更多的交互作用。在产品生产完成之前，生产者具有向特定的买者传递特定产品的责任。不同的生产合同在垂直各阶段控制权分配和风险转移等方面存在着较大差异。在

---

① Hornibrook, S. and Fearne, A., "Demand Driven Supply Chains: Contractual Relationships and the Management of Perceived Risk", Paper Presented at 2nd European Forum on Market-Driven Supply Chains, 2005, 4.

② Starbird, S. A., "Supply Chain Contracts and Food Safety", *Choices*, 2005, 2d Quarter, 20 (2).

③ Grossman, Herschel, I., "Incomplete Information, Risk Shifting, and Employment Fluctuations", *Review of Economic Studies*, Blackwell Publishing, 1981, Vol. 48 (2).

④ Martinez, S. W., "Vertical Coordination of Marketing Systems: Lessons from the Poultry, Egg, and Pork Industries", *Agricultural Economic Report*, 2002, 4, No. 807.

专门的销售合同中，生产者和合同者可能就产品的定价方式、传递计划和产品特征等方面进行谈判。在销售合同下，合同参加者通常仅提供产品的销售市场，却很少干预生产者的决定（处于交易关系中的合同者通常是通过合同控制产品生产和营销几个阶段的公司。"一体化"这个术语是指通过垂直的一体化同时控制几个阶段的一个公司）。在资源提供型合同中，合同者为货物的销售提供市场，同时，在很多方面干预生产者的决定，并且保留重要生产投入的所有权。尽管这种分类不是唯一的，但它为合同这个术语提供了一个一般的框。

垂直一体化是指一个企业同时控制更多垂直系统的产品生产或营销阶段。它是建立在层级关系的基础之上的，受到上下级之间的层级关系控制，属于内部管理，是控制程度最高的一种形式，交易双方之间相互依赖、信息开放式流动以及利益共享（Williamson，1985）。[①] 需要指出的是，垂直一体化仅仅是垂直协作形式的一种，在垂直一体化中，资源在各阶段的转移由上级指令（管理者的指示）控制。在垂直一体化内部，通过前向一体化或后向一体化，连续的生产阶段或销售阶段在一个企业内部通过管理层的指令而相互协调。在开放的市场交易和垂直一体化之间还存在很多种垂直协作的形式，如合同、战略联盟、准垂直一体化、合作社等。

战略联盟是指两个或两个以上有着对等经营实力的企业（或事业和职能部门），为了达到共同拥有市场、共同使用资源等战略目标，通过各种契约而结成的风险共担、优势相长、要素双向或多向流动的松散型网络组织。战略联盟一般多为自发的、非强制的，联盟各方仍旧保持着原有企业的经营独立。而笔者则更认同迈克尔·波特的"联盟是企业之间进行长期合作，它超过了正常的市场交易，但又未达到合并的程度……无须扩大企业的规模而可以扩展企业市场边界"。也就是说，联盟是种介于一般市场关系与企业一体化之间的一种特殊的中间组织。这种解释更能形象地表述战略联盟的本质含义。

---

① 　Williamson, O. E., *The Economic Institutions of Capitalism*: *Firms*, *Markets Relational Contracting*, New York: The Free Press, 1985.

　　准垂直一体化是指企业与其供应者之间拥有专用性关系投资，农业领域的准一体化经营是指通过特定的契约安排形成的特殊组织，是指为了打破分散的小农经济运作模式，为了建立分散、组织化程度低下的小农生产和大市场的有机联系而通过农户与中间组织、龙头企业按照最大化准租的一致目标组成的，既不等同于企业，也不完全是市场交易的复合经济组织（徐忠爱，2008）。[①] 这种组织形式既可以克服企业激励不足的弊端，也可以减少市场交易的不确定性和机会主义行为等不利的影响。

　　关于合作社的定义，不同的国家理解的含义不一样。1995 年，国际合作社联盟给合作社作了权威的定义：“合作社是自愿联合起来的人们通过联合所有与民主控制的企业来满足他们共同的经济、社会与文化的需求与抱负的自治联合体，他们按企业所需资本公平出资，公平地分担风险、分享利益，并主动参与企业民主管理。” 在欧洲，荷兰对农业合作社的定义为：“长期从事经营活动的农民组织，共同核算，共同承担风险，同时保持农业活动的独立性以及使有关的经济活动尽可能多地获得利润。” 在瑞典，合作社就是 “农民拥有和农民控制的公司”（应瑞瑶、刘营军，2003）。[②] 而中国目前的农民专业合作社可以被理解为，在中国农村中，为农民所组建的、不同程度地为农民提供产前、产中和产后服务的组织（国鲁来，2001）。[③]

　　威廉姆森将上述各种垂直协作的中间形式称为混合治理模式（Hybrid Governance Modes），也有学者将其统称为合同模式。可以用一个数轴来表示垂直协作形式的多样化以及各种垂直协作形式的控制强度（如图 2.1 所示）。

　　数轴的最左端是市场交易，最右端是完全一体化，中间是混合模式，包括销售合同（营销合同）、合作社、生产合同和准一体化等。控制强度

---

　　① 徐忠爱：《公司和农户缔结的超市场契约及其治理的信任机制》，《南京农业大学学报》（社会科学版）2008 年第 3 期。

　　② 应瑞瑶、刘营军：《农业合作社经济的基本原则探析》，《马克思主义与现实》2003 年第 3 期。

　　③ 国鲁来：《合作社制度及专业协会实践的制度经济学分析》，《中国农村观察》2001 年第 1 期。

是创造数轴上多种连续形式的潜在变量，从市场交易到完全一体化，即从数轴的最左端到最右端，交易中的一方对另一方的控制强度是逐渐增加的。在垂直协作关系中，被联合与控制的因素主要有价格、数量、时间、质量和交换的条件。

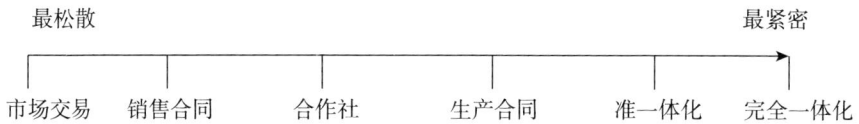

最松散　　　　　　　　　　　　　　　　　　　　　　　最紧密

市场交易　　销售合同　　　合作社　　　生产合同　　　准一体化　完全一体化

图 2.1　垂直协作形式

尽管销售合同比市场交易给合同参与者提供了更多的控制权，但是在垂直协作各阶段中，控制权的转移还是最少的。合作社比市场交易形式体现出更强的控制力度，意味着交易双方之间协作的紧密程度也在逐渐增强。生产合同比合作社具有更强的控制力，而销售合同的控制力度却不如合作社强。在果蔬行业中，销售合同仅仅对产品质量、数量、交易时间、价格和地点有约定。

四、垂直协作的相关理论

（一）生产者行为理论

生产者行为理论是古典经济学中的重要内容之一。从传统的经济学观点来看，企业和农户作为生产者，其都是理性的经济人，企业和农户的行为都是追求利润的最大化。在企业内部，雇员行为就是使企业主的利润目标实现最大化（雇员利益与企业主利益是一致的或激励相容的），而经济人行为则是对环境变化作出充分恰当的反应。在典型的"新古典利润最大化厂商模型"中，厂商都追求利润最大化目标，其基本原则是根据"边际成本等于边际收益（MC＝MR）"来决定生产什么、生产多少和如何生产的问题。

农户的行为往往表现为理性行为与非理性行为并存，即农户在生产行为上表现出有限的理性。一方面，农户是理性的"经济人"，追求利润的最大化。他们总是尽其所能地、在环境约束和经济约束的最大限度内、以其所能利用的尽可能多的信息来完善其"有限的理性"。如根据市场供求及价格变动来组织生产，力争以最小的投入取得最大的产出等。在农户的行为中也存在着许多非理性行为，如农户在边际收益低于边际成本时仍继续追加劳动力等生产要素的投入，当比较收益低于其他生产项目时仍坚持从事粮食生产等。当然，农户之所以这样做，是由其所处的环境和条件决定的，是他们在该种环境、条件下所能作出的唯一可行的选择。

果蔬行业中，在给定的约束条件下，农户和超市究竟选择哪种垂直协作形式，其最终的目标都是为了追求利润最大化。农户作为理性的经济人，其选择要考虑生产成本、交易成本、风险以及利润等。在不断变化的市场环境下，不同的农户对市场风险的感知、市场信息的获取程度不同，可能就会选择不同的垂直协作形式。从超市的角度来看，为了寻找安全的和稳定的蔬菜来源渠道，以及为了获得规格一致、数量和质量都有保证的蔬菜产品，以满足市场需求，从而获得更多的利润，超市往往可能会采取安全生产合同的垂直协作形式。

（二）交易成本理论

1937 年，科斯在著名论文《企业的性质》中，首次提出了具有一般意义的交易成本的概念，并且用这个概念成功地进行了市场与企业之间相互替代关系的研究。自从科斯开创性地把交易成本引入经济分析的先河后，越来越多的经济学家将交易成本概念应用到各种经济研究中。威廉姆森的两部代表性作品《市场与科层等级制》（*Markets and Hierarchies*）（1975 年）和《资本主义经济制度》（*The Economic Institutions of Capitalism*）（1985年），是系统地阐述交易成本理论的代表作，并最终形成了一门新的学科：交易成本经济学。

威廉姆森将交易视为经济分析的基本单位，而交易是通过合约进行的。他认为，交易成本是合约运行的成本。合约具体包括合约签订前和合约签订后的成本。合约签订前的成本包括发现交易对象、起草协议、谈判等方面的成本和保障协议被执行而花费的成本。合约签订后的成本主要有四种：第一，当交易偏离了与"合约转换曲线"相关联的序列时所引起的错误应变成本；第二，当交易双方都作出努力来校正事后的错误序列时所引起的争吵成本；第三，纠纷发生时需要诉诸某种治理结构时，这种治理结构的建立和运行成本；第四，为了使承诺完全兑现而引起的约束成本（Williamson，1985）。①

本书借用科斯1937年提供的理论分析框架来理解和分析蔬菜供应链上的各相关利益主体对不同垂直协作形式的选择和安排。科斯认为，发生在市场独立各方之间交易的成本是很高的，而通过一体化的企业来组织进行重复交易的成本将会降到最低。而销售合同、合作社和生产合同居于开放的市场交易和封闭的垂直一体化之间，被视为混合治理模式。

交易成本是建立和维持财产权的成本，从科斯的分析框架的角度来看，生产者选择资源提供型合同，减少交易次数的原因之一就是减少交易成本。另外，乔斯科（1985）认为，交易成本是与无效率的定价或价格搜索以及生产行为相联系的费用。②

一般来说，交易成本是仅仅指生产者由于缺乏完美的信息和资源而引发的费用，农产品生产和营销所引发的交易成本很多。交易成本随着不完全信息、交流的崩溃、不完全合约以及产权不清等交易的增加而逐日增加。随着农产品生产和营销中交易的增加，交易成本的总量是增加的。这样，大规模的生产者由于比小规模的生产者更频繁地购买生产资料和出售农产品，因而引发的交易成本总量更多（尽管每单位农产品生产和营销的交易成本对于大规模生产者来说可能是相对低的）。而农产品行业最常见

---

① Williamson, O. E., *The Economic Institutions of Capitalism*: *Firms*, *Markets Relational Contracting*, New York: The Free Press, 1985.

② Joskow, Paul. L., "Vertical Integration and Long-term Contracts: The Case of Coal-burning Electric Generating Plants", *Journal of Law*, *Economics*, *and Organization*, 1985（6）.

的交易成本主要是信息成本、谈判成本和监督成本（Hobbs，1997）。①

信息成本：市场交易的生产者在搜索有关产品、价格、投入物以及买者和卖者信息时可能会引发的交易成本。如为了种植和销售蔬菜产品，市场交易的生产者每发生一次交易就必须确定应该去哪儿购买生产投入资料（如果蔬种子、化肥、农药等）以及如何将已经生产完成的果蔬产品销售出去。按照经济学的基本原理，作为理性的经济人的生产者企图以最低的价格购买相同质量的生产投入，以使成本减到最低。同样的，生产者为了追求利润最大化则期望将自己的产品（果蔬）销售给出价最高的买者。在生产者对这些价格信息进行收集、加工、处理的过程中就引发了交易成本。这些成本可能会根据市场上价格信息的可获得性而变化。如在美国，生猪生产者可以获得一段时间连续公开的市场价格信息以及四年一循环的生猪价格信息。不过，美国生猪生产者可能会引发一些与培训自己对不同的买者在交易当天提供不同价格信息了解的成本。伴随着价格的不确定性，通过公开市场销售产品，在销售发生之前生产者是无法知道产品销售的实际价格的。因此，通过开放的市场交易销售产品对于市场交易的生产者而言是不确定的和有问题的。而对于参加生产合同的农户来说，这种情形所引发的问题就很少，因为（果蔬）产品的销售价格在合同签订时就确定了。从直觉上来说，在存在风险的情形下，可以推断出引发的交易成本会更高。同样，生产投入物品价格的不确定性对于安全生产合同的农户来说也得到了减少，因为多数生产合同都规定了生产资料，如果蔬种子、化肥和农药等由合同者统一提供。

此外，人力资本可能会引起另一种信息成本。不同的生产者具有的人力资本是有差异的，如教育、经验、技能水平以及体力等。在某种程度上来看，一个人的管理技能决定了他对信息加工处理和评估的能力以及执行新技术的能力。随着时间的推移，农业领域的人力资本投资得到了不断地

---

① Hobbs, J. E., "Measuring the Importance of Transaction Costs in Cattle Marketing", *American Journal of Agricultural Economics*, 1997（79）.

增强，使得农业生产者和龙头企业管理者能够进行大规模的专业化生产以及采用降低成本、增加产出的更加有效的技术。因此，对于果蔬生产者来说，如果不能将有效率的人力资本引入其生产过程中，将会引发来自交易计划和生产技术等方面的额外的信息成本。

交易成本的另一个重要类别就是谈判成本。"谈判成本来自交易的行为，并且受执行交易的方式所影响。"①当生产者从购买生产投入到获得产品销售的支付为止，整个交易过程都有可能引发谈判成本。霍布斯还讨论了一些谈判成本以及这些成本是如何影响肉牛生产者的决定的。当生产者和合同者在签订合同时就会产生谈判成本。这些生产合同的最初谈判成本通常是很小的或有限的，因为生产合同设定了针对所有生产者的条款。大多数资源提供型合同规定由合同者提供动物、饲料、防疫服务、药物、管理专门技术以及所有的营销服务，而生产者主要提供劳动力、房屋、设备、设施以及一些管理技能。当然，如果合同的条款尽可能地预测到了所有未来发生的事件，那么合同签订后几乎就没有什么谈判成本了。大多数资源提供型合同规定了由合同者承担搜寻市场、谈判价格以及执行管理的成本。这样，在合同签订之前，生产者就承担了时间、运输成本以及选择其他合同参与者的机会成本。但是，由于肉牛生产的生命周期决定了肉牛的生产合同通常在3—10年不等，因此，合同双方之间的谈判成本是有限的。

与资源提供型合同的生产者承担的谈判成本相比，市场交易的生产者需要面临更多成本，即包括合同者和生产者承担的所有成本。市场交易的生产者的谈判成本的产生开始于他们关于生产地点及生产设备规格等的谈判。假定蔬菜生产者自己拥有土地、大棚和所有生产所必需的设备，那么该生产者首先面临的谈判成本就是生产要素（投入物）购买的成本，如果蔬种子、化肥、农药和劳动力。谈判成本还包括建立和起草合约的管理交易的成本。营销的过程从买卖双方的价格谈判开始。在对果蔬产品进行营

---

① Hobbs, J. E., "Transaction Costs and Slaughter Cattle Procurement: Processors' Selection of Supply Channels", *Agribusiness*, 1996 (12).

销时，市场交易的生产者承担了多种谈判成本。市场交易的生产者需要承担的谈判成本如默认价格协议以及果蔬销售后货款的推迟支付等。

监督成本：监督成本或执行成本产生于交易发生之后。生产者为了确保投入物的质量、生产过程以及营销过程符合要求所花费的时间价值都被视为是监督成本。监督成本对生产合同和市场交易的生产者来说都是很昂贵的。对供应者提供的投入物品质量的监控或者监督供应者（或买者）以确保与合同事先约定的交易条款相一致是需要成本的。当然，部分的监督成本可以通过合同者雇用工人来解决。

多数大的动物生产企业的合同者在签订的合同中对生产程序都有一些特别的规定，而生产者必须要遵守这些条款。例如，合同中规定对生猪喂养中详细的饲料定量的配给。另外，生产者必须要维持猪舍的温度、湿度以及指定的清洁度水平和生物安全水平。监督生产地点以及评估生产者绩效的成本是有意义的。

对于市场交易的生产者而言，监督成本开始于生产地点终止于销售地点。在生产地点，市场交易生产者往往面临着很多合同生产者同样面临的监督成本，如监督雇用劳动力、投入物的质量以及报酬的公平性等方面。根据霍布斯（1997）[1] 的研究，在肉牛生产中可能会有一些不同的情形导致出现监督成本，如动物交易过程中发生的"缩水，压青或劳累"，如果及时发现，这种损失程度就会降到最少。一些市场交易的生产者经历了同样的问题，如当生产单位爆发一种疾病时，如果不及时发现，可能会导致动物全部死亡。因此，监督动物的生长性能以及健康状况对于保证市场交易的生产者的成功尤为重要。

总之，交易成本经济学企图解释协调生产各阶段最佳资源配置的不同垂直协作安排，它的重要作用是通过对每一种替代垂直协作形式交易成本

---

① Hobbs, J. E., "Measuring the Importance of Transaction Costs in Cattle Marketing", *American Journal of Agricultural Economics*, 1997 (79).

的测量来反映替代垂直协作形式的效率（Masten，1996）。[①]

（三）资产专用性

当交易中的一方或双方按照交易的具体特征对设备或机械等做了投资，并且这项投资在其他替代用途上的价值是很低的（Joskow，1985），[②] 那么这种资产一般就是专用资产。这种类型的投资在生产合同中是非常常见的，合同通常涉及与专用性投资有关的绩效问题。专用性资产往往是指那些在最优用途使用的价值远远大于在次优用途使用的价值的资产。资产专用性包括物质资产专用性（如身体或体力特征）、人力资产专用性（如独特的技能）以及场地资产专用性（如特殊的场地）等（Martinez, et al., 1998）。[③]

采用垂直一体化或其他垂直协作形式的原因之一是为了减少交易成本，当出现资产专用性时，企业之间期望采用合同或垂直一体化的方式进行重复交易而非市场交易。资产专用性是企业采用垂直一体化或其他垂直协作形式的必要条件，而非充分条件（Sporleder，1994）。[④] 很显然，蔬菜生产行业涉及一定的资产专用性投资。而在那些很少或几乎没有替代市场的地方，通过安全生产合同这种稳定的垂直协作是可能的。这样，生产者进行这些专用性投资时必须获得一定的激励，即确定蔬菜的销售市场是稳定的并且是有利可图的。因此，当专用性资产变得很棘手时，受到错误的剥夺可能是很昂贵的。尽管随着专用性投资的增加，机会主义和"敲竹杠"现象会越来越严重，但是随着资产专用性越来越强，使用市场交易的成本就会上升，将鼓励个人去进行合同交易的谈判。当食品安全和产品质

---

① Masten, S. E. (Eds.), *Case Studies in Contracting and Organization*, Oxford University Press, 1996.

② Joskow, Paul. L., "Vertical Integration and Long-term Contracts: The Case of Coal-burning Electric Generating Plants", *Journal of Law, Economics, and Organization*, 1985 (10).

③ Martinez, Steve, W., Kevin, E. Smith and Kelly, D., Zering, "Analysis of Changing Methods of Vertical Coordination in the Pork Industry", *Journal of Agricultural and Applied Economics*, 1998 (8).

④ Sporleder, T. L., "Assessing Vertical Strategic Alliances by Agribusiness", *Canadian Journal of Agricultural Economics*, 1994, 42.

量问题出现时，这些成本就会特别高，而紧密的合同关系是一种对食品制作工序强制实施更大控制的一种方式（Hennessy and Lawrence，1996）。[①]江波、吴秀敏（2008）研究认为，供应链管理思想的核心是建立整体优势的协作关系，交易成本从资产专用性、不确定性和交易的频率三方面影响交易方协作方式，交易不确定性及频率相对资产专用性不重要，因此，重点从资产专用性角度讨论农产品供应链垂直协作方式的选择，分析表明在非垄断竞争市场条件下，农产品供应链中各交易方协作方式随资产专用性的强弱而不同。[②]

西方发达国家果蔬种植行业发展的一个重要特征是新的、先进的生产技术的应用。优良果蔬种子、生产设备和设施、营养、病虫害控制等方面的改善带来了生产者的规模经济。果蔬品种、基因的改进使果蔬生产者可以选择生产者、加工者、消费者评价很高的具有高生产性能的优良果蔬品种。

一般来说，生产技术的高度进步要求高的专用性投资，即资产用于特定的用途比次优用途的价值更大。资产专用性包括物质资产、场地、时间资产等的专用性。具有物质专用性特征的资产很少有替代的用途，如塑料大棚、薄膜、加工厂等。时间专用性主要是在及时执行交易显得很关键时出现，对于不可储存的农产品，如很多蔬菜为了保证质量在收获之后要求及时加工（Manchester，1997）。[③]当生产者进行专用性投入后，加工者可能会延迟收购产品以获得价格上的折扣。资产的场地也具有专用性，如交易的一方为了减少运输成本，将生产设备或设施与交易其他方的位置靠得很近，此时，资产可能具有场地专用性价值。专用资产可能会导致准租金

---

① Hennessy, David, A., "Information Asymmetry as a Reason for Food Industry Vertical Integration", *American Journal of Agricultural Economics*, 1996, Vol. 78.

② 江波、吴秀敏：《农产品供应链垂直协作方式的选择——基于资产专用性维度的分析》，《农村经济》2008 年第 3 期。

③ Manchester, A. C., "The Industrialization of U. S. Agriculture: The Role of Contracting and Vertical Integration", U. S. Department of Agriculture, Economic Research Service, Unpublished Manuscript, 1997.

的产生，即资产最优用途价值超过次优用途价值的那部分价值就是准租金。如一匹货用的马租给旅游公司每天租金为 180 美元，而租给博物馆每天租金为 100 美元，这样准租金是每天 80 美元。

机会主义行为（即自利而不受道德约束的行为）可能导致准租金从专用性投资所有者到交易其他方的重新分配。一旦所有者进行了专用性投资，交易其他方就会提供一个低于专用性投资之前的价格。但是，准租金是否可被侵吞依赖于小数目的市场条件（市场小数目的出价人或买者）(Williamson，1975)。① 随着资产专用性的增加，因为面临着为数不多的出价人，所以交易各方越容易遭受机会主义的侵害。继续沿用上面的例子，如果仅有一个旅游公司对货运马出价，那么所有的准租金都会被这个旅游公司占有。也就是说，出价一定低于 180 美元，只要他出价高于 100 美元，马的所有者一定会将马租给他。然而，如果同时还有其他人想租用该马，那么 80 美元的准租金就不会产生。

机会主义行为的存在可能会导致福利的损失，因为对交易各方有利的交易利益不会出现 (Milgrom，Paul，and Roberts，1992)。② 如对生产企业进行大规模的投资可能有利于生产者、加工者、消费者，但是，因为惧怕机会主义行为就导致这种投资最终不会出现。合约通过设置一些条款将交易双方的行为限制在可接受的范围内，而垂直一体化可减轻交易双方之间的对抗关系。利用专用性资产生产中间产品被认为是保护资产所有者免受机会主义行为侵害、导致垂直一体化和合约出现的一种激励 (Klein，Crawford and Alchian，1978)。③

果蔬种植行业的资产专用性也较大，可能会影响到不同垂直协作形式的安排。标准化大棚、薄膜、加工厂和优良品种，除此用途之外，其他用

---

① Williamson, O. E., *Markets and Hierarchies: Analysis and Antitrust Implications*, New York: Free Press, 1975.

② Milgrom, Paul and John Roberts, *Economics, Organization and Management*, Prentice - Hall, Inc, 1992.

③ Klein, B., R. Crawford, A. Alchian, "Vertical Integration Appropriable Rents, and the Competitive Contracting Process", *Journal of Law and Economics*, Vol. 21, 1978, No. 2.

途的价值很低（物质专用性强）。果蔬生产行业的资产专用性中会有场地专用性。由于果蔬种植需要一定的农田，很多还需要特制的标准化大棚和塑料薄膜，因此，加工者和一体化者在空间上或时间上的集聚减少了蔬菜生产者选择替代交易伙伴的数量（Rogers，1994）。① 由于生鲜果蔬是不耐储存的商品，还会产生时间专用性，并且种子、采摘、生鲜果蔬的运输成本高，所以，果蔬生产者通常特别注重果蔬产品的销路。由于果蔬采摘后不久就需要加工，否则会腐烂变质导致损失很严重，因此，生鲜果蔬被认为是不耐储存的产品。蔬菜采摘后，如果推迟销售且在短时间内很难找到替代的买者会导致生产者在销售价格上的让步。如近些年经常出现的，由于果蔬生产量太大且没有找到合适的销路，而导致大量的积压、果蔬腐烂变质，或直接抛弃在农田里的情况。合同者和生产者之间通过合约联结减少了合同者行使机会主义的可能性。

国外果蔬种植行业的合约和垂直一体化激励主要在于与关系专用性投资相联系的交易成本、分级成本、货物测量以及确保货物供应和销售渠道成本的节约。

（四）委托—代理理论

经济学上的委托—代理理论的发展始于20世纪70年代，主要研究委托—代理关系下委托人如何设计一个激励契约来促使代理人为委托人的利益而行动。委托—代理问题这一概念把委托代理关系定义为："委托人（比如雇主）如何设计一个补偿系统（一个契约）来驱动另一个人（代理人，比如雇员）为委托人的利益行动。""委托人"和"代理人"这两个概念来自法律，在法律上，当A授权B代表A从事某项活动时，委托—代理关系就发生了，A称为委托人，B称为代理人。但经济学上的委托—代理关系泛指任何一种设计非对称信息的交易，交易中有信息优势的一方称为代理人，另一方为委托人。当然，这样的定义背后隐含的假设是：知情者的私

---

① Rogers, R. T., R. J. Sexton, "Assessing the Importance of Oligopsony Power in Agricultural Markets", *American Journal of Agricultural Economics*, 1994, 76 (5).

人信息（行动或知识）影响不知情者的利益。或者说，不知情者不得不为知情者的行动承担风险。

委托—代理关系的产生有两个条件：一是存在不对称信息；二是知情者的私人信息（行动或知识）影响不知情者的利益。不对称信息（Asymmetric Information）指的是某些参与人拥有但是另外一些参与人不拥有的信息。信息的不对称可以从两个角度来划分：一是不对称信息发生的时间划分。从不对称信息发生的时间看，不对称性可能发生在签约之前，这时的问题称为逆向选择问题（Adverse Selection）；不对称性也可能发生在签约之后，这时的问题称为道德风险问题（Moral Hazard）。二是从不对称信息的内容划分。不对称信息可能指某些参与人的行动（Actions），即隐藏行动问题；也可能指某些参与人的知识（Knowledge），即隐藏知识（信息）问题。然而仅存在不对称信息并不能构成委托—代理关系，构成委托—代理关系的另外一个条件是知情者的私人信息（行动或知识）影响不知情者的利益。或者说，不知情者不得不为知情者的行动承担风险。发生委托—代理关系时，委托人委托代理人根据委托人利益从事某些活动，并相应地根据契约授予代理人某些决策权。对于代理人来说，是从自身利益出发选择对自己最有利的行动。代理人的行动结果决定委托人的目标函数的实现状况，委托人则承担了代理人行动的风险。上述两个条件都满足的情况下，便构成了委托—代理关系。基于委托代理行为的委托—代理理论的推测主要认为契约方的机会主义和逃避是一体化的动机而不是合同的动机。

在不对称信息的交易中，代理人较委托人拥有信息优势，可能会利用这方面的优势损害信息劣势的委托人利益。在这种情况下，代理人会"搭便车"（Free‑riding）、搞"机会主义"（Opportunism）和"道德陷阱"（Moral Hazard），而处于信息劣势的委托人几乎看不到代理人的行为，测不准代理人行为对委托人的价值。所以委托人只有设计激励契约，来减少观测到的行为之均值与理论之均值之间的方差。也就是通过激励契约来修正代理人的目标函数，委托人只有对代理人提供足够的激励，否则，代理人不会如委托人所希望的那样努力工作（张维迎，1996）。沿着如何修正代理人目标函数的研究思路，委托—代理理论深入研究了代理人效用函数的具体实现问题，一般认为，代理人的目标函数由货币物品（Pecuniary Goods）和非货币物品（Nonpecuniary Goods）两大类变量组成。相应的，激励措施有物质激励措施和精神激励措施两大类型。马斯洛的需要层次理论表明：满足人的需要的因素是多方面的，在不同时期有不同的需要，其需要层次理论中五种层次的需要概括起来恰为物质和精神两大类型。需要层次理论也表明了当物质激励提供的激励效果下降时，就应该增加精神激励的内容。成就需要理论表明了具有高目标的经理人员把个人成就看得比金钱更重要。声誉模型解释了静态博弈过程中的"囚徒困境"问题，论述了在长期重复代理的情况下，竞争、声誉等隐性激励机制能够起到激励代理人的作用，即使没有显性的激励契约，经理人员也会有积极性去努力工作，因为这样可以改进自己在经理市场上的声誉，从而提高未来收入的预期。

（五）组织理论

组织（Organization）是为有效地配置内部有限资源的活动和结构，为了实现一定的共同目标而按照一定的规则、程序所构成的一种责权结构安排和人事安排，其目的在于确保以最高的效率使目标得以实现。

关于组织的作用，不同的学者给予了不同的表述：组织的作用在于协作与管理，组织是为了达到共同目的的所有人协力合作的形态。组织的作用在于有效管理，是为了实现更有效的管理而规定各个成员的职责及职责之间的相互关系。组织是一个协作群体，组织的作用在于分工与专业化，由于生理的、物质的、社会的限制，人们为了达到个人和共同的目标，就必须合作，于是形成协作的群体，即组织。从组织的以上定义中，可以看出组织的作用与存在逻辑：组织的存在必须具有目的性，即组织中成员目标整合而成的组织目标，实现组织目标是组织存在的理由和动力，组织是个体目标与整体目标的统一，个体目标的实现往往很难仅凭借自身的力量，个体加入组织在于实现组织目标的同时实现个体的目标，个体目标的实现以实现组织目标为前提。这个过程，是个体与组织相互交换的过程。

组织的构建与管理过程需要成本，组织的优劣由组织效率（管理效率或"X效率"）表现出来。组织（包括有形的组织机构和无形的组织活动）的成本主要包括内部组织成本、委托—代理成本、外部交易成本和管理者时间的机会成本。组织内部组织活动作为对"看不见的手"的替代，为一种订立内部组织"契约"的活动。由于订立"契约"而带来普遍存在的、难以计量的成本，即内部组织成本；委托—代理成本表现为在组织的层级结构中，上级（委托人）与下级（代理人）之间的监督激励成本、保证成本与"剩余损失"；外部的交易成本是组织在交易过程中的搜寻成本、谈判成本和履约成本的总和；管理者的机会成本（Opportunity Cost）指的是管理者的时间资源用于管理而不能用于其他用途的最大可能损失。

组织效率即"X效率"，这个X代表造成配置（低）效率的一切因素。X（低）效率区别于市场配置低效率之处在于，市场配置低效率就是因垄断厂商对市场资源配置的影响而导致价格与产量的扭曲，引起福利的损失；而X（低）效率不是由市场价格（偏离边际成本）造成的，它是因组织内部（个人与人际关系之间）活动而非市场活动造成的那种类型的损失。"X效率"的存在对管理效率的重要意义在于，管理有效率意味着"X效率"的提高。影响"X效率"的途径在于压力、个体心理与行为、群体动力机制与市场结构和企业家才能。

（六）产业组织理论与垂直协作

产业组织理论是现代西方经济学在分析现实经济问题中不断发展起来的，到20世纪60年代逐渐成熟，约在70年代逐渐约定俗成。产业组织理论以生产、消费、市场、价格、投资、福利等微观经济学理论为基础，通过对经济运行过程中产业内部企业（或组织）之间的竞争与垄断及规模经济的关系和矛盾的具体考察分析，着力探讨产业组织状况及其变动对产业内资源配置效率的影响，为维护合理的市场竞争秩序、提高产业运行效率提供理论依据。产业组织理论的传统范式"结构—行为—绩效"（Structure-

Conduct-Performance）认为，市场结构（市场上卖者的数量、产品差异的程度、成本结构等）决定行为（包括价格、研究与开发、广告等），行为产生市场绩效，绩效可以用效率、产品多样化等指标衡量。标准的结构—行为—绩效理论只是针对某一个行业的，而对农产品子系统的分析并不是简单的几个行业分析的汇总，因此，在结构—行为—绩效的基础上，提出一个修改后的分析框架，即农产品子系统结构—行为—绩效框架以应用于农产品子系统分析，尤其是对价值增加过程、关键过程的控制以及垂直协作的分析和理解。在他们的框架中，描述子系统的市场结构的纬度除了行业的结构外，还包括功能结构、阶段、主要的渠道、信息系统、决策结构、交换制度、交换类型、风险转移机制等。行为纬度也增加了协作机制等纬度，而绩效的衡量在传统的定价效率基础之上被细化（Marion，1986）。① 对美国各个农产品子系统，包括猪、鸡蛋、土豆等产品系统的研究发现，农产品子系统的结构影响了行为，而行为又相应地影响子产品系统的绩效。极其简单的交换体系下，是不需要程度高的垂直协作的。而当市场集中程度很高的时候，可以观察到控制程度很高的垂直协作形式。

市场结构会影响垂直协作形式的选择，当产品没有差异、市场集中程度低时，市场是主要的协作机制。当在一个市场上，买者和卖者的数量在减少的时候，小数目讨价还价问题就会凸显出来，所以为了减少潜在的机会主义危险，公司就有可能考虑采用非市场的协作手段。弗兰克和汉德森（1992）的研究也证明了市场集中度、规模经济和垂直协作形式之间的经验关系。②

（七）社会资本与垂直协作

假定信任、声誉和身份创造了三种类型的社会资本：直接、间接和基

---

① Marion, B. W. (Eds.), *The Organization and Performance of the U. S. Food System*, Lexington MA: Lexington Books, 1986, p. 51.

② Frank, S. D. and Henderson, D. R., "Transaction Costs as Determinants of Vertical Coordination in the U. S. Food Industries", *American Journal of Agricultural Economics*, 1992 (74).

于身份识别的社会资本，也就是有三种可以用来建立社会资本的资源。直接社会资本通过交易双方之间的重复交易获得，当这类交易发生时，交易伙伴之间的信任水平通过一致性被建立。研究发现，所有的关系都建立在信任的基础上。相关研究表明，信任可以通过避免极其耗费成本的谈判和签约过程，从而降低交易成本，并影响垂直协作形式的选择。

所谓信任是一个企业的管理人员对交易伙伴未来行为所持的一系列期待，也就是认为交易伙伴不会机会主义地采取行动使自己的企业受到损害。如果是在一个高度信任的环境下，双方之间的矛盾就会以一种双方之间都满意的方式在早期得到解决。信任的存在可以简化烦琐的订立、监督和执行合同过程，从而降低交易成本。有些研究者认识到信任可以给合作伙伴双方带来更多的盈利（Henson，et al.，2000）。[①] 越是合作程度高的战略联盟，越是不依赖正式的合同，双方之间的信任起到了关键的作用。

信任可以分为三种类型：建立在过程基础上的信任、特征型信任和制度型信任。建立在过程基础上的信任是基于交易双方之间长期的交易，即经验培育信任。而特征型的信任是基于群体的特征而产生的，比如一个村庄的人、亲戚等。制度型信任是建立在社会正式的法律基础上，比如相信别人不会采取违法的行为。

间接社会资本建立在已有的共同分享直接社会资本的个人声誉之上。声誉来自个人之间交易的一致性和可靠性。个人传递货物或服务的一致性可以看成是帮助培养同一个陌生的个人关系的诺言。如当卡车司机的顾客增多时，卡车司机通过将生猪每周安全地送到市场，即为他的可靠性形成了一个声誉。接受的生产者将他服务的可靠性告诉其他生产者，因此该卡车司机的顾客增多。

以身份识别为基础的社会资本是一种短期熟人关系，其建立在联合或组织的基础上，并要求强化已经建立的信任关系。使两个人开始成为熟人的联合是两个人共性特征的基础，如人的基因、性别、年龄、种族、背

---

① Henson, S. J. and Northen, J., "Consumer Assessment of the Safety of Beef at the Point of Purchase: A Pan-European Study", *Journal of Agricultural Economics*, 2000 (51).

景、民族、国家以及从父母处获得其他资源的价值成为一个人的出生。当这个共性结合时导致两个人相互作用、交易，两个人之间的交易是暂时的。基于一致性、忠诚和可靠性更为正确的关系是为了持续交易的担保。如果这种熟人关系没有获得信任的营养，那么这种熟人关系不久就会终止。

五、农产品特征与垂直协作

农产品不同于一般的工业产品，农产品自身的某些特征会影响到供应链的垂直协作，其中，农产品的易腐烂性和质量的不稳定性是不确定性的一个重要来源。比如，生猪到达一定体重如果不及时出售，不仅耗费饲料而且会使肥膘增加，影响品质，而猪肉和其深加工产品容易腐烂变质，又对运输储藏的设施条件提出更高要求。再比如生鲜、水果、蔬菜，需要及时销售到消费者手中，假如不能及时出售，就会对供应链各环节的储藏及包装有特殊要求，而且果蔬的季节性又较强，这些特征都会增加供应链各环节的不确定性和风险，是影响垂直协作的一个因素。

马丁内斯（1999）对肉鸡行业和生猪行业的合同化及垂直一体化发展的特点进行了比较研究，并指出由于肉鸡和生猪产品有着不同的特点，肉鸡的养殖时间、地点和实体的资产专用性程度高于生猪行业，所以美国肉鸡行业的合同化生产比例明显要高于生猪行业。[1] 1990 年，美国肉鸡行业基本实现了合同养殖或一体化养殖，而生猪行业的合同养殖的比例要小得多，1999 年只占存栏量的 32% 左右，主要原因就是肉鸡生长周期短、储藏难度大，养殖地点和相关设施专用性强于生猪（马丁内斯，2002）。[2] 关于农产品特征对供应链垂直协作的研究开拓了本书的思考视角。

---

① Martinez, "Vertical Coordination in the Pork and Broiler Industries: Implications for Pork and Chicken Products", *USDA. ERS. AER.* 1999, No. 777.

② Martinez, "Vertical Coordination of Marketing Systems: Lessons from the Poultry, Egg, and Pork Industries", *Agricultural Economic Report*, 2002, No. 807.

六、关于小农户纳入供应链的研究

对小农户如何在高质量农产品需求驱动下出现的机会中受益进行研究后发现，合同农户形式的制度安排明显减少了交易费用，并且提高了市场效率，因此小农户受益，在发展中国家小农户有机会从生产高价值的食物中受益，关键是小农户如何用较低的交易成本和市场风险生产高价值食品（Barkema，A. and Drabenstott，M.，1996）。①

中间的制度结构是合作、生产者联合、合同农业等。任迎伟（2005）对农产品供应链中小型生产组织管理问题进行了研究，指出小型生产组织（农户）在供应链管理中处于明显的弱势地位，因此我国必须结合发展中国家的实践经验，从核心企业、地方政府、农民合作社等微观角度改善小型生产组织的弱势地位，切实保障农产品供应链中小型生产组织的利益。②

七、对已有相关理论研究的简要评述

（一）已有的理论研究呈现出经济学、管理学的多学科性

供应链垂直协作的相关理论和研究基础为本书的研究提供了依托，但是已有的关于果蔬供应链垂直协作及质量安全治理的研究，往往以定性的方法为主，较为宽泛地描述农产品供应链的特点和存在的问题及解决问题的相关对策。对农产品供应链及其垂直协作的研究往往只涉及某一产品的某一供应链阶段，特别较为关注农产品种植、加工及运输阶段存在的问题，对传统供应链研究较多。而针对以超市为中心的果蔬现代供应链全面、系统的研究，无论从理论上还是从实践上都明显不足。特别是以超市

---

① Barkema，A. and Drabenstott，M.，"Re-defining the Role of Market Institutions and Government in Agri-food Chains"，Proceedings of the 2nd International Conference on Chain Management in Agribusiness and the Food Industry，Wageningen Agricultural University，the Netherlands，1996，5.

② 任迎伟：《农产品供应链中小型生产组织管理问题研究》，《农村经济》2005 年第 6 期。

为中心的现代化农产品供应链的基础理论和供应链的管理等方面都有待于进行更加深入的研究。

(二) 缺乏对农产品从产前到最终消费后的全部链条作出分析

从已有的研究发现，已经有不少学者运用农产品供应链垂直协作理论来分析农产品质量安全治理问题，虽然也有人从供应链的角度研究垂直协作和质量安全，但是以前的供应链仅仅起始于生产，终止于消费，缺乏对产前环节和消费后环节的关注。

从对中国超市发展的文献检索来看，首先，在文献的量上相对不足，学术界比较深入地开始研究中国超市的发展对生鲜农产品特别是果蔬的经营及其影响，主要是近七八年来的情况。其次，从研究的内容来看，由于处于初始阶段，主要研究还停留在超市发展对中国农产品经营的意义方面。而针对以超市为中心的农产品质量安全全面、系统的研究，无论从理论上还是从实践上都明显不足。

上述已有研究为农产品质量安全长效机制的理论框架的建立提供了丰富的、可资借鉴的成果，但关于中国农产品质量安全的研究，对问题的探讨和事件的曝光较多，就建立农产品质量安全的长效机制的系统研究不足。

第三章　果蔬质量安全市场治理理论框架

　　不论是在发展中国家，还是在发达国家，食源性疾病一直是人类健康的重要威胁，食物安全已经成为食品工业面临的最为重要的问题之一。近年来，禽流感、疯牛病、口蹄疫、"瘦肉精""苏丹红"等重大食物安全事件的爆发和流行已经对世界各国经济和社会发展产生了重要的影响。

　　对中国而言，食物中微生物超标、农药兽药残留超标、重金属超标等现象突出，食物安全事故时有发生。特别是 2007 年年初，食品安全问题已经引起农业部、商务部、国家工商总局等行政管理部门的高度重视。食品安全问题涉及整个农产品供应链的全过程，本书着重就农产品供应链中的可追溯体系与食品安全的理论问题展开论述。

一、食品安全的经济学含义

（一）定义与测度问题

　　食品安全涉及两个重要的问题，即对安全的定义和测度。尽管公共健康的进步已经可能把疾病与特定的病原体相联系，但是对于病菌污染水平的安全定义仍是不精确的。

　　政府建立的食品安全标准还未能解决这一问题。其部分原因是由于生产者、加工者和消费者之间的利益冲突，部分是由于与疾病相关的污染比例缺乏科学的证据（Starbird，2005）。[①]

---

　　① Starbird, S. A., "Supply Chain Contracts and Food Safety", *Choices*, 2005, 2d Quarter, 20 (2).

那么，安全定义的不精确性，使得企业在参与供应链中就面临着其行为的经济后果的不确定性。一个企业也许可以计算出由于不安全而被召回的成本和安全检查失败的成本，但是没有一个关于食品安全的精确定义，企业就无法计算这些事件的发生概率。不知道事件发生的概率，管理者也就无法测度投资于提高食品安全（例如可追溯体系的建立），或者检查原材料和成分安全的经济回报，即使安全的定义是精确的，而测度安全也是存在误差的。由统计学的理论可知，这种误差包括诊断误差和样本误差两种。无论是诊断误差还是样本误差发生，企业以及消费者均要为此付出一定的代价。

（二）安全的测度误差与信息不完备

测度误差导致经济学家所谓的信息不完全和不对称。新古典经济学经济分析的假定之一是市场参与者对于质量和价格具有完全的信息，信息不对称使得交易费用增加，甚至导致市场治理失灵。安全是食物的一种属性，但并不能被立即观察到，因此称作信用属性（Credence Attribute），所以，关于安全的信息在供应链参与者之间的分布是不完备的。

当供应商比购买者拥有更多的关于质量的信息时，市场将出现两种令人不愉快的经济现象：道德风险（Moral Hazard）和逆向选择（Adverse Selection）。当供应商承诺努力提高食品安全，但却没有那样去做时便产生了道德风险。因为安全检查服从于诊断误差和样本误差，购买者无法确定供应商是否履行其关于提供安全食品成分的承诺。逆向选择产生于当供应商能够将其产品基于安全性划分成不同的种类时，当安全是无法完全可观察时供应商标记是不可观察的。如果供应商的标记是不可观察的，购买者则会给出一个反映产品质量或安全的"平均"价格。这个"平均"价格会远低于高质量供应商赚钱的价格水平，因此将高质量食物供应商挤出了市场。当然，其结果是政策制定者和消费者都不愿意接受的。

（三）校正信息不完备的微观经济政策

按照微观经济学理论，校正食品安全信息不完备的经济政策主要有以下几种：

1. 建立和设置食品安全的强制标准

当消费者在食品零售店或饭店购买食品时，许多食源性疾病风险（例如微生物病菌和杀虫剂、药品的残留）是很难发现的。在这种情况下，即存在食品安全的消费者货币选择的市场失灵问题。由于消费者在购买食品的时候通常无法发现其食品的安全损害，而且消费者也无法通过其购买决策明确表达其对安全的需求。因此，公共政策处理市场失灵的方法就是建立和设置强制性的标准（Unnevehr，2003）。[①] 例如，美国农业部为了降低肉和禽类的微生物病菌，从 1996 年开始要求肉和禽类加工厂强制执行食品安全保证体系。食品药物管理局（FDA）于 1995 年和 2001 年分别要求海洋食品和果酱食品强制执行 HACCP。可见，设置食品安全的强制标准，实质上起到了信息披露的作用，以校正信息不对称。为了校正信息不对称，政府通常鼓励供应商以某种安全水平的形式标识其产品，安全和质量标识包括加工标准的采纳和第二方的保证、担保或认证（例如绿色食品、ISO 9000 或者 HACCP 标识）。

2. 垂直一体化策略

在美国，猪肉产品的垂直一体化正在替代传统的开放市场，现在美国 70% 以上的猪肉产品是根据合同或者由大型屠宰场垂直一体化的体系生产的。在这种垂直一体化的趋势下，美国大约 36% 的农产品也是在合同和垂直一体化下生产的（Schnlze，B.，Spiller，A. and Thenvsen L.，2006）。[②] 丹麦的情况与美国一样，猪肉生产也是在严格的合同规定和垂直一体化下生产的。那么，垂直一体化在提高食物安全方面的作用何在呢？

交易费用经济学为企业垂直一体化策略提供了理论基础。威廉姆森（中译本，2002）认为，交易成本主要取决于资产专用性、市场交易的不

---

① Unnevehr, L., "Food Safety: Setting and Enforcing Standards", *Choices*, 2003, 1st Quarter.

② Schulze, B., Spiller, A. and Theuvsen L., "Vertical Coordination in German Pork Production: Towards more Integration?", Paper Presented at the 16th Annual World Forum and Symposium (Agribusiness, Food, Health, and Nutrition), 2006.

确定性和交易频率，对于非专用的交易，包括偶然的合同与经常性的合同，主要应使用市场治理结构，在此种情况下，交易双方只需根据自己的经验即可决定是否继续保持这种交易关系，市场的作用主要在于保护双方免受对方的投机之害。[①]

对于混合式的偶然交易和高度专用式的偶然交易都需要实行三方治理。这是因为这些资产的专用性很难改变用途，即使能转让这些资产，其评估也会遇到非同寻常的困难。因此，对于极为特殊的交易来说，主要原则就是下大力气维持这种合同关系，通常借助第三者的仲裁来解决纠纷。对于中间产品市场的交易行为，可以采用两类专用交易治理结构，其区别如下：一是双方结构，其中双方都自主行事；二是统一结构，即不是在市场进行交易，而是在有组织、有统一权威关系（即垂直一体化）的企业内部进行交易。显然，食物供应链中有不少适合统一的治理结构。

垂直一体化的优点在于它能适应一系列连续的变化，无须不断地寻找、设计或修改临时性协议。因此在纵向一体化的企业中，价格调整的措施会比临时买卖协议的调整措施更完善。而且如果企业内部的各种激励机制并行不悖，无论怎样调整产量，都能使交易双方得到最大的利益。

随着资产专用性的程度不断加强，市场签约就让位于双边约定，而后者随之又被统一的合同（内部组织）所取代。这样，通过垂直一体化的治理结构，可以有效降低双方的交易费用。

由于许多食物的生产具有资产专用性、交易的不确定性和经常的交易频率三个特征，那么，按照交易费用经济学理论，食物供应链的纵向一体化治理结构以及签订长期合约可以有效降低交易费用。对于英国牛肉市场的研究表明，由于受疯牛病爆发的影响，在英国牛肉生产的纵向一体化已经成为主要的治理手段。垂直一体化已经扩展到包括饲养者、饲料生产

---

① 威廉姆森：《资本主义经济制度：论企业签约与市场签约》，商务印书馆 2002 年版，第178—179 页。

者、屠宰场直到零售商（Fearne，2003；Hornibrook and Fearne，2005）。[①]总之，合约主要是通过对生产要素投入的集中决策和产品的标准化而起到降低道德风险的作用，通过合约和监督可以减少不可观察的质量属性（信用属性）的逆向选择。而垂直一体化可以有效降低供应链中交易双方的交易成本。

事实上，垂直一体化治理是一种基于决策的组织理论（Decision-oriented Organization Theory），由于在食物生产、加工、销售的整个供应链中，有许多企业参与交易，关于食物的数量、质量需要多个企业间的谈判与协调，所以其交易费用较高。交易费用理论中的供应链垂直一体化治理，主要是校正由于资产的专用性和信息的不对称而产生的市场失灵问题。

3. 安全合同

合同包括价格、规格、检查协议，也可能包括安全和非安全供应商的隔离。一个安全合同是指可被安全供应商接受而被非安全供应商拒绝的合同。设计安全合同，购买者选择合同参数，以劝说安全供应商参与交易，阻碍不安全供应商。合同参数相关的安全包括报价、安全标准（定义）与背离标准相关的保险和折扣、取样计划、诊断检查等，提供安全食物失败的成本分担。这些参数的设置，会使不安全的供应商放弃签约而被排斥在交易之外。

污染食品的供应商一般会面临两种成本。第一，如果被污染的食品被提供或者没有被检查出来，供应商就会面临着检查失败的成本（Inspection Failure Cost）。检查失败的成本包括被污染食品的处置成本，处罚和罚金，以及被合格安全食品替换的成本。第二，如果被污染的食品被提供而且通过了检查，供应商将面临安全失败成本（Safety Failure Cost）。安全失败成

---

① Fearne, A., "The Evolution of Partnerships in the Meat Supply Chain: Insights from the British Beef Industry", *Supply Chain Management*, 2003, 3 (4). Hornibrook, S. and Fearne, A., "Demand Driven Supply Chains: Contractual Relationships and the Management of Perceived Risk", Paper Presented at 2nd European Forum on Market-Driven Supply Chains, 2005, 4.

本是与污染食品进入购买者的生产体系相关的成本，当其最终到达消费者手中多半会产生疾病。安全失败成本的估计是困难的。由于私人企业是追求利润最大化的，公共机构寻求消费者福利和公共健康的最大化的不同而难以估计。安全失败成本影响供应商，仅仅由于供应商要为安全失败可能被鉴别而其应负的责任以及支付与安全失败相关的部分成本。供应商必须支付检查失败或者安全失败成本的概率取决于检查程序的精确性。

一个安全合同对安全供应商具有吸引力，而对于非安全供应商则缺乏吸引力。合同的吸引力依赖于供应商的生产成本、检验失败的概率、安全失败的概率以及检验和安全失败的成本。

企业和公共机构通过使用合同来规范与供应商的交易。谨慎的合同设计能够区分安全和非安全供应商，并且改进学校午餐、食品服务以及其他配送渠道的食品购买安全。但是，设计不良的合同反倒会带来问题。第一，如果安全失败和检查失败的成本太高，将会出现市场失灵，由于没有供应商愿意参与。第二，如果安全失败和检查失败的成本太低，由于所有供应商都将接受合同而使得安全与非安全供应商的区别是不可能的。第三，即使区别供应商的合同是有效的，在极端的情况下，也会存在逆向选择的问题（Starbird，2005）。①

（四）食品安全与供应链果蔬质量安全关系辨析

超市所销售的果蔬产品，主要有以下几种来源渠道：批发市场、果蔬供应商、农业企业、超市直采基地等。

食品安全已经被世界各国消费者关注。在传统农贸市场，由于市场准入门槛低，果蔬质量安全检测和政府监管体系存在许多漏洞，加之小商贩流动性强，所以果蔬质量安全存在隐患。作为企业的超市，企业信誉是其成败的关键，从超市本身的经营目标出发，超市会主动把食品安全作为重

---

① Starbird, S. A., "Supply Chain Contracts and Food Safety", *Choices*, 2005, 2d Quarter, 20（2）.

大事情来管理。目前，我国很多超市针对不断扩大的安全食品的市场需求，开始经营绿色产品和有机果蔬产品。

在超市开设的初期，一般通过农产品批发市场采购农产品。在超市达到一定规模之后，一方面是为了确保食品的安全性和高质量，另一方面也是为了降低成本，超市开始培养农产品的供应商，由供应商为超市组织农产品的货源。这是适合于国内外的一般发展趋势，也是国际农产品销售的一种普遍现象。

专业的农产品供应商采用多种形式来组织生产和采购农产品。第一种方式是建立自己的农场（发展农产品生产基地），这种方式是确保食品安全的最有效模式，也是垂直一体化策略的有效应用。第二种方式是同小规模的农户签订合同，公司在技术上提供支持，规定果蔬产品在生产阶段所使用的化肥、农药的品种以及数量，公司按照合同收购农产品。这种模式在中国最为普遍，是安全合同的典型模式。

值得注意的是，中国部分较大规模的农产品供应商，包括北京的东升方圆和蓝波绿农、上海的高蓉和新成，都在全国各地建立了自己的基地和采购网络，确保向超市常年稳定地供应农产品。

在发达国家，超市经营农产品的流通成本低于传统的小商店。农产品的成本由生产成本和流通成本两部分组成。同传统的小商店不同的是：采购阶段，连锁超市实行的是有计划的和大批量的采购。可以通过规模采购、优化采购渠道等降低采购成本。在流通阶段，工作人员少，人员成本较小。而且超市采用的读码器和单品管理系统，在很大程度上节约了劳动成本。因此，其价格也可以较低。在物流方面，很多上规模的超市投资建立中央仓库和配送中心，从而减少加工和配送的时间，增加食品的新鲜度和降低缩水率，节省了总成本。到目前为止，中国农产品进入超市的数量有限，在流通成本方面，超市并不一定占有很大的优势。然而，随着我国超市逐渐成为农产品零售的主要业态，当超市经营的农产品占农产品销售总额的50%以上之后，超市的流通成本将会降低到农贸市场之下。

二、供应链中的可追溯性

以上主要从交易费用理论的角度论述了食品安全的测度，以及校正信息不对称降低交易费用的治理结构。食品供应链的垂直一体化虽然能够降低交易费用，但其发展的结果可能导致公司内部缺乏效率。建立信息的披露与可追溯体系（Traceability System）是有效校正信息不对称的措施。可追溯体系的建立既可通过政府的规制，也可由可追溯体系本身带来的产品差异化和信誉保证的经济激励而由企业来自主建立。

（一）可追溯性的定义

ISO 9000：2000 版《质量管理体系基础和术语》中将可追溯性（Traceability）定义为，所考虑对象的历史、应用情况或所处场所的能力。当考虑产品质量特性时，可追溯性可涉及原材料和零部件的来源、加工过程的历史、产品交付后的分布和场所（ISO 2000）。这一定义对于农产品供应链质量管理中的可追溯性而言过于宽泛（Golan，E.，Kuchier，F.，2002）。[1]他们进一步对可追溯性的宽度（Breadth）、深度（Depth）和精度（Precision）进行了定义。

可追溯性的宽度是指可追溯体系的信息量。人们日常消费的食品有许多种，食物所有属性的记录量是巨大的，也是不必要的。例如一杯豆浆，其原料大豆可能来自黑龙江省的兵团大农场，也可能来自安徽省的一个小农户；其品种有可能是转基因的，也有可能是非转基因的；种植过程中有可能使用了大量化肥和杀虫剂，也可能只使用了少量；其收获可能是人工收获，也可能是机械收获；其储藏可能是分类储藏的，也可能是与其他品种混杂在一起储藏的。那么，根据可追溯性的宽度定义，如果我们追溯转基因，就没有必要收集其他属性的信息。

---

[1]　Golan，E.，Kuchier，F.，"Traceability for Food Marketing & Food Safety：What is the Next Step"，*Economic Research Service/USDA*，2002，1-2.

　　可追溯性的深度是指向后或向前追溯到什么程度。如果追溯分类，则可能要追溯种植的田间分割和收获的分类储藏；如果追溯转基因，则要进一步追溯到其品种的来源；如果追溯公平贸易，则只需追溯其交易价格。可追溯性的深度通常主要由宽度来决定，一旦我们决定了可追溯性的宽度，则就可定义其深度。

　　可追溯性的精度是指对特定食物的运动或属性追溯所能达到的精确性。例如，对种植/饲养场地条件、包装、运输、加工、储藏等各个环节就某一欲追溯属性的精确性限定，人为设定所允许的误差。

　　在明确了可追溯性的定义之后，企业是否有积极性建立自己的食物可追溯体系，其主要考量的是食物可追溯性的宽度、深度和精度所产生的成本和收益，在收益大于成本的条件下，企业才有积极性建立其可追溯性体系；否则会出现市场失灵，只能由政府来强制干预。

（二）可追溯性的企业和收益成本

1. 可追溯性的企业收益

　　每个食物生产、加工、再包装、配送和零售企业都受产品的追溯需求影响。食物行业组织如果不能适应迅速变化的需求规则时，会面临重大的风险。但是，企业能够利用可追溯性去拓展其市场，降低风险，并且使企业运作更加有效率和效果。这些最终体现为可追溯性的真实的企业价值（Sparling，D. H.，Sterling，B. T.，2004）。[①]

　　企业在建立发展、执行和维持可追溯性时主要考虑三个利益目标：（1）改进供应链管理；（2）便于对食物安全和质量进行追溯；（3）使产品差异化并建立信用属性（Golan，E.，Krissoff，B. and Knchler，F.，2001）。[②] 也有学者类似地将食物可追溯性对企业的定量收益概括为四个部

---

① Sparling, D. H. and Sterling, B. T., "Food Traceability：Understanding the Business Value", *RCM Technologies Canada*, 2004.

② Golan, E., Krissoff, B. and Kuchler, F., "Traceability in the U. S. Food Supply：Economic Theory and Industry Studies", *USDA*, *Agricultural Economic Report*, 2001, No. 830.

分：（1）供应链收益；（2）"召回"或风险管理收益；（3）市场或消费者反应；（4）收益和规制收益。除了定量收益外，企业还可能由于建立可追溯性而对其信誉产生定性的收益。

最基础的可追溯性收益是满足法律、法规的强制性规制要求而所获得的收益。由于企业建立了可追溯性体系，使得对食物安全有较高要求的特殊消费者得到服务，而企业相应取得"市场反应"所带来的收益；由于可追溯性系统的建立，降低了召回和退货范围与数量，从而使企业风险降低产生收益；此外，从长期来看，企业由于可追溯性的建立，使得其与同类产品具有差异性和信用属性，而带来供应链管理的收益。只有将上述收益全部纳入收益范围，才能实现整个供应链的可追溯性的全部价值。

2. 可追溯性的企业成本

可以将可追溯性的企业成本分为两类：一类是建立可追溯性的记录成本（Costs of Recordkeeping），另一类是产品差异成本（Product Differentiation Costs）。记录成本是指企业通过生产和流通渠道收集和保持产品属性信息的成本，产品差异成本是指为了可追溯目的而将产品与其他产品分隔而产生的成本。也可以将这些成本细化为：技术软件、服务和硬件成本；数据库交换和系统集成的成本；执行和培训成本；维持和支持成本。

通过上述分析表明，企业的可追溯性成本是更加明确的，而其收益则既有无形的、定性的，也有有形的、定量的。任何一个企业都可以根据可追溯性的成本收益评估来作出最终决策。毫无疑问，世界上的大量案例表明，可追溯性体系的建立一般可以给企业带来更多的收益，这就是为什么在美国企业建立食物安全的可追溯性体系比较广泛和迅速的重要原因。但其重要的挑战是，在整个农产品供应链的可追溯性体系中，供应链中的伙伴之间如何分配整个供应链价值增值而带来的利益，若利益分配不均，则很容易使其中一方退出可追溯性体系。

三、质量安全治理的相关研究

黄季焜、斯科特（2006）从蔬菜供应链角度分析了信息的作用，他们认为生产者通过蔬菜产品的交换从市场代理商处获得资金或获得贷款支持，这在蔬菜产前和产后是较为普遍的，由于在蔬菜供应链内存在非正式的贷款行为，从而使得蔬菜市场行为之间具有一定的"互锁"性，即相互之间存在一定的制约。[①]

蔬菜供应链有助于生产者满足消费者的需求，但在生产者和消费者之间由于信息的不对称，相互之间可能产生误解，而生产者对消费需求信息的缺失，可能导致所生产的蔬菜不能满足市场需求，这种分歧使生产者对蔬菜品质产生错误的认知，反映到蔬菜供应链上就造成浪费和无效率。所以，正确的信息成为保持蔬菜供应链效率和平衡的关键因素（Concepcion，S., Montiflor, M., Hnalda, L., et al., 2002）。[②]

果蔬质量安全治理包括市场治理、政府治理、NGO 治理等。关于市场治理方面，杨为民（2007）认为，在国外蔬菜供应链包括生产者、承包人、佣金代理人、批发商、零售商等诸多环节，他们通过成文的或不成文的协定来履行市场行为。[③]

杨锦秀（2004）从市场主体考虑，通过分析彭州市蔬菜批发市场的现状及存在的问题，提出彭州市蔬菜批发市场发展需要促进蔬菜市场主体的组织化、规模化，实施蔬菜质量分级和农药残留检测制度，提高蔬菜批发市场的经营管理水平。[④]

蒲应奕、杨为民（2007）认为，蔬菜供应链各个环节之间的关系及其连接的紧密程度直接影响到蔬菜从田间到餐桌的效率、安全和成本。他们通过对马来西亚、泰国、日本、韩国、美国及澳大利亚等国家蔬菜供应链的研究，认为从全球来看，蔬菜供应链一体化经营的范围越来越广，程度

① Jikun Huang, Scott Rozelle, "Small Farmers and Agri-food Market Restructuring: The Case of Fruit Sector in China", *Phase I Report*, 2006 (10).

② Concepcion, S., Montiflor, M., Hualda, L., et al., "Farmers' Misconceptions about Quality and Customers' Prefrences: Contributing Inefficiencies to the Vegetable Supply Chain in Southern Mindanao", *ACIAR Procedings*, 2002, No. 119.

③ 杨为民：《农产品供应链一体化模式初探》，《农村经济》2007 年第 7 期。

④ 杨锦秀：《蔬菜批发市场发展对策研究——以四川省彭州市为例》，《农村经济》2004 年第 4 期。

越来越深，得出"蔬菜供应链一体化经营利远大于弊"。①

王学真等（2005）认为，中国果蔬供应链从生产者到最终消费者的流通费用是比较高的，存在"三多"现象：流通环节多，每个环节收费项目多，影响各费用的不可控因素多。因此，果蔬经过层层加价，最终到消费者手中，价格增长了两倍甚至三倍。要降低流通费用，就要更有效地减少流通环节。② 方志权、顾海英（2003）认为，目前中国的蔬菜、水果物流是由各类小商贩自发形成的，效率低、损耗大，是制约行业发展的"瓶颈"。③

闵耀良、邓红卫（2000）对美国蔬菜的产业化发展进行了分析，认为在美国农产品生产高度专业化、区域化、规模化生产的背后，是其高效、稳定、有序的运销体系。尽管各国果蔬供应链具体模式不尽相同，但从总体上来看，大致模式不外乎三种：第一为简单的"农户—消费者"模式。这种模式随着市场经济的发展以及其自身的缺陷越来越萎缩。第二为"农户—批发市场—零售商—消费者"的传统模式。第三为"农户—大公司或合作组织—零售商—消费者"的现代化模式，在零售商这一环节，现代化超市所占比重越来越大。④ 刘刚、张晓林（2014）认为，从本质上看，农产品的内在属性和农产品市场结构是造成农产品质量安全问题的深层次原因，农民合作社内部的利益共享机制、重复博弈机制、关系嵌入机制及权力约束机制可以有效缓解信息不对称问题，控制农户生产行为，农民合作社通过组织标准化生产，为农户提供安全生产服务、加强质量监督控制以及建立质量激励机制，既可以保障农户利益，强化其质量意识，又可以约束机会主义行为，确保农产品质量安全。⑤ 肖湘雄（2015）发现，大数据

① 蒲应龚、杨为民：《蔬菜供应链一体化经营的国际比较》，《世界农业》2007 年第 6 期。

② 王学真、刘中会、周涛：《蔬菜从山东寿光生产者到北京最终消费者流通费用的调查与思考》，《中国农村经济》2005 年第 4 期。

③ 方志权、顾海英：《大中城市蔬菜产业链发展的现状、问题与对策》，《农业经济问题》2003 年第 6 期。

④ 闵耀良、邓红卫：《美国蔬菜、水果市场流通状况考察》，《中国农村经济》2000 年第 4 期。

⑤ 刘刚、张晓林：《基于农民合作社的农产品质量安全治理研究》，《农业现代化研究》2014 年第 6 期。

在农产品质量安全治理应用中面临着标准不统一、技术水平落后、法律法规缺位、信息共享程度低等诸多障碍，提出利用大数据提高农业标准化程度，提升大数据技术水平，建立、完善农产品质量安全治理法律法规，推进农产品信息资源共享平台建设等确保农产品质量安全的对策。①

关于果蔬质量安全的政府治理方面，王晓霞等（2006）从农产品认证制度方面进行了研究，认为解决农产品认证及相应的食品安全问题，应认同一种更有效的思路，即基于农产品认证相关主体双赢、多赢的内在机制，将体现公共利益的食品安全公共管理，与基于市场机制的农产品认证制度有机结合。② 唐步龙（2012）在对果蔬质量安全治理中出现的政府失灵现象进行介绍的基础上，研究了果蔬质量安全治理中出现政府失灵的原因。③ 仅仅依靠政府来保证食品质量安全是不够的，通过第三方机构实施认证活动，加强食品生产、加工、经营过程的安全体系，已经成为保障食品安全的重要手段，同时也降低了政府行政成本和行政风险（王东辉等，2008）。④

综上所述，对果蔬供应链的研究国外研究比较深入，其中不少是按照果蔬品种或地区来进行分类研究的。中国学者在果蔬生产和贸易方面研究较多，而且往往多从宏观政策的角度加以阐述，很少有人从农产品供应链的角度加以研究。更多的学者关于果蔬安全方面的研究主要集中在技术层面，特别是关于果蔬生产技术和农药及重金属残留检测技术等方面。总之，对果蔬供应链的研究是比较薄弱的，其系统性、规范性和实证性研究都有待进一步加强。因此本书从食品安全角度为切入点，研究果蔬供应链的结构优化，提高食品安全性。

---

① 肖湘雄：《大数据：农产品质量安全治理的机遇、挑战及对策》，《中国行政管理》2015 年第 11 期。

② 王晓霞：《农产品认证制度的经济学分析》，《世界标准化与质量管理》2006 年第 4 期。

③ 唐步龙：《果蔬质量安全治理中政府失灵的原因及对策研究》，《科技管理研究》2012 年第 24 期。

④ 王东辉、卢振辉、张优：《食品质量认证体系发展分析》，《食品科技》2008 年第 4 期。

四、果蔬质量安全治理的一般框架

食品安全问题是一种非常特殊的问题，其治理途径有其特殊性。首先，食品安全的载体食品，属于私人物品，其质量安全一般通过市场行为来解决；其次，食品安全又有公共物品的属性，市场行为在解决食品安全问题时，经常会出现市场失灵的情况，因此，在治理食品安全问题时，政府不能缺位，政府治理是其中的一个重要组成部分；最后，基于食品安全问题的特殊性和复杂性，有时也会出现市场和政府同时失灵的情况，这时，就需要第三方的治理来弥补，因此，完整的食品安全治理框架包括市场治理、政府治理和第三方治理三个内容。

（一）市场治理

食品安全治理的主要内容就是通过市场主体之间的市场行为来完成的，也就是所谓的市场治理，其主要的治理手段包括安全合同、纵向一体化等。由于市场治理是本书研究的主要内容，所以将在下面的章节进行具体的研究，在这里就不做详细探讨了。

（二）政府治理

著名经济学家乔治·阿克尔罗夫以一篇关于"柠檬市场"的论文摘取了 2001 年的诺贝尔经济学奖，并与其他两位经济学家一起奠定了"非对称信息学"的基础。在信息不对称的交易中，买者很容易因为缺乏信息而蒙受损失。当产品的卖方对产品质量比买方有更多信息时，"柠檬市场"会出现，低质量产品会不断驱逐高质量产品（Robert，S. Pindyck，Daniel，L. Rnbinfeld，2000），[①] 结果，买者要承担物品质量低的风险。这就是说，从无信息买者的角度看，对所出售物品的"选择"可能是"逆向的"

---

① 罗伯特·S. 平狄克、丹尼尔·L. 罗宾菲尔德：《微观经济学》（第四版），中国人民大学出版社 2000 年版，第 82 页。

（N. Gregory Mankiw，2003）。[①]

　　具体到食品安全领域，信息不对称可能给消费者带来健康损害。当出现由于信息不对称而产生市场失灵时，如果卖主能提供标准产品，能提供保证或保证书，或者找出其他办法来为他们的产品维持好的声誉，这种市场失灵就能够消除。

　　以上关于质量不确定性和"柠檬市场"的分析同样适用于蔬菜产品。当蔬菜生产者对于蔬菜在生产阶段所施用的化肥、农药等有关产品质量安全性方面所拥有的信息多于消费者时，就产生了"柠檬市场"。于是出现了两种情况：一种情况是高品质、质量安全性高的绿色、有机蔬菜产品，由于其较高的销售价格，不能被大众消费者认可并接受；另一种情况是，化肥、农药含量超标的蔬菜产品，由于其较低廉的生产成本而以较低的价格挤入大众蔬菜市场，给消费者造成健康和利益的损害。

　　当市场受信息不对称、逆向选择困扰时，"看不见的手"就不一定能发挥其魔力，这时就需要政府制定产品标准、颁布食品安全方面的各种法律、实行严格的检验监督体系、推广可追溯体系等手段实行政府治理。

（三）第三方治理

　　改革开放近四十年以来，NGO 已经发展成为区别于政府和企业组织的第三部门，它不同于政府和企业，但是在传递公共产品，例如教育、健康、环境等某种程度上甚至比前两者更有效率，这些民间组织虽然有时候也挂靠或者归属于政府的某一部门，但是可以相对独立和自治，呈现出国家组织的公民社会模式。非政府组织具体包括 NGO、基金会、双边机构、草根 NGO 等多种，特别是近十多年来，各类国际非政府组织在中国迅速发展。

　　从理论上来讲，凡是市场失灵与政府失灵并存的领域，都是需要非政

[①] 尼可拉斯·格里高利·曼昆：《经济学原理》（第三版），梁小民译，机械工业出版社 2003 年版，第 113—114 页。

府组织来治理的。市场失灵和政府失灵的领域，通常就是个人利益实现得不够充分，同时国家利益也表现得不够突出，但公益性、互益性或中介性相对较强的社会和经济领域（王名、贾西津，2002）。[①] 从领域分布上来看，非政府组织活动较为集中的领域主要包括以下六个方面：环境保护、扶贫发展、权益保护、社区服务、经济中介和慈善救济。因此，NGO 在多中心治理中扮演着越来越重要的角色：克服政府失灵，弥补"公正的遗憾"；灵活机动，便于沟通；同时，非政府组织在提供公共物品中具有效率优势。

　　食品安全在出现政府缺位时，也经常会出现市场失灵的现象，典型的就是"契约失灵"，因此，果蔬质量安全问题已经远远超出了单一依靠政府职能或市场职能进行治理的范畴。非政府治理正在成为一项至关重要的治理手段。对于果蔬质量安全方面，无论是在生产环节出现的各种专业技术协会，还是在营销环节出现的合作营销、共用品牌等非政府性组织，都在整个供应链中发挥着越来越重要的治理作用。比如农民专业技术协会可以代表农民与公司打交道，在很大程度上抑制了公司对农民实施的短期行为，如商业欺诈、培养交易各方的诚信等。

五、基于供应链拓展的果蔬质量安全市场治理主体架构

　　食品安全的治理，需要从农产品供应链的角度，考虑供应链及其相关的各利益主体的利益和职责，主要通过市场交易相互连接，从而达到控制食品质量安全的目的。基于供应链拓展的果蔬质量安全的市场治理，是指把果蔬供应链向前拓展到产前阶段，向后拓展到消费后阶段，在整个供应链上各利益主体主要通过市场手段相互连接，从而达到控制果蔬质量安全的目的。一般而言，拓展后的果蔬供应链的相关主体主要有：

----

　　① 王名、贾西津：《中国 NGO 的发展分析》，《管理世界》2002 年第 8 期。

（一）农资供应者、供销合作社

农产品质量安全与农业生产资料的质量安全有很大的关系，农业生产离不开土地、种子、化肥、农药、农机农具等，因此，要想生产出合格的农产品，就要有合格的农资供应，农业生产资料的生产工厂既是农资的生产者，更是农资质量的决定者，另外，与农户直接打交道的农资供应者还有农资零售商、农技站、供销合作社等，这些相关主体是农产品供应链的产前主体。

（二）农产品生产者

生产者行为理论是古典经济学中重要的理论之一，是研究生产者如何把有限资源用于生产以实现利润最大化。生产者行为准则是追求利润最大化，是运用有限的资本，通过生产经营活动以取得最大的利润，其基本原则是根据"边际成本等于边际收益"（MC=MR）来决定生产什么、生产多少和如何生产的问题。

在果蔬供应链中，生产者包括一家一户的小规模农户，也包括大中型的农业生产企业。小规模农户与协会、合作社或超市农产品供应商签订生产销售合同，对于符合合同要求的果蔬产品，由供应商统一收购，为超市供货。在合同生产模式下，供应商和农户都是追求利润最大化的理性的经济人，为了满足消费者对安全食品不断增长的需求，供应商会寻找安全、稳定的原料供应，经过超市销售环节，为消费者提供安全的食品，满足市场的需求，获得更多的利润。同时，农户也在不断变化的市场机制影响下，意识到生产安全农产品的重要性及其所带来的更大的利润，从而越来越注重安全农产品的生产。于是在市场的驱动和利益的驱使下，超市供应链中各交易方进行纵向的协作，来保证安全食品的生产。

由于食品安全主要是生产出来的，因此，研究食品安全问题不得不研究生产者行为问题，这就需要了解农产品的生产者情况，具体到农产品供应链，农产品的生产者包括一家一户的小规模农户，也包括大中型的农业生产企业。

（三）合作社、经纪人、批发商和加工商

一般来说，农户生产的农产品，都是先出售给合作社、农民经纪人、批发商和中间加工商等，或者就是通常所说的贩子或供应商，再通过这些中间环节供应给超市或农贸市场，最后销售给城乡消费者。因此，农民专业合作社、经纪人、批发商和加工商等是农产品供应链中重要的中间环节。

（四）超市和农贸市场

农产品供应链的零售终端一般就是超市、农贸市场和其他零售终端，这也是城乡消费者最终购买农产品和食品的场所，也是消费者在购买农产品和进行质量安全控制时的主要选择渠道，因此，超市和农贸市场是农产品供应链上的重要参与者和利益主体，对农产品质量安全的控制起着重要的作用。

（五）处于供应链终端的消费者

获得安全、营养和健康的食品是每一个消费者的最基本的权益，消费者为了获得安全的食品，其消费选择行为必然会受到自身特征、农产品特征、市场特征、政府监管等方面的影响，消费者采取一些理性的选择，最终会影响农产品供应链的质量。所谓消费者行为，就是指人们为了满足自身的需要和欲望而寻找、选择、购买、使用、评价及处置产品和服务时介入的活动和过程。

果蔬质量安全管理贯穿从田间到餐桌的整个过程，在这个过程中，消费者与其他监管主体一样，扮演着至关重要的角色。根据西方经济学的观点，消费者行为理论主要有基数效用论和序数效用论，基数效用论采用的是边际效用分析法，序数效用论采用的是无差异曲线分析法。

消费者可以通过对安全食品的需求意愿和支付意愿信号的传递，对生

产者的安全食品供给形成内在的激励。消费者的选择行为从需求层面对我国食品安全产生了不可忽视的影响，是整个果蔬安全管理过程的最终目标指向。因此，消费者在蔬菜安全问题上所体现的态度与消费倾向，会对政府和蔬菜生产企业的行为选择产生深刻影响（周洁红，2005）。[1]

另外，超市供应链是以超市为零售终端的农产品供应链，因此，在超市供应链这个网链状结构中，除了生产者、消费者之外，还包括加工商、流通运营商、超市配送中心、超市零售商等行为主体。

（六）供应链管理者和第三方服务者

供应链的良好运营离不开政府相关部门的管理和服务，甚至政府是直接的参与者，比如供销合作社，既是政府部门，又是农产品供应链的参与主体和经营主体，另外还有农业科研、农业教育培训、农技推广、安全、国土、农机、商务、质监、工商等相关部门，也对农产品供应链的良好运营提供不可或缺的外部管理，除了政府部门的管理之外，还有消费者协会、品牌认证等第三方部门提供不可或缺的补充服务。

另外，农产品供应链网链状结构中，除了生产者、消费者之外，还包括加工商、流通运营商、超市配送中心、储运中心等行为主体。

六、垂直协作与果蔬质量安全市场治理结构

由于果蔬质量安全状况与供应链各环节密切相关，基于以上关于果蔬供应链拓展后相关利益主体的分析，从垂直协作的视角看，果蔬质量安全市场治理的结构如下：

（一）产前治理：农资质量安全市场治理

所谓产前治理，就是把传统的农产品供应链扩展到农业生产之前，从

---

[1] 周洁红：《生鲜蔬菜质量安全管理问题研究》，中国农业出版社 2005 年版，第 129 页。

农业生产之前的农资生产、供应、生产技术指导、农民培训、土壤改良等方面来治理农产品质量安全。农产品的质量安全问题很大一部分来自生产过程，除了农户自身的原因之外，其他的主要原因可能就是来自种子的质量、农药的质量、化肥的质量、土壤的质量和农户使用农资的信息与培训、新技术的推广等方面。

目前，土地重金属超标面积不断扩大，假农药、假种子现象时有发生，坑农事件在一些地方比较突出，一些农资生产者资质不符合要求，或者生产了不符合要求的种子、农药、化肥等，还有很大一部分农资经营者无证经营，对农户的技术指导和培训不够等，严重影响了农产品的质量安全。因此，产前治理主要包括：一是农资生产者的资质和生产质量治理；二是农药、化肥和种子流通和经营者的治理；三是农业新技术的推广和农民培训；四是土壤的改良等农业生产环境治理等方面。加强对农资生产者资质和产品质量的监管，促进产前农资供应的垂直协作，发挥供销合作社的渠道作用，加大对坑农事件的处罚力度，加强对农户的技术培训，加强土壤改良力度，为农业生产创造较好的产前条件，保障农产品质量安全，是解决食品安全问题需要继续研究的产前治理内容。

(二) 生产治理：农户安全生产行为市场治理

食品安全首先是生产出来的，因此，保障农产品安全的一个非常重要的内容就是生产者治理。农户是农产品的主要生产者和供应者，是传统农产品供应链的源头和起点，对整个农产品供应链的质量安全控制起着关键的作用，因此，农户的质量安全控制行为及其对垂直协作形式的选择，影响到农产品的安全质量。

小规模农户与协会、合作社或超市农产品供应商等签订生产销售合同，对于符合合同要求的农产品，由供应商统一收购，为市场供货。在合同生产模式下，供应商和农户都是追求利润最大化的市场主体，为了满足消费者对食品安全不断提高的需求，农产品供应商就会不断地寻找安全、稳定的原料供应，经过销售环节，为消费者提供安全的食品，满足市场的需求，从而获得更多的利润。同时，农户也在不断变化的市场机制影响下，意识到生产安全农产品的重要性及其所带来的更大的利润，从而越来越注重安全农产品的生产。于是在市场驱动和利益驱使下，农产品供应链中各交易方垂直协作程度不断加深，并通过供应链传导到农户来保证安全食品的生产。在生产者治理中，主要是要提高农户素质和质量安全意识，指导农户安全生产，鼓励农户参加生产合作社和安全生产合同。

（三）中间治理：协作式供应链及其实践

合作社、经纪人、批发商和中间加工商是农产品供应链的重要利益主体，因此，这些相关利益主体垂直协作形式的选择及其农产品质量安全控制行为，是影响农产品质量安全的重要中间环节。

农产品供应链中间环节行为主体的垂直协作形式所形成的协作式供应链及其实践是农产品安全治理的重要内容，应该鼓励和促进农产品供应链各个中间环节相互之间的垂直协作程度，使之相互影响和约束，达到良性互动，从而能够使农产品的质量安全不会因为在供应链的中间各环节的加工流通有所弱化，使得到比较可靠的保障，因此，农产品供应链中间环节的食品安全治理是不可或缺的重要一环。

（四）零售治理：自有品牌、生产基地及安全控制

超市和农贸市场是整个农产品供应链的零售终端，也是消费者选购农产品的主要选择渠道，其对垂直协作形式的选择和质量安全控制行为是农产品供应链质量安全治理的一个非常重要的内容，主要的治理手段包括大型零售商创立自有品牌、建立生产基地及其生产安全控制行为，也包括通过采购合同来保障农产品的质量安全等。

（五）消费治理：消费者的认知行为及垂直协作形式

消费是整个传统农产品供应链的目的，为消费者提供符合质量安全的农产品也是农产品供应链的追求，消费者对农产品质量安全的认知行为及

其选择，是整个农产品供应链质量安全治理的一个重要的环节。

在农产品供应链中，消费者处于中心的位置，应该通过各种渠道向消费者提供符合安全要求的农产品和信息，强化农产品质量安全信息对消费者购买决策的指导，同时提供可靠的超市、专卖店等安全农产品供应渠道，使消费者可以购买到放心的高质量农产品，在消费者的心目中，重建对中国农产品质量安全的信心，扩大安全农产品的消费，是农产品供应链消费治理的应有之义。

（六）消费后治理：质量安全声誉、倒逼机制及影响因素

传统的农产品供应链一般到消费购买环节就结束了，对于农产品质量安全治理来说，因为农产品本身的属性，其质量安全都是在消费后才能感知到，从而产生了屡被曝光的农产品质量安全事件，因此，有必要把传统的农产品供应链向后扩展到消费后阶段，对农产品的消费后阶段进行必要的治理，才能相对完整地应对食品安全问题。

消费后治理的主要途径包括：一是对消费感知信息的搜集，对可追溯质量安全信息的反馈等；二是对消费后产生的食品安全事件的处理和惩罚。这些阶段需要发挥政府监管部门、司法部门、媒体、消费者协会的作用，使消费者放心消费，并通过对食品安全问题的曝光和惩处，对农产品供应链的质量安全治理起到必要的倒逼治理作用。

食品安全既是生产出来的，也是监管出来的，同样离不开相关利益主体和参与者的良性互动。食品的安全质量状况与其所在的供应链密不可分，受到农产品供应链各个环节及其相关利益主体行为的影响。

以扩展的农产品供应链涉及的相关行为主体作为依托，构建了包括产前治理、生产者治理、供应商的中间环节治理、零售终端治理、消费者治理和消费后治理六个主要组成部分的食品安全治理的理论框架。

第四章　产前治理：农资质量安全市场治理

农产品质量安全与农业生产资料的质量安全有很大的关系，也与农业生产条件和外部环境密切相关。产前治理是果蔬供应链向前拓展后产生的一个环节，在这个阶段影响果蔬质量安全的是农业生产资料的质量问题和环境问题。

一、果蔬产前市场主体

农业生产离不开土地、种子、化肥、农药、农机农具等，因此，要想生产出合格的农产品，就要有合格的农资供应，也要有符合要求的生产环境和条件。农业生产资料的生产工厂既是农资的生产者，也是农资质量的决定者，对果蔬质量安全有重要的影响。另外，与果蔬种植农户直接打交道的农资供应者还有农资批发商、零售商、农技站、供销合作社等，这些相关市场主体是果蔬供应链的产前阶段，也是果蔬质量安全产前治理的主要参与者。

由于土地安全状况、农业水源安全状况具有较大的外部性，涉及社会的方方面面，特别是涉及政府部门的行政行为，属于政府治理，不属于本书研究的范畴，因此，政府治理不作为本书研究的重点。

二、果蔬产前质量安全状况

安全果蔬的生产离不开产前环节的农资、土壤、水资源等的安全状况，没有安全的农资、土壤、水资源，是不可能生产出质量安全有保证的果蔬的。下面就来探讨一下果蔬产前环节农资、土壤、水资源的安全状况及存在的问题。

（一）农资质量安全现状

1. 不合格化肥问题

化学肥料是果蔬生产的重要投入要素，但是目前市场上流通的化学肥料还存在这样和那样的问题。

（1）串袋销售。由于进口二胺价格较高，国内少有进口，不法经销商将国产二胺分装到进口二胺袋中，或将小厂家低养分二胺装入国内知名厂家的高养分袋中（也就是所说的串袋）抬高价格，牟取暴利。

（2）高标注，低养分。有的厂家故意将生产的复合肥和磷酸钾等总养分标高，以低价格吸引农民的注意。

（3）偷减含量。有的复合肥生产厂家故意降低磷含量以降低生产成本。

（4）真假混淆。有的经销商将低养分或串袋后的化肥与真肥掺在一起销售，让消费者和监管者很难发现。

（5）掺杂使假。有的生产厂家将价格低廉的硼砂等化学品装入袋中，称其为主肥料的混合物，将其与肥料同价销售，重量有时甚至占到了整袋肥料的50%左右。许多不法化肥生产和经销商就是因为农民和监管部门很难通过肉眼辨别其内在质量，而故意采取这些不法手段制假售假，从而快速获得高额利润。由此可见，不合格的化肥，越是外包装华丽、标注外国产的化肥质量有时候往往越难保证。

2. 农膜质量问题

农膜是果蔬种植过程中的重要生产资料，目前农膜质量多出在杂质和纵、横直角撕裂负荷方面，不合格项目主要体现在杂质、斑点、晶粒不合格，纵、横直角撕裂负荷不合格，宽度、长度、厚度不合格和合格证标注不合格等项目上。

3. 改换包装制售假种子

种子质量直接决定果蔬质量，随着种子监管力度的不断加强，因种子质量出现问题引发的投诉逐年下降。但由于受利益驱使，仍有个别不法之徒私自印制包装，加工生产假种子谋取差价。

有的种子外包装标识或者标签内容不符合《种子法》的相关规定，存在标识不全或不清的情况，特别是一些进口种子没有中文标识。

4. 农药标识扩大范围现象普遍存在

农药残留是果蔬质量安全的重要指标，由于对制售高毒和高残留农药的行为已经上升到刑律的角度，所以农户已不敢再购买和使用。失去了买方市场的高残留、高毒农药，很难再继续流通，违法销售和使用的问题得到了有效控制。但农药随意扩大使用作物及防治对象的问题较为普遍。有的农药产品，登记一种作物及接种防治对象，标签上标明几种甚至多种作物及防治对象。所扩大的作物或防治对象形式多种多样，有的标示为"专家推荐"的使用作物、防治对象，有的标示为作物及病、虫图片等。一些违法厂家，为了吸引农民，扩大产品销量，在标签使用说明中有意降低使用剂量，误导农药使用。

（二）土壤安全污染现状

土壤是构成地球表层系统的基本环境要素，是具有固、液、气多相的开放体系，是农业的基本生产资料和人类赖以生存的物质基础，并支撑着陆地生态系统中的生命过程。土壤是果蔬质量安全的重要影响因素之一，当前土壤环境质量维持正面临着全球"粮食安全、生态退化、环境污染、资源匮乏、能源紧缺、全球变化、灾害频发"等挑战。土壤环境在时间上具有动态可变性，在空间上具有连续变异性。因此，如何协调发挥土壤的生产功能、环境保护功能、生态工程建设支撑功能和全球变化缓解功能，是新时期中国土壤环境保护的重要任务。

2014 年 4 月 17 日，国家环境保护部与国土资源部联合发布的《全国土壤污染状况调查公报》显示，全国土壤环境状况总体不容乐观，总污染超标率为 16.10%，其中，中度和重度污染点位比例分别为 1.50% 和 1.10%。部分地区土壤污染较重，耕地土壤环境质量堪忧，工矿业废弃地土壤环境问题突出；镉、汞、砷、铅 4 种无机污染物含量分布呈现从西北到东南、从东北到西南逐渐升高的态势。近 10 年的研究也表明，中国土壤污染问题主要体现在如下几个方面。

1. 耕地土壤污染加剧

污灌区、工矿区周边、重污染企业周边、城郊结合部、高度集约化设施农业区等农产品产地土壤环境安全问题突出。《全国土壤污染状况调查公报》显示，耕地的污染超标率高于全国土壤总超标率，高达 19.40%，镉为首要污染物。2013 年，中国环境监测总站在全国蔬菜种植区采集了 4910 个点位，发现超标率为 24.30%，主要为重金属污染，占 17.50%，有机污染占 7.90%；重金属与有机污染物的复合污染也占 1.30%。耕地土壤重金属污染已导致多地出现粮食作物镉、铅污染事件，如 2002 年农业部抽检结果显示，中国稻米铅超标率达 28.40%、镉超标率达 10.30%；近年来，在广东、湖南、江西、四川、浙江等多地出现"镉大米"报道，引起社会广泛关注。此外，工矿区及周边影响区耕地土壤出现了区域及流域性土壤地球化学元素异常，土壤中镉、铬、铅、砷、汞等重（类）金属污染程度加剧，污染面积比 20 年前大幅度扩大。因此，如何遏制耕地土壤污染退化，守住耕地质量红线，确保耕地资源质量和农产品安全的任务日趋艰巨。

2. 工业企业搬迁遗留场地土壤污染

全国工业企业搬迁遗留场地土壤总体污染状况触目惊心，城镇人居环境安全与健康令人担忧，因为工业企业 80% 集中在城市，特别是大中城市，广泛分布在中东部地区。随着工业化、城市化进程的加快和国际履约工作的深入，许多城市为调整产业结构而实施了城市布局的"退二进三""退城进园"战略，大批工业企业将逐步被关停转产或搬迁，所以产生许多新的污染场地。《全国土壤污染状况调查公报》显示，金属冶炼、皮革、化工、电力等重污染企业用地及周边土壤污染超标率为 36.30%；工业企业废弃场地土壤超标率为 34.90%；工业园区土壤超标率为 29.40%。据不完全统计，截至 2009 年，全国污染企业关停或搬迁近 10 万家，主要包括化工、农药、钢铁、焦化等重污染企业，出现大量高风险污染场地。这些场地土壤往往受到挥发性或半挥发性有机污染物、重金属等多种污染物的污染，污染程度重、分布相对集中；特征污染物因地而异，通常有农药、苯系物、卤代烃、多环芳烃、石油烃、重金属等；污染土层深度可达数米至数十米，地下水同时也受到污染。随着越来越多的城市工业用地转变为绿化、娱乐等公共用地或居住用地，潜在的建设用地土壤污染问题将逐渐暴露出来，成为城市土地开发利用中的环境隐患，大中小城市人居环境健康令人担忧。

3. 矿区和油田区及其周边土壤环境安全问题严重

中国是世界第三大矿业大国，现有各类矿山 4000 多座。矿产资源的开采、冶炼和加工对周边及下游生态破坏和土壤环境污染严重。《全国土壤污染状况调查公报》显示，全国采矿区土壤重金属超标率为 33.40%，其中有色金属矿区周边土壤镉、砷、铅等污染较为严重；采油区土壤污染物超标率为 23.60%，主要污染物为石油烃和多环芳烃。长期大规模的矿山开采与冶炼还产生了大量的尾矿库、尾矿砂污染。据报道，全国现有固体废矿渣积存量达 60 亿—70 亿吨，煤矿废水每年达 26 亿吨。一些矿区由于管理不善，形成污染事件，对当地和周边地区的陆地生态环境和人体健康造成了不良影响，例如广东韶关大宝山铅锌矿区"上坝癌症村"、英德硫铁矿区砷中毒、莲花山矿区砷污染、紫金矿业污染等事件。中国目前油田区内污染场地有 20 余万处，呈现点、片、面交叉的污染态势，污染范围大，高浓度石油污染土壤及油泥沙积存量逾 200 万吨，对土壤、地下水和人体健康造成了极大威胁。

4. 土壤污染复合化或混合化，流域性和区域化态势凸显

中国的流域和区域性土壤地球化学异常或污染规模空前。《全国土壤污染状况调查公报》显示，长江三角洲、珠江三角洲、东北老工业基地等部分区域土壤污染问题较为突出，西南、中南地区土壤重金属大范围超

标。全国多目标区域地球化学调查结果显示，长江流域、珠江流域、沿海经济带、松花江流域、辽河流域出现贯穿全流域的以镉为主，铅、汞为辅的流域、区域性异常。流域及区域性地球化学异常同时具有自然地球化学高背景与人为污染相互叠加的显著特征，并且与土壤酸化等复合，呈现出污染隐患突出、恶化趋势加速、治理及防控难度大等特点。

与此同时，土壤环境管理能力建设不足，特别是家底不详，监管标准和法律缺失，管理支撑技术严重不足，已成为土壤环境保护与污染防治工作的瓶颈。2014 年环境保护部审议并通过了《土壤污染防治行动计划》，将科技、监管、投入列为土壤污染防治行动计划的三大支撑体系。

（三）农业水资源安全状况

水是生命之源，是人类赖以生存的环境基础，也是影响果蔬质量安全的重要因素之一。与世界许多国家相比，中国水资源十分匮乏。而随着经济的发展、人口的增加，生产生活用水总量将进一步增加，估计到 2030 年左右将出现用水高峰。为了满足经济的快速增长，一些地方无节制扩大水资源的开采和利用，从而引起整个生态系统的恶化。另外，中国水土组合失衡，南方水多地少，北方地多水少，发展严重失调。水资源安全是中国经济可持续发展的先决条件。面对日益严峻的水资源供应局面，中国水资源安全保护问题已经迫在眉睫，应采取经济、法律、科学技术等多种手段，在保护水资源质量和供应的同时，防止出现水资源污染、水资源浪费和水土流失等现象，做到综合利用、统筹兼顾、全面可持续发展。

政府管理制度的不健全是水污染逐渐恶化的重要原因。由于缺少行之有效的法律规定，很多大型企业造成水污染，但却没有受到相应的法律制裁。这就导致一些企业为了节省成本任意排放污水，出现"一个企业污染一方水土"的局面。在农业生产上，农村水利发展机制尚未健全，有效保护水生态、水环境的社会管理体制尚不完善，农田水利建设管理体制与农业经营方式变化还不相适应，这些都极大地影响了水资源的节约保护和优化配置。

全民对水资源安全的认识不到位,从生活到生产存在浪费使用情况。尽管政府针对浪费水资源问题采取了一系列措施,意在提高全民的节水意识,但是力度还不够,未能使广大民众自发节约用水。除了生活用水之外,农田灌溉也出现水资源浪费的现象。很多农户认为,农田灌溉的水越多效果越好。"大满灌"的农作物灌溉方法,造成某些地区季度性缺水。除此之外,还有一些地方盲目追求经济利益,对河流进行超负荷开发,造成当地水体严重污染。这些企业在违规的经济开发活动中,对河流的开发利用率竟然超过40%,严重破坏了水生态环境。

水污染也与治理技术的制约不无关系。中国当前缺乏成熟的水污染治理方案,不能对污染水域及时采取治理措施,技术上也没有立竿见影的效果。一旦某个水域发生污染,只能加大人力加以控制,防止人们饮用污染水,但是不能防止污染水的下渗。在治理期间内,这些水可能还会污染地下水源。这样一来就会增加治理难度,进入治理污染的冗长期,后续还会浪费大量人力、物力和财力,同时可能还会引起一系列的不良反应。

三、果蔬产前主体质量安全行为逆向选择分析

(一) 生产厂家逆向选择行为分析

农资生产厂家质量安全的逆向选择行为主要有:生产高残留、高毒农药;生产污染环境的化肥、薄膜;高标低含;种子质量参差不齐,以劣充优等。

农资生产厂家之所以会出现这些影响农资质量安全的逆向选择行为,首先,是出于经济利益的考虑,生产高效合格的农业生产资料,会付出较高的成本,而适当降低质量安全标准,可以显著地降低投入成本,提高经济收益;其次,由于农业生产资料质量安全效果的显现具有滞后性,往往很难通过肉眼辨别出来,虽然最终对果蔬质量安全产生影响,但由于果蔬供应链链条较长,到产生负面效果,经历过程复杂,时间较长,所以很难

会追究到农资生产者；最后，政府监管不力也是农资生产者逆向选择的重要因素，由于农资生产面多量广，涉及面太大，产业链条太长，相关利益主体太多，监管部门较多，所以导致最终监管不力，影响了农资质量安全状况。

（二）批发商、零售商逆向选择行为分析

批发商、零售商农资质量安全逆向选择的主要表现有：串袋销售；偷减含量；高标低含；真假混淆；掺杂使假；真假种子混卖等，这些逆向选择行为严重影响了果蔬质量安全。

之所以会出现这些影响果蔬质量安全的批发商、零售商逆向选择行为，主要原因是：

1. 经营主体不规范

有的市场主体核定了农资经营范围但长期不经营，有的超范围经营严重。少数偏僻地区的农村便利店，在未取得农药经营许可和有关证件的情况下，从事种子、化肥等农资经营。其经营特点一般为短期经营，经营商品多限于当季农资，不规范的经营主体必然会出现为了经济利益而不顾安全质量的逆向选择行为。

2. 广告宣传不真实

有的经营者为了追求高额利润，对农资商品的质量、功效、适用范围作虚假宣传，误导欺骗消费者。还有些任意夸大农资功效、用途等。近几年来，查处的多起种子案件均为在产品包装上虚假标注产地或作物特性。

3. 农民防范意识不到位

许多农民对于化肥、农药、种子等农资商品的使用主要凭经验，对于相关的专业知识掌握得不多，缺乏识别真伪和质量高低的能力，有的甚至道听途说上当受骗。例如一些种子生产厂家利用农民追求高产新品种的心理，混淆商标和作物品种名称，将旧有水稻品种在包装袋上印上类似作物品种名称的新商标后加价销售，牟取暴利。而且很多农民经济条件不好，

想买便宜的农资商品，这便给假冒伪劣经营者提供了土壤。此外，农民在购买农资商品时自我保护意识差，无索要发票的习惯，购买假农资产品发现后又缺乏向工商部门及时投诉的意识。

4. 管理机制不顺畅

农资监管涉及面广，主管单位有农业、工商、质检等，每个部门都有自己的职能，有好处的事情抢着管，出现问题后相互推诿。部门间的监管联动机制虽然已经建立起来，但在工作时各自为政，单打单干，重复检查，表面宣传做得多，深入实际的少，阶段性和季节性的整治多，持续性和系统性的监管少，分散的监管体系和部门利益作怪，难以形成监管合力。

5. 监管人员素质不适应

农资监管需要管理人员有一定的综合素质和技术能力。长期以来，工商部门主要是侧重于经营行为和主体资格的监管，而对农资商品加工、执行标准、使用效果、商品包装标志等方面的知识缺乏了解，严重影响了执法的效能。

6. 农资商品"两项制度"落实不到位

农资商品经营的准入制度虽然已经建立，但是还存在一些问题：台账发放不到位，少数农资经营者没有工商部门统一制作的进、销货登记台账；台账记录不规范，大多数经营者都存在应付检查而登记的情况，记录不规范、内容不完整。有的经营者记录台账的积极性不高，常常以不识字、不会记、忙不过来为借口，不认真履行经营者的义务。

四、果蔬产前环节质量安全治理构想

要解决农资市场监管问题，找准农资市场监管的切入点，及时处置和应对出现的新情况、新问题，切实抓好护农工作，应当以完成好"四化"建设为出发点，在切实保护广大农民利益的基础上，大力推进工商行政管理工作制度化、规范化、程序化、法治化建设，加快构建长效管理机制，在贯彻落实好"四化"建设的同时做好护农工作。主要需要做好以下几个方面的工作：

（一）严把市场主体准入关

对于农资生产厂家，要生产符合质量安全标准的农资，国家明令淘汰的高毒、高残留及其他不合格的农资严禁生产，农资的生产经营要获得相关资格认证或许可，把好生产门槛。

在开展农资市场监管工作中一定要先摸清本地农资经营主体的情况，及时制定符合本地监管实际的登记方式和方法。对于需要前置经营许可的，一定要严格把关，确保新申请的经营单位全部符合条件。同时，对已经登记设立的经营主体结合年检验照加以清理和规范，对不具备经营资格的单位和个人要及时清理出农资经营队伍。

要对主体资格合法的经营户进行备案，并登记造册，做到经营主体基本情况明确，对市场主体监管要按照国家工商总局的要求，认真清理规范农资经营主体资格，对不具备条件的坚决停止其经营活动，对无照经营的坚决予以取缔。

（二）规范经营者经营行为

1. 健全制度

建立健全《两账制度》，即"进货台账""销货台账"制度，完善索证索票制度。

2. 加强组织，责任到人

要做到市场监管人员与农资经营者签订责任书，要求经营者不销售国家明令禁用的、未经农业部门批准、登记、审定的，标签不合格、渠道不正、来源不明、没有进货发票的农资产品；不销售失效变质的农资产品；不销售超范围经营或借推广试验之名销售假冒伪劣和未经批准的农资产品。明确监管的重点和方向，完善行动方案，集中人力物力，认真组织和开展好护农工作。要紧密结合本地区农资市场的特点，明确监管的重点市场、重点品种和重点区域，有的放矢地开展工作。要抓住共同维护农民权益这一利益链条，进一步明确市场开办者和经营者的责任义务，强化基层一线执法人员的监管责任。

要引导协会组织者、市场主办者、经营者牢固树立农资质量安全第一责任人的理念，要求其签订《农资商品质量承诺书》，并向社会公开承诺不制假售假。同时，各级具体负责农资市场监管的科室、执法人员和基层分局工作人员也应进一步明确责任追究制度和打假维权问责制。这样就可将监管职责和经营者的责任细化到每一个具体负责人，从而形成横向到边、纵向到底、环环相扣的责任链条。

3. 要建立农资市场长效的监管机制

充分发挥消协作用，广泛开展"12315"申诉举报网络进农村、进社区、进市场活动，公开举报电话，受理投诉。完善农村消费纠纷维权机制，发挥基层工商所的职能作用，及时解决消费者投诉，提高快速反应能力，做到有诉必接、有案必查，查必有果。

4. 加强人员培训

主要加强对行政执法人员的能力培养，对身处农资市场监管第一线的工商执法人员进行快餐式、短平快式的农资专业知识培训，聘请专家传授农资商品基本知识，增强对假冒伪劣农资商品的鉴别能力。同时，也对一些各乡镇的农业种植大户进行培训，使他们掌握辨别假冒伪劣农资产品的能力。

5. 变事后监管为事前预防

在条件成熟的地方可试行保证金制度，对信誉高、规模大的农资经营户，先行收取一定的保证金，当农民因为农资质量问题遭受损失时，可从保证金中先行赔付，再进行调查处理，确保农民利益不受侵害。

6. 增强企业诚信意识

对那些效益高、信誉好的企业要求继续开展"守合同、重信用"的企业评选活动，使他们加强自律，增强诚信意识，提高守法经营自觉性。

（三）创新农资经营模式

农资最终是要用到农业生产中去的，农资供应是果蔬供应链的产前环节，因此应该创新经营模式，促进垂直协作，减少农资质量安全市场信息的不对称，鼓励农资连锁经营、直营、加盟及网络直销等。

五、农资经营的垂直协作与质量安全

果蔬的质量安全，起点在农资，只有使用高质量安全的种子、农药、肥料、农膜等农资作为生产资料，才能生产出安全健康的果蔬。为了确保农资质量，防止假农资进入果蔬供应链，加强农资销售链条的垂直协作是一个较好的选择，目前除了政府的供销合作社承担了重要责任外，农资的连锁经营、农资企业的自营、加盟店经营、配送店和网络直销等也发挥着越来越重要的作用。

（一）农资的连锁经营

连锁经营是指在总部企业的统一领导下，若干个经营同类产品或服务的企业按照统一的经营模式，进行采购、配送、分销等经营组织方式。连锁经营是现阶段商品流通领域最先进的经营模式之一，在各个行业经营中发挥着重要作用。连锁经营在农资领域的应用，对于规范农资市场秩序，提高农资行业竞争力，应对国际农资市场竞争，确保农资质量、农业生产安全和维护农民切身利益等都具有重要的意义。

一般来说，农资连锁经营是有利于提高农资产品质量安全的。中国是农业生产大国，也是世界上的农资消费大国，有效的农资供应对于中国的农业生产具有重要的意义。2013 年中国化肥使用量达到 5995.94 万吨，农药使用量达到 180.19 万吨，农用塑料薄膜使用量达到 249.30 万吨。农资流通的质量和效率是关系到农业产业安全的重大问题。然而，农资产品质量低劣现象时有发生，且农民买到劣质农资后，很难顺利获得赔偿。引入连锁经营后，在进货、售后服务等多个渠道对农资产品都有质量保障。农资连锁经营方式不但使农户能够很方便地购买质优价廉的农资产品，而且也将大大减少假冒伪劣农资坑农事件的发生。

各地可以根据实际条件和优势，探索多种农资连锁经营模式。典型的有"龙头农资企业+基层供销社+区域农资营销协会"模式和"龙头企业+配送中心+直营店+加盟店"模式。甘肃省武威市凉州区以鑫富农农业生产资料有限公司为龙头，以基层供销社农资配送中心和区域性农资营销协会为骨干，分销店和综合服务站、便民服务店为基础，整合、吸纳部分农资经营大户加盟，建立了全区农资连锁配送经营体系。江苏省靖江市以供销合作社系统农资一体化连锁经营网络建设为抓手，形成了"农资龙头企业+农资超市+基层农资点"的农资连锁经营模式。江西省益丰县推进了"龙头企业+配送中心+直营店+加盟店"的经营模式。广西壮族自治区兴业县建成了"县级配送中心+乡级配送站+直营店+连锁加盟店"的农资连锁经营体系（以上资料来源于全国供销总社官网）。

（二）农资的加盟经营

农资加盟店就是由农资龙头企业、供销社、连锁超市、配送中心通过协议，吸收农村的销售网点作为加盟店，并由供货商直接配送农资的销售模式。

安徽省辉隆股份皖江农资有限公司炉桥配送中心仅仅用3年时间，就在农资市场竞争日益激烈的背景下，销售额从2000万元增长到7000多万元，加盟店网点从30个增长到180个，复合肥、种子、农药嫁接销售量是全省辉隆连锁配送中心的"排头兵"。

定远是传统的农业大县，也是滁州市最大、人口最多的一个县，而当时辉隆公司在定远的加盟店却不到30个。2007年年底开始吸收加盟店，铺开网络是做大做强农资配送的基础，通过一个乡镇一个乡镇地发展加盟店，截至2010年11月底，加盟农资店从2007年年底的30个增至180多个，翻了6倍，其中定远县域占了将近100个。

虽然加盟店数量快速增长，销售额也翻了几番，但是由于是厂家直接供货，农资质量有保障，所以多年来没有发生一起农资质量问题，为农业生产和果蔬种植提供了安全品质可靠的农资。

（三）电子商务与农资销售网络的构建

电子商务作为一种新型的商业交易方式已经在农资销售环节进行了初步的尝试，表现出一定的商业优势，但是还没有形成有效的基于电子商务的销售网络体系。因此，探讨农资连锁经营与电子商务的整合，构建网络直销模式下的农资销售网络，实现农资销售的线上线下结合、虚拟网络与实体网络的结合，是未来农资经营的一个发展方向。

1. 农资销售网络的结构

网络直销模式下的农资销售网络是建立在既有的农资连锁经营模式下，农资经销企业通过在县域范围内设置农资直营店，进一步发掘村级农资零售户和种植大户的一种销售模式，其中直营店服务于加盟店、村级农资零售户和种植大户，加盟店和村级零售户服务于广大农户。直营店需根据加盟店、村级零售户和种植大户三类主体的需求，保质保量地完成农资化肥的配送活动，直营店兼具仓储和销售两项职能。故此，该农资销售网络包括直营店、加盟店、村级零售户、种植大户、农户五大类实体，从网络节点的功能上看，加盟店、村级零售户和种植大户同处于整个农资销售网络服务体系的同一层级，网络服务功能相近，划归为一类节点。由此可将农资销售网络的网络节点划分为三类：（1）直营店——顶层节点；（2）加盟店、村级零售户和种植大户——中间节点；（3）普通农户——末端节点。

在网络直销模式下的农资销售网络中，各类网络实体间农资需求信息和供货指令的传递是通过农资电子商务销售平台系统完成的，各网络节点农资需求信息汇总到农资电子商务销售平台，系统根据需求情况向农资经销企业、直营店及加盟店发出供货指令。同时，农户还可以在线下直接向加盟店或村级零售户发出供货请求，从而实现线上线下购销相结合，线上实现需求信息、供货指令的快速传递，线下完成农资物流活动。通过设置农资直营店，农资企业可以进一步掌握农户的种植结构、需求信息等客户资源，以便有针对性地开展农技服务，提高客户满意度和忠诚度。

2. 农资销售网络的运作机制

网络直销模式下的农资销售网络中，下游节点需向上游节点发出订货需求，上游节点再根据需求情况，组织对下游的供货响应。

（1）订货的方式。一是直营店、加盟店和种植大户向农资经销企业直接订货的方式。直营店、加盟店和种植大户农资的需求量相对较大，并且往往会在销售旺季到来之前就提前订货，是一种"大批量、少批次"的农资订货需求。

农资连锁经营方式，是由农资企业销售经理根据当年区域农资销售市场的竞争状况，结合历年的销售数据，综合考虑当年的种植结构和作物生长情况，对于该区域当年农资需求的品种及数量进行预测，从而向农资经销企业发出当年的农资需求。

电子商务环境下，加盟商和种植大户则可根据自身所掌握的当地农户的种植结构和面积、用肥习惯等信息，在农资需求旺季到来之前，通过网络平台发出自己的订货需求。农资经销企业由此也可以掌握更为准确的农资需求信息，以便降低企业仓库、直营店的库存水平和成本。

二是加盟店向直营店订货的方式。加盟店大多采取的是"前店后仓"的经营方式，这就决定了其仓储能力相对较为有限，无法一次性备齐所有的农资品种和数量，当面对一些随机零散的需求时，就需要从直营店进行农资产品的紧急调拨，以满足农户的需求。

三是农户线下的购买方式。农户线下农资产品的购买，这是农户多年来所形成的农资产品购买习惯。农忙时节，农户根据自身的种植结构、用肥习惯等，从乡镇农资经销商处购买所需农资产品。

四是农户线上的订货方式。农户线上农资产品的订购，是电子商务网络购物兴起、流行的一种新的农资销售模式。农户可在农资电子商务销售平台上选购自己当季所需的农资品种和数量，这同时也要求农户有网络购买农资产品的意愿和相关基础设备。

（2）订货的响应方式。一是对各网点"大批量、少批次"需求的响应。对于来自直营店、加盟店等网点的"大批量、少批次"农资产品的需求，农资经销企业可组织临近分公司，从分公司仓库进行农资调拨，或从农资生产企业直接转运，以实现农资经销企业对县域各网点农资产品的运输。由于需求量较大，往往响应时间较长，相应的订货提前期也较长。

二是直营店对加盟店的需求响应。加盟店的随机零散性需求大多呈现"小批量、多批次"的需求特性，这就要求直营店对其作出快速的需求响应。直营店可组织自有车辆或租用社会车辆，实现对加盟店的当日配送，保障加盟店货物不断流。

三是加盟店对农户的需求响应。对于进店农户的农资产品需求，加盟店的需求响应效率取决于加盟店自身的库存状况，库存充足对农户可做到"随到随取"，库存不足则极易丧失销售机会。增加库存会增大加盟商的经营成本，减少库存则容易丧失销售机会，也会对加盟商造成经济损失。为此，在保障对农户有效响应的前提下，加盟商需要根据对市场的把握制定较为合适的安全库存点。

四是农户线上订货需求响应。农户通过电话、网络平台发出订货需求，农资电子商务销售平台后台管理员根据用户所提供的需求点位置，组织临近农资经销网点，在短时间内将农资产品配送到农户指定的需求地，以实现对农户线上需求的快速响应，提高服务的质量和效率。

五是农户线上订货配送流程。网络直销模式下的农资销售网络除了要实现农资经销企业对各农资销售网点农资货物的运输外，更重要的是要完成各网点对农户的农资网上订货与配送。农资电子商务销售平台可利用百度地图实现对各网点到农户的农资订货与配送管理。

农资电子商务销售系统后台需要有管理员 24 小时值班，负责接听农户的来电和网络来访，并在地图上准确标注农户需求地的位置信息。对于农户的电话来访，管理员需要为农户在系统中生成需求订单，若农户急需农资化肥，可将该订单标记为加急订单。系统根据农户需求地自动显示周边的直营店、加盟店等网点信息，包括到达需求地的直线距离和相应网点的库存情况。管理员根据网点的库存情况、网点到需求地的距离和农户的农资产品需求信息，在满足需求的前提下，选取配送距离最短的网点作为供应地，并向供应地发出农资配送指令。对于加急订单的处理，还需要电话通知供应地网点经销商，督促其立即组织配送。供应地网点经销商在接到加急订单供货指令后，需在短时间内将农户所需农资，保质保量地送达农户指定的地点。对于普通订单各网点经销商则在每日的固定时点，对该时点之前的订单组织配送。

电子商务的发展和广泛应用，在不断地改变着人们的生产生活方式，传统的农资连锁经营方式也需要适应这样的改变，融入电子商务元素，构建网络直销模式下的农资销售网络，实现线上线下、虚拟网络与实体网络的结合，最终促进农资及农产品物流的发展。

第五章 生产治理：农户安全生产 行为市场治理

果蔬质量安全与生产环节密不可分，不但果蔬是生产出来的，果蔬质量安全也是生产出来的，果蔬质量安全状况离不开农户的安全生产行为，而农户的安全生产行为又受到农户的组织化程度和在供应链上的垂直协作程度的影响。目前，中国果蔬种植的组织化程度总体来说还是较低，为了进一步提高果蔬的质量安全，提高农民的收入，有必要加强果蔬质量安全的生产环节治理。

一、生产环节的果蔬质量安全状况

随着经济的发展和人们生活水平的不断提高，消费者对果蔬等农产品的安全性提出了更高的要求。国内许多地方曝出不少有毒果蔬的报道，使得人们更多地注意到日常消费的果蔬安全质量，果蔬安全质量作为果蔬品质的最基本要素和重要组成部分，已经成为消费者对果蔬产品的第一要求。由于过去在农业生产中的一些不良生产方式和其他各种因素造成当前果蔬安全生产存在着种种不安全问题，因此，下面具体分析生产环节果蔬的质量安全状况。

（一）生产环节的果品质量安全状况

据相关资料显示，中国水果的优质率仅为30%左右，而先进国家水果的优质率高达80%。中国供出口的高档果品仅占总产量的1.2%，而先进国家可以达到 20%—30%。中国出口果品价格仅为世界出口果品平均价格的 50%—70%，果品储藏能力仅占总产量的约 5%，烂果率则高达 25%—30%，先进国家则分别为 50% 和 1%—3%。果品加工能力为总产量的 3.3%，加工品种单一，工艺落后，果品附加值在 10% 以下，而先进国家果品加工能力占其总量的 30% 以上。可见，目前国内果品行业的总体格局是产量大、质量差、效益低、内销不旺、外销不畅。卖果难已成为近年来果业发展的瓶颈，而洋水果则乘虚而入，大有蔓延之势。其主要原因是果品质量与安全卫生指标常常达不到国际标准，并且因此造成果品滞销的现象时有发生。当前中国在果树种植生产过程中存在的果品质量安全问题主要有：

1. 追求新、特、异，盲目引种

水果生产都有一定的环境要求，有些农户由于追求果树的新、特、异而盲目引种，对一些新品种缺乏试验就开始大面积种植，给生物因子和气候因子造成一定的破坏并留下了安全隐患。盲目引种的一些异地或外国水果因气候与环境因素造成少果或不结果，而且在引种的同时，也引进了新的病虫源。

2. 种植技术不标准

标准化栽培管理技术没有得到推广和普及，中国水果种植一直存在重种不重管、重产量不重质量的现象，特别不重视果品的安全卫生。没有在土壤、肥料及水质等资源方面进行合理优化利用，促进高产优质。

3. 果园选址不合理

果树自身对生长环境的要求很高，假如果园附近有瓦厂、冶炼厂、化工厂、造纸厂等排放有毒气体，就会对果树造成树体危害，同时造成果实中的铅、氟含量超出正常水平，有的超标 10 倍以上，已成为不容忽视的问题。

4. 施用肥料不科学

过多施用硝态氮肥造成果实中硝酸盐含量升高，施用城市垃圾肥料造成果品有害元素铅、镉超标，或其他重金属元素超标。施用含氯化肥影响果实风味。过多施用化肥破坏了土壤的团粒结构，减弱了土壤的持水力，降低了土壤抗旱抗涝能力。同时，也破坏了土壤的微生物系统，容易引起果树根部的病害，比如桃根癌病的发生。

5. 防治病虫乱用药

果园乱用药、滥用药现象严重，不但病虫害得不到有效防治，还会造成病虫抗药性，并杀死了大量有益天敌昆虫。更为严重的是，有的果农为了一时的经济利益，采收时仍然施用剧毒杀虫剂，如甲基异柳磷、氧化乐果等，导致农药残留量大，出现生产出的水果好看不好吃、好吃有危险的食用安全问题。

（二）生产环节的蔬菜质量安全状况

最近几年，蔬菜产品的安全品质得到了很大重视。首先就是政府部门的重视，国家农业部对无公害农产品的品质要求、操作过程以及产地要求都进行了一系列的规范，制定了相应的一些标准，其中包括对各种农产品生产的产地标准、农药化肥使用标准、农产品品质标准等，各个省、自治区、直辖市也都根据自己的条件制定了一些省级标准，同时对一些主要蔬菜品种的生产技术进行规范，从而大大加强了标准的可操作性。其次是无公害蔬菜、绿色蔬菜和有机蔬菜等的生产得到了一定的发展。目前，全国各地都建立了各式各样具有一定生产规模的无公害蔬菜生产基地，其中基本包括各种蔬菜品种，在一些大城市，基本上都能实现无公害蔬菜的全年供应。

当前蔬菜生产中仍面临着许多威胁蔬菜产品安全品质的问题主要包括：由于工农业的发展和前些年人们环保意识的缺乏，农业生产所依赖的农业生态环境受到了不同程度的污染，工业"三废"和生活污物排放及农用化学品大量施用造成农田土壤、农区水系及大气质量严重退化；大棚蔬菜由于连年耕作，造成土壤盐渍化严重，大棚蔬菜生产条件不断恶化，连作障碍显著。由于不科学的生产方式和生产管理以及蔬菜产品产后分级和加工等缺乏，造成蔬菜商品的安全品质不能满足无公害食品的要求，导致许多产品供过于求，但是优良的产品不足，特别是符合绿色农产品要求的商品蔬菜还远远不能满足民众的生活需要。

1. 生产环境的恶化导致的安全性问题

农业生态环境质量包括土、水、气的质量，是支配农产品安全的重要因素。改革开放以来，随着农业集约化水平的提高，农业加大投入，农业生产取得了突破性进展，解决了温饱问题，但普遍存在着以农产品增产、高产为目标，注重农业投入的产量效应，而忽视环境效应的问题。随着工业的快速发展，农业集约化水平的提高，化肥、农药等农用化学品的大量投入，农业环境污染日趋严重，生态环境质量退化、农产品安全性的问题正日益严重地暴露出来。据调查，中国重金属污染的土壤面积已约占总耕地面积的1/6，其中很大一部分都集中在城市和工矿区的郊区，而蔬菜生产的主产区往往也是这些地区，主要表现为重金属污染和有机物的污染，其中包括土壤重金属含量超标、农业用水水体富营养化等，从而造成蔬菜生产基地的环境恶化，特别是重金属污染对蔬菜的安全生产将带来毁灭性的打击是制约蔬菜安全生产的一个重要因素。

大棚蔬菜栽培过程中由于土壤盐渍化及连作障碍而造成的蔬菜作物生长不良及品质下降，从而导致蔬菜产品的安全质量问题。很多蔬菜主产区都已有多年的蔬菜种植历史，蔬菜大棚连年种植，导致土壤盐渍化严重。目前在设施农业的配套技术方面仍很落后，普遍存在将露地施肥习惯直接转移于设施农业中的现象，设施连作障碍严重，随着设施应用年限的延长其内部土壤的理化性状和营养平衡遭到破坏，从而导致蔬菜各种生理病害及土传病害大量发生，严重影响作物的产量及品质。菜农为了改善这种生产状况过量施用化肥导致蔬菜安全品质受到影响。

2. 不科学的生产方式造成安全性问题

蔬菜生产的全过程，包括产前、产中和产后的每一个环节，都存在着种种不科学的生产方法，比如过量依赖化肥、不按科学规定使用农药以及在采摘后预处理过程如清洗、包装的时候没有严格按照无公害要求操作造成的二次污染等。一是化肥的不合理施用造成的蔬菜安全问题，主要表现在蔬菜中硝酸盐含量超标。由于过量施用氮肥和化肥搭配不合理，每年转化成污染物而进入环境的氮素达 1000 万吨左右，化肥的大量施用在造成土壤、灌溉水硝酸盐污染的同时，也使得作物本身氮含量过量积累，从而造成这方面的安全性问题，而蔬菜是一类容易富集硝酸盐的作物，特别是一些叶菜类蔬菜，过度使用无机化肥是造成蔬菜体内硝酸盐积累过量的主要原因。据一份对北京、上海、天津等七大城市的调查报告显示，123 种主要蔬菜品种中，硝酸盐轻度污染以下的仅占 27.60%，中高度和严重污染的占 72.40%，按世界卫生组织规定推算不能食用的蔬菜已达 26.80%，特别是叶菜。过量及不合理施用化肥是蔬菜亚硝酸盐和硝酸盐污染的主要原因。二是不科学使用农药或超标使用农药而造成的问题。尽管已经明确可以在蔬菜上使用的农药种类以及各类农药在蔬菜中的残留标准，规定可使用的农药中 90% 以上为高效、低残留农药，但仍有部分菜农为了追逐更高的经济利益，不顾法律法规非法使用一些高毒高残留农药和一些无公害蔬菜禁止使用的农药，造成大量的有毒蔬菜流入市场，对蔬菜生产和市场供应造成很大的不良影响；此外，农药使用不科学还表现在使用时间和剂量上，无公害蔬菜的生产对农药的使用并不是绝对禁止，一些低毒低残留的农药如果合理使用，不会对蔬菜安全造成影响，但是如果没有很好地处理好安全间隔期，盲目地增加农药用量或增加使用次数也会对蔬菜的食品安全造成较大的影响。没有掌握好农药安全间隔期是当前农药对蔬菜食用安全性的主要威胁。

二、果蔬质量安全生产：菜农超标使用农药研究

蔬菜生产过程中的农药残留已经对消费者的身体健康产生了重大的负面影响。流行病学研究发现，蔬菜的农药残留与中国恶性肿瘤发病率升高有很大关系，约有近 70% 的恶性癌症与蔬菜中农药残留有关（孙向东，2005）。[1] 据中国农业非点源污染控制工作组 2004 年的调查报告显

_____

① 孙向东：《蔬菜农药残留的危害、种类、超标原因及应对措施》，《贵州农业科学》2005 年第 6 期。

示，全国超过 33% 的农民对农药的健康和环境危害性一无所知，84% 的农民会超量施用农药（袁平、朱立志，2015）。[①] 本书在考虑认知的基础上，研究菜农超标使用农药行为的影响因素，研究结果对保障蔬菜安全具有重要的理论和实践意义，也可以为制定农药治理政策提供理论依据和政策参考。

农药残留造成环境污染和损害人体健康的问题引发了对农药使用行为的研究。已有研究主要集中在三方面：一是使用农药现状研究。黄月香等（2008）在对北京及周边地区农药使用和农药残留量实地调研后发现，国家禁用和限用的高毒、高残留农药有被使用的现象。[②] 二是农户对使用农药认知研究。威尔森和提斯德尔（2001）探讨了使用农药的情况及其与农业可持续性之间的关系，并且深入分析了农药使用成本及农户使用农药认知方面的原因。[③] 三是使用农药影响因素研究。周洁红（2006）和王志刚、吕冰（2009）的研究表明，农户的农药使用行为受到其对农药的态度、认知、自身健康、耕地特征和作物种类等多种因素的影响。[④] 已有的文献对农药使用行为进行了有益的探讨，但是对农户农药认知的影响因素以及认知对最终的使用行为的作用机制研究较少，特别是对农药使用行为与农产品质量安全关系的研究文献不多。一般来说，农药污染和残留主要是由农户使用农药行为不规范引起的，特别是超标使用农药行为导致了环境污染、农药残留及潜在的健康危害，而已有的文献对农户超标使用农药行为的针对性研究略显不足，本书主要目的是对农户超标使用农药的认知、行为及影响因素进行分析，丰富农户生产用药行为的

---

① 袁平、朱立志：《中国农业污染防控：环境规制缺陷与利益相关者的逆向选择》，《农业经济问题》2015 年第 11 期。

② 黄月香等：《北京市蔬菜农药残留及蔬菜生产基地农药使用现状研究》，《中国食品卫生杂志》2008 年第 4 期。

③ Wilson, C., Tisdell, C., " Why Farmers Continue to Use Pesticides despite Environmental, Health and Sustainability Costs", *Ecological Economics*, 2001, 39 (3).

④ 周洁红：《农户蔬菜质量安全控制行为及其影响因素分析：基于浙江省 396 户菜农的实证分析》，《中国农村经济》2006 年第 11 期。王志刚、吕冰：《蔬菜出口产地的农药使用行为及其对农民健康的影响：来自山东省莱阳、莱州和安丘三市的调研证据》，《中国软科学》2009 年第 11 期。

学术积累。

　　目前蔬菜生产主体是小农户，因此，蔬菜生产农户（本书简称"菜农"）超标使用农药的行为是一种受到约束较小的个人行为，这是本书的一个前提。本书把菜农的认知聚焦于农药的超标使用行为，具有较强的针对性，通过具体问卷调查获得相关的研究数据，运用统计和计量模型，通过统计分析和实证结果，把握菜农关于超标使用农药的认知、行为及其影响因素。

（一）理论假设

1. 农户认知的理论分析

　　关于认知对行为的影响问题早就进入了专家的研究视野。计划行为理论（TPB）认为，态度、行为规范和知觉行为控制三个要素影响人的行为意向（Ajzen，1991）。[①] 国内学者则在行为经济学基础上将心理认知因素纳入"三农"问题的研究中，比如，对生态农业技术的认知与采纳（胡瑞法等，2004）等方面。[②] 罗必良等（2012）研究认为，在没有税费的时代，农户的行为具有更多的自由性和理性，决策会受到认知能力和社区环境的影响。[③]

　　农户认知是指农户从自身利益出发，对获取的客观世界相关信息进行加工处理后，形成的属于自己的关于某种事物的概念、知觉、知识和判断。农户在农业生产过程中对农药的使用量除了会受到认知因素影响外，还可能会受到自身条件以及供应链垂直协作模式、政府对生产行为的规制程度等多方面因素的影响。孙若愚、周静（2015）研究认为，农户使用农

---

　　① Ajzen, I., "The Theory of Planned Behavior", *Organizational Behavior and Human Decision Processes*, 1991, 50 (2).

　　② 胡瑞法、黄季焜、李立秋：《中国农技推广：现状、问题及解决对策》，《管理世界》2004年第5期。

　　③ 罗必良、汪沙、李尚蒲：《交易费用、农户认知与农地流转》，《农业技术经济》2012年第1期。

药的主要目的是规避风险，但其用药行为受到很多因素的影响。[①] 相对于使用农药的管制方案，对农户进行使用农药的相关教育会减少使用违禁农药的现象，是一个非常有效的政策工具（Goodhue 等，2010）。[②]

2. 研究假设

本书在考察菜农对超标使用农药行为认知的基础上，重点考察菜农对超标使用农药行为作用的认知、对超标使用农药行为危害的认知、政府规制、供应链垂直协作、菜农个人特征、家庭特征及其生产特征等方面对其超标使用农药行为产生的影响，以及影响的方向和显著程度，因此，本书给出如下研究假设：

假设一：菜农对超标使用农药行为作用的认知对其最终选择超过说明书标准使用农药的行为有正向的影响。

假设二：菜农对超标使用农药行为危害的认知对其最终是否选择超标使用农药行为有显著的抑制作用。

假设三：除了认知因素，菜农超标使用农药行为还受到政府规制、供应链垂直协作、菜农个人特征、家庭特征及其生产特征等因素的影响。

（二）研究方法

1. 数据来源

数据资料来自 2014 年 12 月至 2015 年 2 月所组织的调研，调研的对象是江苏省蔬菜主产区的菜农。为了确保调研数据的有效性，在调研之前对参加调研的淮阴师范学院师生进行了专门的培训。本次调研总共收集到 310 份问卷，剔除某些数据存在缺失值的样本后获得 283 份有效问卷。从调研样本的分布区域来看，淮安市的样本量为 56 份，占样本总量的 19.79%；宿迁市的样本量为 46 份，占样本总量的 16.25%；徐州市的样本

---

① 孙若愚、周静：《基于损害控制模型的农户过量使用兽药行为研究》，《农业技术经济》2015 年第 10 期。

② Goodhue, R.E., Klonsky, K. and Mohapatra, S., "Can an Education Program be a Substitute for a Regulatory Program that Bans Pesticides Evidence from a Panel Selection Mode", *American Journal of Agricultural Economics*, 2010, 92 (3).

量为 38 份，占样本总量的 13.43%；连云港市的样本量为 45 份，占样本总量的 15.90%；盐城市的样本量为 24 份，占样本总量的 8.48%；扬州市的样本量为 32 份，占样本总量的 11.31%；泰州市的样本量为 23 份，占样本总量的 8.13%；南通市的样本量为 19 份，占样本总量的 6.71%。

2. 样本特征

如表 5.1 所示，从样本菜农的个体特征来看，样本菜农中女性占了 66.78%，男性占了 33.22%，女性是男性的两倍，如果假设调查是充分随机的，那么就可以说明蔬菜种植农户中女性是主要的劳动力；从农户年龄结构来看，最小的年龄是 28 岁，最大的年龄是 73 岁，平均年龄是 48.6 岁，且 40—60 岁占了 59.36%，60 岁及以上占 18.73%，可以表明菜农年龄偏高的现象普遍存在；从菜农的受教育程度来看，初中文化程度的人数是 118，占比是 41.70%，高中文化程度的人数是 91，占比是 32.16%，大学及以上文化程度的人数是 22，占比是 7.77%，其中有大学生村官和创业者 6 人，其余的基本都是成人教育和函授为主获得的大学学历，表明菜农整体受教育水平较低，总体而言，调研样本特征基本反映了目前农民受教育程度偏低、农村留守老人和留守妇女比例较高的现状。

表 5.1　样本菜农个体统计特征

分类指标	统计特征	人数（人）	有效比例（%）
性别	男	94	33.22
	女	189	66.78
年龄	小于 40 岁	62	21.91
	40—60 岁	168	59.36
	60 岁及以上	53	18.73
婚姻状况	已婚	230	81.60
	未婚	52	18.40
家庭结构	2 人及以下	43	15.20
	3 人	166	58.90
	4 人及以上	73	25.90

续表

分类指标	统计特征	人数（人）	有效比例（%）
家庭月收入	小于1000元	33	11.70
	1000—2500元	71	25.20
	2500—4000元	73	25.90
	4000元及以上	105	37.20
学历	小学及以下	52	18.37
	初中	118	41.70
	高中/技校/中专	91	32.16
	大学及以上	22	7.77

3. 变量赋值及模型选择

菜农超标使用农药的行为，除了受上述菜农认知因素的影响之外，还可能会受到菜农自身特征、生产特征、政府对于菜农生产行为的规制程度、供应链垂直协作模式等多方面因素的影响。为了更好地分析其影响方向和程度，需要对其进行赋值，其中，菜农对超标使用农药行为可能的作用和危害的认知按照其认可程度高低，依次赋值为1—5，其他变量赋值情况如表5.2所示。

表5.2　变量含义及赋值

类别	变量名称	赋值	均值	标准差
因变量	农药使用量	超标=1，其他=0	0.62	0.43
政府规制	是否有良种补贴	有=1，无=0	0.34	0.35
	是否有检验检疫	有=1，无=0	0.48	0.47
	是否有监管	有=1，无=0	0.51	0.41
	是否害怕惩罚	是=1，否=0	0.63	0.51
	是否有政府技术指导	有=1，无=0	0.71	0.46
垂直协作模式	是否加入合作社	是=1，否=0	0.67	0.48
	是否有合作企业	有=1，无=0	0.49	0.52
	是否签销售合同	签了=1，没签=0	0.44	0.38

续表

类别	变量名称	赋值	均值	标准差
控制变量	性别	女＝1，男＝0	0.67	0.34
	年龄	大于40岁＝1，其他＝0	0.78	0.44
	受教育程度	小学及以下＝1，初中＝2，高中＝3，大学及以上＝4	2.29	0.42
	种植规模	2014年年底的种植规模（亩）	3.27	2.94
	种植年限	规模化种植蔬菜时算起	13.47	12.37
	非农就业	有＝1，无＝0	0.74	0.46

　　淮安是江苏蔬菜主产区，当地政府一直鼓励蔬菜生产，政府对菜农的选择行为影响比较大，特别是对菜农参加合作社、加入现代蔬菜供应链的行为推动较多。从表5.2可以看出，调研样本的户均规模为3.27亩，但是有合作企业、签订销售合同的农户接近一半，主要原因是当地政府长期推动形成的。菜农作为市场主体，符合"理性经济人"的一般假设，不但应从菜农的认知也要从政府、市场、农户个体特征、生产特征等方面来分析其超标使用农药的原因，超标使用农药是菜农面临蔬菜病虫害风险和市场风险情况下的理性选择。

　　基于以上分析，为了进一步了解农户超标使用农药的影响因素，将菜农使用农药是否超标的选择情况作为因变量，拟分别采用OLS方法的线性概率回归和Logit二元选择模型回归来实证研究菜农超标使用农药行为的影响因素及其程度。

（三）结果与分析

1. 菜农对超标使用农药情况的认知分析

　　为了了解菜农超标使用农药的情况，调研中以农药使用量是否按照说明书规定的标准为判断依据，分为比说明书规定标准少、按照说明书规定标准、比说明书规定标准多和使用比较随意4类情况。调研结果如表5.3所示，选择农药使用量比说明书规定的标准少的只有14个菜农，仅占样本总量的4.95%；选择按照说明书标准使用农药的只有58个菜农，仅占样

本总量的 20.49%；而选择农药使用量比说明书规定的标准多的农户达 176
个，占样本总量的比例达 62.19%；选择农药使用量比较随意的菜农也有
35 个，占样本总量的比例为 12.37%。这一结果表明，有一部分菜农是按
照说明书使用农药的，但是绝大多数的菜农都没有能够按照说明书规定的
标准来使用农药，而且大部分菜农的农药使用量是超过说明书规定标准
的，还有一部分菜农比较随意，往往是根据以往的经验使用农药，超过说
明书规定标准的可能性也比较大。既然菜农知道是否超过说明书规定标准
使用农药，表明菜农超标使用农药行为是有意识的，其使用农药之前的意
愿与最终超标使用农药行为是有关联的。

表 5.3　菜农农药使用量是否超标的认知

样本总数	调查样本数	占样本总数比例（%）
使用量比说明书标准少	14	4.95
按照说明书标准使用	58	20.49
使用量比说明书标准多	176	62.19
根据经验，比较随意	35	12.37
合计	283	100.00

　　菜农对超标使用农药作用的认知如表 5.4 所示，从对超标使用农药作
用的认知来看，降低风险、增加产量、提高售价和节省劳动力是菜农认可
的超标使用农药可能带来的好处。大部分菜农都认为超标使用农药可以降
低风险，主要理由是超标使用农药可以有效杀死病虫，保障蔬菜的健康生
长，从而保证潜在蔬菜预期产量能够完成。同时，如果超标使用农药，菜
农还可能会获得更好的蔬菜“卖相”，从而可以在市场上提高蔬菜的销售
价格，另外，超标使用农药可以节省繁重的用于除草除虫的体力劳动，因
此，超标使用农药现象的重要原因是菜农一般都具有较高的风险规避意
识，为了获得更加稳定的收入来源，从而“理性”地选择了使用更多的农
药，也就是超标使用农药。

表 5.4　菜农对超标使用农药作用的认知

项目	完全不同意	比较不同意	一般	比较认同	完全同意
可降低风险	26 (9.19)	24 (8.48)	55 (19.43)	116 (40.99)	62 (21.91)
可增加产量	18 (6.36)	43 (15.19)	74 (26.15)	102 (36.04)	46 (16.26)
可提高售价	11 (3.89)	35 (12.37)	81 (28.62)	112 (39.58)	44 (15.54)
可节省劳力	22 (7.77)	13 (4.59)	45 (15.90)	123 (43.47)	80 (28.27)

注：括号内为占样本总量的百分比。

从菜农对超标使用农药可能带来有关危害的认知来看，调研结果如表5.5所示，污染环境、农药残留、损害健康、增加成本是主要的方面。根据认知统计数据，对超标使用农药行为可能引起的环境污染、农药残留问题，菜农的认知程度不是很高，可能是环境污染问题短期内不容易显现，农药残留也不容易被检测出来，对消费者健康的潜在危害也有一定的时间，不是当即显现，所以认知程度不理想。

另外，农药价格的上涨，也会在一定程度上增加菜农蔬菜生产的成本，这又有可能使菜农减少农药使用量或采用劣质的高毒的农药来替代当前合乎标准的农药，因此，农药的成本也是菜农不得不考虑的因素之一，但是，相对于农药超标使用可能带来的好处，成本的增加显然不能从根本上阻碍菜农超标使用农药的行为。

表 5.5　菜农对超标使用农药危害的认知

项目	完全不同意	比较不同意	一般	比较认同	完全同意
可污染环境	52 (18.37)	63 (22.26)	89 (31.45)	71 (25.09)	8 (2.83)
可造成残留	42 (14.84)	48 (16.96)	95 (33.57)	84 (29.68)	14 (4.95)
可损害健康	13 (4.59)	55 (19.43)	97 (34.28)	87 (30.74)	31 (10.96)
可增加成本	23 (8.13)	47 (16.61)	99 (34.98)	73 (25.80)	41 (14.48)

注：括号内为占样本总量的百分比。

如表5.4、表5.5所示从菜农对超标使用农药行为的认知来看，对作用的认知程度明显要高于对危害的认知程度，这一差异或许正是超标使用农药行为普遍存在的真正原因。

2. 菜农超标使用农药的影响因素分析

为了进一步把握菜农超标使用农药的影响因素及影响程度，笔者把相关变量代入模型，采用 OLS 方法的线性概率回归结果为回归 1 栏，采用 Logit 二元选择模型的回归结果为回归 2 栏，具体的实证结果如表 5.6 所示。

表 5.6　实证结果

项目及变量	回归 1	回归 2
可降低风险	0.502***	0.912***
可增加产量	0.726*	0.865*
可提高售价	0.218**	0.274**
可节省劳力	0.591	0.129
可污染环境	−0.202	−0.471
可造成残留	−0.816*	−0.673*
可损害健康	−0.773***	−1.081***
可增加成本	−0.376*	−0.709*
是否有良种补贴	−0.893	−0.853
是否有检验检测	−0.494	−0.451
是否有监管	−0.865*	−1.285*
是否害怕惩罚	−0.724***	−0.502***
是否有政府技术指导	−0.905	−0.138
是否加入合作社	−0.892	−0.461
是否有合作企业	−0.109*	−0.796**
是否签销售合同	−0.486***	−1.266***
性别	−0.092**	−8.719**
年龄	0.437	1.102
受教育程度	0.279	0.628
种植规模	−0.429**	−0.024**
种植年限	−0.337*	−0.651*
非农就业	−0.294*	−0.283*
常数项	−0.752***	−10.578

注：*、**、***表示显著度水平分别为 10%、5% 和 1%。

　　根据表 5.6 所示的实证结果可知，认知因素中，可降低风险、可提高产量、可提高售价、可造成残留、可损害健康、可增加成本等变量对菜农超标使用农药行为有显著的影响；政府规制、垂直协作模式和控制变量中，是否有监管、是否害怕惩罚、是否有合作企业、是否签销售合同、性别、非农就业、种植规模等变量对菜农超标使用农药行为有显著的影响，具体分析如下：

　　从菜农对超标使用农药作用的认知方面来看，可降低风险、可提高产量、可提高售价会显著地影响菜农的农药使用行为。从 OLS 回归估计和 Logit 估计的结果来看，这三个变量都正方向地影响菜农超标使用农药行为，显著度水平较高，从而验证了假设一。从可降低风险方面看，可能的原因是菜农普遍比较认同农药可以降低病虫害的风险，超标使用农药的效果更明显；从产量方面看，虽然超标使用农药不能直接提高产量，但是，由于可以减少病虫害损失，促进蔬菜生长，间接地保障了蔬菜产量，因此，菜农还是对超标使用农药提高蔬菜产量有正面的认知；而从可提高蔬菜销售价格的认知变量看，菜农还是关注蔬菜出售时的外观以及由此引起的价格提升，其对菜农超标使用农药行为也有正向的显著影响。

　　从菜农对超标使用农药危害的认知方面来看，可造成残留、可损害健康、可增加成本三个变量对菜农超标使用农药行为有显著的负向影响，从而验证了假设二，说明这三个变量对菜农超标使用农药行为有一定的阻碍作用。从农药残留认知看，目前菜农对农药残留认知程度不是非常高，特别是残留不容易被买家发现，蔬菜收购者往往并不在意蔬菜是否存在药物残留和重金属超标等问题，说明目前蔬菜还没有完善的质量安全分离机制，超标使用农药可以给部分菜农带来更高的销售价格和产量，这可能是导致超标使用农药的原因之一，假如不使用农药，由于病虫害风险发生的概率较大，再加上长期使用农药，很多害虫产生了耐药性，需要加大使用量才能更好地治理，因此，菜农从自身角度出发，在生产过程中超标使用农药就变成了一个"合理"选择，是为了在一定程度上规避生产中的病虫害风险，同时提高蔬菜在市场上的销售价格，来获取更大的收益。从损害消费者健康和增加成本的认知变量来看，对菜农超标使用农药有显著的负向影响，对损害消费者的健康认知程度越高，越不愿意超标使用农药，说明菜农潜意识中有善良的一面，而农药成本的增加会促使菜农减少农药使用，或者使用毒性更强的农药来替代。

从政府规制方面来看，是否有监管、是否害怕惩罚两个变量对菜农超标使用农药行为具有显著的负向影响。菜农作为市场主体，从追求自身利益出发，如果政府对蔬菜供应链质量安全的监管放松，那么菜农就有可能在蔬菜生产过程中超标使用农药；另外，事后大力度的惩罚措施也会对菜农超标使用农药行为产生可能的震慑作用，假如菜农害怕政府对超标使用农药危害结果的惩罚，就会对其超标使用农药行为产生明显的抑制作用，政府的惩罚措施通过倒逼机制达到了规范菜农使用农药的作用，但是目前政府做得还远远不够。

从供应链垂直协作方面来看，菜农签订合同和有合作企业对其超标使用农药行为有显著的负向影响，会减少菜农超标使用农药的行为，可能的原因是合作企业或销售合同在履行过程中，合同相对方和合作企业可能会对蔬菜产品进行检验检测，菜农有所顾忌，而且现代的蔬菜供应链和紧密的垂直协作可以有效地规避生产和销售风险，所以菜农就会有意识地降低农药使用量，说明订单农业可以通过契约的形式对菜农生产以及农药超标使用行为产生正面影响，但是加入合作社，对菜农超标使用农药影响不显著，说明合作社对菜农的生产行为没有真正起到规范作用。

从菜农个体特征方面来看，性别、非农就业、种植年限、种植规模等对菜农超标使用农药行为影响较为显著。其中，女性种植者更加愿意加大农药的使用剂量，这可能与女性在生产活动中规避风险意识更强有关，也可能与女性农户体力较弱，所以很多可以人工防治的损失要通过加大农药使用量来弥补。非农就业影响也很显著，可能是家里有非农就业的菜农，家庭收入来源多样化，蔬菜种植收入依赖性降低，因此，可能会降低其农药使用量；种植年限越长的菜农，越容易控制农药的使用量，可能的原因是长期的生产作业使菜农对蔬菜病虫害比较了解，能够在不增加农药使用量的基础上达到防治病虫害的目的。最后，种植规模也有一定的影响，规模越小农药使用越随意，生产过程主观成分越大，农药使用量越有可能超标。

综上所述，农药作为重要的投入要素，在农业生产中具有预防和治疗病虫害、保障农户获得稳定收入的重要作用，但是农药的超标使用会导致药物残留和污染环境，从而危害广大消费者的身体健康。

本书对江苏省蔬菜主产区 283 个蔬菜种植农户超标使用农药进行的研究表明，有 62.19% 的农户明确表示存在超过说明书标准使用的行为，还有 12.37% 的农户在农药使用过程中比较随意，没有完全对照说明书使用，这些行为的发生都为蔬菜药物残留及质量安全埋下隐患。通过 OLS 线性回归和 Logit 回归模型，分别从菜农对超标使用农药作用和危害的认知、政府规制、垂直协作、农户个体特征、生产特征等方面来分析影响菜农超标使用农药行为的因素，结果表明，对超标使用农药行为作用的认知促使菜农加大农药使用量，对超标使用农药危害的认知、政府规制等对菜农使用农药量具有一定的抑制作用，性别、种植年限和种植规模在一定程度上都影响到农药的超标使用行为，供应链垂直协作形式对农药使用行为也有一定的显著影响，合作社对菜农超标使用农药行为的影响不显著。菜农超标使用农药的主要目的是想通过加大农药使用剂量来达到预防和消除蔬菜病虫害的目的，从而保障蔬菜生产量和在市场上获得更高的销售价格，降低蔬菜生产风险。

三、农户进入果蔬供应链的合同模式

现实生活中，关于小农户纳入供应链存在多种模式，主要有："公司+农户"模式、"公司+协会+农户"模式、"公司+合作社+农户"模式等。无论是哪种供应链模式，将农户纳入供应链系统的主要纽带都是合同。

目前关于通过合同方式将小农户纳入供应链的讨论尚存在争论。有不少专家认为，合同模式将农户与企业紧密地联系在一起，降低了交易费用。例如，奥尔森（2003）通过对豌豆产业农户与加工厂签订的生产合同进行研究后，认为加工厂和农户之间没有发生"敲竹杠"的问题，加工厂承担了豌豆产业中的合作价格风险和小部分生产风险，农户和加工厂都能够从生产合同中获得各自的利益（孙艳华、刘湘浑等，2008）。① 傅晨（2000）通过对广东温氏集团的案例研究发现，"公司+农户"模式节省了企业与农户配置市场资源的交易费用，并将农户与企业紧紧地连接在一起，形成了健康的利益分配机制。② 另外，有一些发展学家认为，由于小农户过于分散，所以蔬菜的种植过程中，对化肥和杀虫剂的使用难以监管，一旦其中有一户产品的农药超标，就会涉及整批产品，与小农户打交道的风险和交易成本较高。胡定寰（2005）研究认为，中国农民在生产农产品的过程中，一般都是一家一户分散生产的，由于每家农户的生产规模都很小，文化程度又比较低，在资金、技术等方面的力量又很薄弱，所以在生产过程中他们完全是依靠自己的经验来进行种植的，没有技术方面的指导，而且在利益的驱使下，为了降低成本，在生产过程中，他们往往会使用一些价格比较低廉的化肥和高毒、高残农药及其他种植原料。③ 这样，对于小农户的合同管理的成本是巨大的。所以，发展专家们普遍担心全世界的小农户会被排除在协作式供应链之外。

果蔬种植农户纳入供应链与其他农产品纳入供应链的模式是基本一样的，一般来说主要有两种：一种是传统的农产品供应链模式；另一种是新型的农产品供应链模式。

传统农产品供应链模式的特点主要有：（1）在传统的农产品供应链中，果蔬生产一般是由大量分散的小农户经营的，难以对其生产过程进行有效

---

① Olesen, "Production Contracts and Productivity in the U. S. Hog Section", *American Journal of Agricultural Economics*, 2003, 8 (1). 孙艳华、刘湘辉、周发明、周力、应瑞瑶：《生产合同模式对农户增收绩效的实证研究——基于江苏省肉鸡行业的调查数据》，《农业技术经济》2008 年第 4 期。

② 傅晨：《"公司+农户"产业化经营的成功所在——基于广东温氏集团的案例研究》，《中国农村经济》2000 年第 2 期。

③ 胡定寰：《农产品"二元结构"论——论超市发展对农业和食品安全的影响》，《中国农村经济》2005 年第 2 期。

的监督；（2）果蔬产品一般是由小商贩收购的，经过多次集散，人们难以对它们进行有效追溯，一旦出现质量和安全方面的问题，就无法找到出事的源头；（3）果蔬产品在从生产者到零售商之间的流通过程中，经过多次装车和卸车，增加了其被污染的可能性；（4）在整个供应链的各个环节上，所有的相关利益主体都是相对独立的，没有一个主体是可以对处于整个流通过程的果蔬质量和安全进行全程的监管和负责的。

新型农产品供应链模式的特点主要有：新型的农产品供应链是一种新的经营管理模式，一般是以现代化的零售业为龙头，农产品供应链的各部门之间建立起了以需求信息和食物标准为纽带的，通过对生产资源、物流资源、零售资源的有机整合，降低交易成本和市场风险，提高生产经营的效率和效益以及农产品安全度和可追溯性，从而提高参与农民的收入。

果蔬生产的合同农户主要是通过与中间人（村里的能手或者村干部）签订合同，中间人再与供应商签订合同，以合同形式被纳入新型的果蔬供应链中的。最近几年，中间人逐步发展成为协会或者合作社等更加正规的民间社团或经济组织。

果蔬农户纳入供应链的形式从松散到紧密一共分为五种类型：（1）散户无组织型，就是小农户生产的果蔬卖给上门收购的小贩，没有任何合约。（2）中间人组织型，就是小农户通过村里的能手（或干部）被纳入供应链，一部分有书面合同，一部分只是口头协议，一般是依靠"乡亲关系"与"信任"来履行口头协议的。（3）农民专业技术协会型，农民专业技术协会，例如蔬菜协会，就是由农民自愿组织的社团法人，一般是不以盈利为目的的，属于非政府、非企业组织，其内部结构相对比较松散，但是比起散户无组织型的关系要紧密得多。供应商一般会与协会的负责人签订收购合同，协会的成员农户一般按照订单的要求来种植果蔬。（4）农民专业合作社型，农民专业合作社一般属于在工商部门注册登记的法人，属于实现经济目标的经济组织，但是又不像企业那样内部治理结构非常紧密。（5）企业垂直一体化型，企业垂直一体化是最为紧密的组织，企业一般是直接承包大面积的耕地，建立自己控制的自营基地，进行有效的内部治理，以降低交易费用和控制产品质量。一般大型的蔬菜供应商都建立属于自己的自营果蔬生产基地。

四、农户参加安全生产合同的意愿及影响因素

(一) 果蔬种植农户的特征

本书关于安全生产合同意愿研究的农户调查主要是先在淮安市淮安区、淮阴区、清河区、涟水县、金湖县、洪泽县 6 县区选取蔬菜种植集中的乡镇各一个，再从每个乡镇选择 50 户农户作为调查对象。组织淮阴师范学院经济管理学院大三、大四的本科生 10 余人，在 2014 年 10 月进行了实地问卷调查，最终收回有效问卷 267 份。从调研的样本来看，蔬菜种植户基本特征如表 5.7 所示。

表 5.7　样本统计特征及其分类指标

统计指标		个数	比例（%）
户主年龄	小于 45 岁	73	27.34
	45 岁及以上	194	72.66
户主受教育年限	小于 6 年	64	23.97
	6—9 年	117	43.82
	9—12 年	78	29.21
	12 年及以上	8	3.00
蔬菜种植面积	小于 2 亩	38	14.23
	2—4 亩	58	21.72
	4—6 亩	79	29.59
	6 亩及以上	92	34.46
是否有非农职业	有	176	65.92
	无	91	34.08

资料来源：根据调查问卷整理计算所得。

被调查者的平均年龄为 53.86 岁，家庭平均人口为 4.79 人。受教育年

限平均为 8.93 年，最高为 15 年，最低为 0 年。每户蔬菜种植面积平均为 5.36 亩，其中，种植面积最大的为 16 亩，种植面积最小的为 0.8 亩。样本农户的数据显示，淮安市蔬菜种植模式为典型的小农户家庭种植模式。

1. 小农户的优势

在许多情况下，一般来说小农户是高效和低成本的生产者，对蔬菜等劳动密集型产品而言更是这样。事实上，小农户的主要优势在于他们用于劳动密集型产品的生产成本通常比大型商业农场的生产成本要低 10%—20%（Banmann，2000）。[①] 主要原因是大型商业农场的日常经营费用和监管费用都是很高的，而且挣工资的农场职工的积极性一般没有个体农户的积极性高。另外，在有些情况下，无法获得土地阻碍了商业农场的组建，但是小农户则不存在这种情况，这给小农户带来了相应的竞争优势。

2. 小农户的劣势

虽然小农户存在很多的优势，但是，其劣势也是十分突出的。(1) 小农户往往会缺乏足够的市场信息，信息的不对称往往会使得小农户的生产具有一定的盲目性和风险性；(2) 小农户一般对新技术的推广应用缺乏足够的了解，因此技术进步相对较为缓慢；(3) 小农户一般难以获得有关的信贷支持，无论是在固定资产投资方面，还是在流动资金融资方面，都会受到资金的限制，难以迅速扩大生产规模；(4) 小农户数量多、差异大、生产经营水平参差不齐，所生产的产品质量难以有效控制。

(二) 模型选用

为了进一步了解蔬菜种植农户选择安全生产合同的情况和影响因素，将农户的选择情况作为因变量，选择安全合同的情况设为 1，其余的情况设为 0，就形成 0—1 型的因变量，当用自变量对因变量进行解释时，就是对 0—1 型因变量的二元选择问题，这样合适的模型选用 Logit 二元选择

---

① Banmann, C., "The Impact of Trust on Cooperative Membership Retention, Performance and Satisfaction: An Exploratory Study", *Journal of International Food and Agribusiness Management Review*, 2000, 7.

模型。

Logit 模型采用的是逻辑概率分布函数（Cumulative Logistic Probability Function），其具体形式为：

$$P_i = F(Z_i) = F(\alpha + \beta X_i) = \frac{1}{1 + e^{-Z_i}} = \frac{1}{1 + e^{-(\alpha + \beta X_i)}} \quad (5.1)$$

将式（5.1）进行 Logit 转换后就可以得到 Z_i 的估计：

$$\text{Logit} P_i = \ln \frac{P_i}{1 - P_i} = Z_i = \alpha + \beta X_i \quad (5.2)$$

本书样本数据主要来自 2014 年 10 月对淮安市 267 户蔬菜种植农户的问卷调查，农户主要变量的描述统计如表 5.8 所示。

表 5.8 是本次调查的变量及统计特征。其中，户主年龄（45 岁以上的设为 1，其他的设为 0）；是否有读书孩子（有的设为 1，没有的设为 0）；是否有非农职业（有的设为 1，没有的设为 0）；是否是独生子女户（是的设为 1，不是的设为 0）；户主受教育年限（小于 6 年、6—9 年、9—12 年、12 年及以上分别设为 1、2、3、4）；是否有需要赡养的老人（有的设为 1，没有的设为 0）；家庭人口规模（1 人、2 人、3 人、4 人、5 人以上分别设为 1、2、3、4、5）；蔬菜种植面积（小于 2 亩、2—4 亩、4—6 亩、6 亩及以上，分别设为 1、2、3、4）；是否曾经接触过（曾经接触过的设为 1，其他设为 0）；合同对象声誉（非常不重要、不重要、一般、重要、非常重要分别设为 1、2、3、4、5）。

表 5.8 影响因素变量选择及统计特征

变量名称	变量代码	均值	最大值	最小值	标准差
户主年龄	X1	0.6359	1.0000	0.0000	0.4362
家里是否有读书的孩子	X2	0.6261	1.0000	0.0000	0.3156
是否有非农职业	X3	0.7037	1.0000	0.0000	0.4135
是否是独生子女户	X4	0.3204	1.0000	0.0000	0.3027
户主受教育年限	X5	2.4073	4.0000	1.0000	1.0124
家里是否有需要赡养的老人	X6	0.6132	1.0000	0.0000	0.3172

续表

变量名称	变量代码	均值	最大值	最小值	标准差
家庭人口规模	X7	3.9066	5.0000	1.0000	1.2375
蔬菜种植面积	X8	3.7524	4.0000	1.0000	0.3471
是否曾经接触过	X9	0.4010	1.0000	0.0000	0.3641
合同对象的声誉	X10	3.0359	5.0000	1.0000	1.1326

资料来源：根据调查问卷整理计算所得。

（三）参数估计

用 OLS 进行回归参数的估计，得到模型估计结果如表 5.9 所示。模型第一次回归分析发现，是否有读书的孩子、是否是独生子女户、是否有需要赡养的老人、家庭人口规模几个因素不显著，去掉这几个因素再次回归分析发现，户主年龄也不显著。

表 5.9　Logit 模型估计结果

变量	单位	回归一		回归二	
户主年龄	0—1	−1.215203*	(−3.470451)	−1.340961	(−3.568091)
家里是否有读书的孩子	0—1	0.724583	(1.796321)	—	—
是否有非农职业	0—1	0.846763***	(3.534207)	0.726874***	(3.234816)
是否是独生子女户	0—1	−0.532851	(−2.234505)	—	—
户主受教育年限	1—4	0.702648**	(3.612547)	0.768961**	(3.493791)
家里是否有需要赡养的老人	0—1	−0.776463	(−1.807322)	—	—
家庭人口规模	1—5	−1.226850	(−3.541562)	—	—
蔬菜种植面积	1—4	1.326750**	(3.710452)	1.256187**	(3.567993)
是否曾经接触过	0—1	1.285026*	(3.645672)	1.268619*	(3.356941)
合同对象声誉	1—5	0.780524**	(3.570421)	0.616358**	(3.794271)
常数项		−10.57854	(−2.673258)	−10.38901	(−2.237516)
LR 统计量		90.85376		89.54139	
对数似然值		−158.1863		−150.8235	

续表

变量	单位	回归一	回归二
Correct（Dep＝0）	%	96.24	92.34
Correct（Dep＝1）	%	87.93	83.75
Correct（Total）	%	90.45	85.97

注：括号内为 z-统计量；＊、＊＊、＊＊＊表示显著度水平分别为 10%、5% 和 1%。

Logit 模型两次回归分析的结果都显示：是否有非农职业、户主受教育年限、蔬菜种植面积、是否曾经接触过、合同对象的声誉这几个变量显著性较高，其他因素影响不显著。P 值为 0.000000，统计上是显著的。从预测准确率来看，0、1 预测准确率及整体预测准确率都在 80%—90% 以上，说明模型估计结果较好。

具有非农职业的家庭选择参加安全合同的可能性大，主要原因可能是有非农职业的家庭单位时间的非农收入较高，参加安全合同解决了蔬菜的销路，降低了交易成本，节省了更多的时间来从事非农职业。

户主受教育年限越高，参加安全合同的可能性越高，说明受教育程度高的人认识到安全合同可以降低交易成本，减少价格波动，提高种植收入。

蔬菜种植面积越大的农户参加安全合同的比例越大，可能的原因是种植面积越大，面临的市场风险越大，再加上蔬菜产品的特殊性，所以参加安全合同可以有效降低市场风险，获得稳定的收入。

曾经接触过合同对象的农户参加安全合同的比例大，可能的原因是曾经接触过的公司比较熟悉，相对比较信任。

认为合同对象声誉重要的农户参加安全合同的比例大，可能的原因是声誉可以带来信任，而信任可以降低交易成本，提高交易的安全性，比较关注公司信誉的农户也就比较关注交易的安全性，而安全合同可以有效降低交易费用，所以参加安全合同的可能性就大。

五、合同农户与非合同农户收入比较

已有的相关研究显示，生产合同是在法律约束的前提下规定合同双方在获得权利的同时必须履行相应的义务。生产合同的安排往往能够降低小农户的交易费用。以舒尔茨为代表的理性小农学派就认为，小农户是追求利润最大化的理性"经济人"，小农户是一个在传统农业范围内有进取精神的理性人。对于种植蔬菜的小农户来说，在与企业签订生产合同之前，作为具有理性和判断能力的小农户，如果他们选择以合同的方式进行生产，就可以认为他们已经预期这种组织形式比其他方式能够更好地获得收益。

根据江苏省蔬菜种植农户的调查数据来分析合同农户与非合同农户收入的差异，所调查的 267 户蔬菜种植农户中，有 184 户农户选择参加了各种蔬菜销售的安全生产合同，83 户农户没有参加任何安全生产和销售合同（如表 5.10 所示）。根据调查数据分析，在不考虑其他因素的情况下，合同农户蔬菜销售收入均值为 31574 元，非合同农户销售收入均值为 28729元，合同农户的蔬菜销售收入要高于非合同农户。

表 5.10 合同农户与非合同农户比较

项目	合同农户	非合同农户
选择户数	184 户	83 户
户均销售收入	31574 元	28729 元
户主平均受教育年限	10.26 年	7.83 年

资料来源：根据问卷调查资料整理所得。

如表 5.10 所示，合同农户的受教育年限均值为 10.26 年，非合同农户的受教育年限均值为 7.83 年。合同农户的受教育程度一般也要高于非合同农户。

六、合同农户与供应链的组织关系及质量控制

（一）合同农户的蔬菜质量安全控制

为了深入了解淮安市蔬菜农户的质量安全控制情况，在问卷调查时，

也同时调查了蔬菜种植农户的农药安全使用情况和为控制蔬菜质量而愿意另外投入的情况，具体情况如表 5.11 和表 5.12 所示。

表 5.11　184 个合同农户的安全投入情况

统计指标		个数	比例（%）
化肥投入	小于 300 元/亩	31	16.85
	300—500 元/亩	94	51.09
	500 元/亩及以上	58	31.52
杀虫剂投入	小于 100 元/亩	57	30.98
	100—200 元/亩	109	59.24
	200—300 元/亩	15	8.15
	300—400 元/亩	3	1.63
	400 元/亩及以上	0	0.00
是否愿意为提高蔬菜质量 而增加额外投入	愿意的	128	69.57
	不确定的	44	23.91
	不愿意的	12	6.52

资料来源：根据调查问卷计算所得。

　　根据问卷调查发现，合同农户相对来说对蔬菜安全质量的投入更大，合同农户的化肥投入均值为亩均 458 元，非合同农户的化肥投入均值为亩均 389 元，也就是说，合同农户比非合同农户的化肥支出多。合同农户杀虫剂均值为 142 元，非合同农户杀虫剂均值为 328 元，非合同农户平均每亩使用的杀虫剂支出为合同农户的 2.31 倍。合同农户愿意为提高蔬菜质量增加额外投入的为 128 户，占 69.57%，不愿意另外增加投入的只有 12 户，只占 6.52%，其他的农户选择不确定；非合同农户愿意为提高蔬菜质量增加额外投入的有 15 户，占 18.07%，不愿意额外增加投入的有 27 户，占 32.53%，其他的农户选择不确定。合同农户对蔬菜质量安全的重视程度比非合同农户高，也愿意为提高蔬菜质量安全增加额外的投入，可能的原因就是签订了蔬菜供应链的安全合同，受到了供应链下游利益主体关于蔬菜质量的合同约束。因此，为了获得安全合同所带来的交易成本的降低和收入的提高，合同农户愿意增加对食品安全的投入。

表 5.12　83 个非合同农户的安全投入情况

统计指标		个数	比例（%）
化肥投入	小于 300 元/亩	13	15.66
	300—500 元/亩	56	67.47
	500 元/亩及以上	14	16.87
杀虫剂投入	小于 100 元/亩	4	4.82
	100—200 元/亩	17	20.48
	200—300 元/亩	21	25.30
	300—400 元/亩	30	36.14
	400 元/亩及以上	11	13.25
是否愿意为提高蔬菜质量 而增加额外投入	愿意的	15	18.07
	不确定的	41	49.40
	不愿意的	27	32.53

资料来源：根据调查问卷计算所得。

（二）合同供应商的蔬菜质量安全控制

笔者调研了两家以经营果蔬为主的公司，淮安市海隆国际贸易有限公司（以下简称"海隆国际"）和江苏商联超市有限公司（以下简称"江苏商联"）。这两家公司大部分都是面向农户收购果蔬，供应国内超市以及出口。

供应商基本情况：海隆国际贸易有限公司是成立于 2002 年的以出口果蔬、水产品等农副产品的国际贸易公司，江苏商联超市有限公司成立于1956 年，2004 年更名为江苏商联超有限公司。几十年来一步步发展壮大，特别是近十年快速发展，成为淮安本土流通龙头企业之一，被省、市列为重点扶强扶大的企业。果蔬和其他农副产品的经营占其业务的近 40%。

供应商果蔬的采购及果蔬质量安全控制情况：2012 年，海隆国际采购14000 吨果蔬，其中，40%来自公司自属的果蔬基地，40%来自合同农户，另外约 20%是从市场上收购的。2012 年，江苏商联采购 1300 吨果蔬，其中，20%来自公司自属的果蔬基地，40%来自合同农户，40%来自非合同农户和清江果蔬批发市场。

调研结果表明，两家供应商与合同农户的协议方式有很大区别，海隆国际是通过中间人，即农民中的能手（骨干、经纪人等），与果蔬种植农户签订正式的书面合同，中间人再与农户签订正式的书面合同。而江苏商联则采用口头协议模式，江苏商联是首先与村干部达成一定数量、质量果蔬生产和收购的口头协议，然后再由村干部与农户达成蔬菜生产和收购的口头协议。中间人所起的作用一般是分发种子、肥料、农药等投入物，组织果蔬收购，执行安全生产合同并调解争端。海隆国际是采用正式的法律规范来保证合同的履行，而江苏商联则是依靠"关系"和"信任"等非正式的制度安排来达到口头协议履行的目的。

一般来说，供应商对果蔬质量安全控制的最好办法是建立自己的果蔬生产基地，按照进口国的标准进行全程的质量控制。但是，受到资本积累、土地政策以及考虑分散风险的影响，供应商一般会通过合同的形式向农户采购一部分需要的果蔬。为了控制合同农户果蔬的质量，主要是农药残留和化肥残留的控制，供应商一般会向合同农户统一供应果蔬种子，统一提供化肥和农药，并且派公司的技术服务人员提供一定的技术指导。调查的两家供应商，2012年，海隆国际向合同农户提供了100%的果蔬种子、70%的杀虫剂，没有统一提供化肥，公司给合同农户提供技术服务。江苏商联则向合同农户提供了80%的果蔬种子、30%的化肥、50%的农药，也提供了一定的技术指导。两家公司都在收购环节抽取一定的果蔬样品进行化验，合格后才收购。在访谈中，两家公司都认为将来需要进一步加强与合同农户的合作关系，特别是在种子、化肥与农药的供应与管理等方面，需要进一步加强技术服务指导与监督。

两家企业都已经通过了 ISO 9000 认证和 HACCP 危害分析临界控制认证，两家蔬菜供应商自己对蔬菜的质量控制，在外观品质方面首先要求符合出口标准和超市自身的柜台上柜要求。在食品安全性方面，则要求蔬菜的药物残留要达到出口或者超市销售的标准，两家供应商都注册了自己相应的蔬菜商标和品牌。

七、计划行为理论下菜农参与生产合同的机理

生产者行为理论是研究生产者如何把有限资源用于生产以实现利润最大化的理论，是古典经济学中重要的理论之一。小农户与合作企业、协会或超市农产品供应商签订生产销售合同，是追求自身利益最大化的理性选择。小农户通过合同方式加入现代供应链后，降低了交易费用，促进了利益的提升。例如，傅晨（1999）通过对广东温氏集团的案例研究发现，"公司+农户"模式节省了企业与农户配置市场资源的交易费用，并将农户与企业紧紧地连接在一起，形成了健康的利益分配机制。[①] 奥利森（2003）研究豌豆产业农户与加工厂签订的生产合同后发现，双方都从生产合同中获得了利益，没有发生"敲竹杠"的问题，加工厂承担了价格风险和小部分的生产风险。[②] 由于小农户过于分散，对化肥和杀虫剂的使用难以监管，其中，一旦有一户产品的农药超标，就会影响到整批产品，与小农户打交道的风险和交易成本较高。胡定寰（2005）研究认为，中国农民在生产过程中，生产规模都很小，文化程度又比较低，资金、技术等力量也很薄弱，完全是依靠自己的经验来进行种植的，在利益的驱使下，往往会使用一些价格低廉的化肥和高毒高残农药及其他原料。[③] 鉴于对小农户进行合同管理成本较高，所以学者们担心小农户会被排除在现代协作式供应链之外。

具体到蔬菜生产行业，目前以小农户为主，在与市场对接的时候，体现出了典型的小农户、大市场如何连接的情况，出现了很多种供应链垂直协作方式。现实生活中，关于小农户纳入供应链有多种模式，无论哪种供应链模式，主要纽带都是生产合同。一般来说，菜农主要是通过与中间人

---

① 傅晨：《"公司+农户"产业化经营的交易行为及其规则》，《南方农村》1999 年第 1 期。

② Olesen, "Production Contracts and Productivity in the U. S. Hog Section", *American Journal of Agricultural Economics*, 2003, 8（1）.

③ 胡定寰：《农产品"二元结构"论——论超市发展对农业和食品安全的影响》，《中国农村经济》2005 年第 2 期。

（村里的能手或者村干部）签订合同，中间人再与供应商签订合同，以合同形式被纳入新型的蔬菜供应链中。中间人又逐步发展成为协会或者合作社等更加正规的民间社团或经济组织，一般大型的蔬菜供应商都建立属于自己的自营蔬菜生产基地。

目前农户参与生产合同的积极性不高，参与程度也比较低。针对上述状况，学界对农户合作意愿与行为等问题进行了多方面的探讨，但是，绝大多数的文献是对农户加入生产合同意愿的影响因素进行研究，而对于农户的参与意愿到底是如何产生的，参与意愿如何转化成实际的参与行为，它们之间到底是一种怎样的作用机理等问题的研究则显得非常薄弱，并且在有些研究中，往往依托一次性的问卷调查数据，对农户的参与意愿和实际参与行为没有很好地区分，处理得比较模糊，降低了解释的说服力。为促进合同生产的进一步发展，必须从根本上调动农户参与生产合同的积极性和参与程度，形成农户积极参与合同生产的良性机制。因此，有必要对农户参与生产合同的意愿、实际参与行为及其产生机理进行系统的理论和实证分析。本书以计划行为理论（TPB）为研究框架，基于前后两次的跟踪调研数据，严格区分农户的参与意愿和实际参与行为，定量分析江苏省蔬菜主产区菜农参加生产合同的机理问题。

（一）理论框架

计划行为理论是从心理学角度研究个体改变其行为的原因和路径，被认为是社会心理学中最著名的态度行为关系理论（Ajzen，1991）。[①] 根据计划行为理论，意愿是个体行为之前的思想倾向、行为动机不断积累和强化的过程，个体意愿越强，行为可能性就越大，个人意愿又是由行为态度、主观规范和知觉行为控制三个关键因素决定的（如图 5.1 所示）。

行为态度是指个人对某项行为持有的正面或负面评价的程度；主观规范是指对个人来说重要的其他组织认为自己应该进行某项行为

---

① Ajzen, I., "The Theory of Planned Behavior", *Organizational Behavior and Human Decision Processes*, 1991, 50（2）.

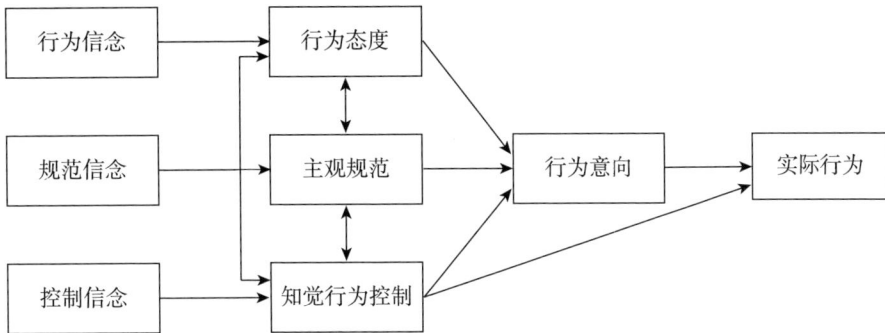

图 5.1 计划行为理论结构模型

（Venkatesh，V.，2002）；[1] 知觉行为控制是指个人感受到的执行某特定行为容易或困难的程度，可通过行为意愿间接影响实际行为，甚至可能直接影响实际行为的产生。

行为态度、主观规范和知觉行为控制都能预测行为发生的可能性。行为态度是主体对某种行为所存在的一般而稳定的倾向或立场。主观规范被分为指令性规范和示范性规范两个维度，是由他人的期望而使行为主体作出参与行为的倾向程度。

知觉行为控制主要体现在自我效能（完成行为能力的信心）和行为控制（控制力）两方面，反映了实际控制条件。要预测一定的行为，首先要确定这个行为意愿的强度，意愿是 TPB 理论的中心因素。态度、规范和知觉行为控制等因素首先影响个体的心理动机，然后动机再决定其行为。近年来，国内外学者在不同领域的研究结果也证实意愿对行为有正向的影响（郭永辉，2008）。[2] 可以认为意愿直接决定行为（段文婷等，2008）。[3]

---

[1] Venkatesh，V.，"The Impact of Trust on Cooperative Membership Retention，Performance，and Satisfaction：An Exploratory Study"，*The International Food and Agribusiness Management Review*，2002，5（1）.

[2] 郭永辉：《基于计划行为理论的设计链知识持续分享模型》，《科学学研究》2008 年第 10 期。

[3] 段文婷、江光荣：《计划行为理论述评》，《心理科学进展》2008 年第 2 期。

（二）调查方法和数据的整理

　　淮安市是长三角地区蔬菜的主要产地之一，改革开放以来，随着长三角地区经济的飞速发展，对蔬菜的需求日益增加，作为传统农业大市的淮安市，逐渐成为长三角地区蔬菜的重要供应基地。本书关于菜农的调查主要在淮安市淮安区、淮阴区、清河区、青浦区、涟水县、金湖县、洪泽县、盱眙县 8 个县区进行。组织淮阴师范学院经济管理学院大三、大四的本科生 10 余人，在 2013 年 9—10 月进行了实地问卷调查，在 2014 年 12 月—2015 年 2 月对已调查的菜农进行了跟踪调查。

　　为了研究菜农参与生产合同的意愿，第一次调查时只调查没有参与任何蔬菜生产合同的菜农，共发放调查问卷 700 份，回收有效问卷 656 份，第二次调查主要是跟踪调查第一次的 656 户有效问卷对应的菜农，由于参与调查的本科生变化、被跟踪调查的菜农有的联系不上，有的生产方式变化，有的资料短缺等原因，根据研究需要，只统计资料完整的问卷资料，最终收回有效问卷 534 份。两次调查时间间隔大约一年，主要是考虑一年时间是农业生产的一个完整年度周期，而一个完整的农业生产年度周期，可以反映菜农从意愿到行为变化的全貌。第二次调查所获得的菜农基本特征如表 5.13 所示。

表 5.13　样本统计特征及其分类指标

统计指标		个数	比例（%）
户主年龄	小于 45 岁	146	27.34
	45 岁及以上	388	72.66
户主受教育年限	小于 6 年	128	23.97
	6—9 年	234	43.82
	9—12 年	156	29.21
	12 年及以上	16	3.00

统计指标		个数	比例（%）
蔬菜种植面积	小于 2 亩	76	14.23
	2—4 亩	116	21.72
	4—6 亩	158	29.59
	6 亩及以上	184	34.46
是否有非农职业	有	352	65.92
	无	182	34.08

为了测度计划行为理论框架中的行为态度、主观规范和知觉行为控制，对相关的变量均采用 Likert5 级衡量，1 表示完全不同意，2 表示比较不同意，3 表示一般，4 表示比较同意，5 表示完全同意。菜农参与合同生产的意愿取值为 0、1。"0" 表示该菜农不考虑参与生产合同，"1" 表示愿意参加生产合同。量表采用国内外已经被使用且经过预调查后进行修改的标准量表（如表 5.14 所示）。

表 5.14　变量测量指标

变量名称及代码	测度	赋值	变量属性及代码
参与态度	生产合同对双方都有好处 生产合同对我有益生产 合同能提高食品安全	1—5	自变量 A_1
指令性规范	政府动员我家参与 政府希望我家参与 政府支持我家参与	1—5	自变量 A_2
示范性规范	我家亲戚都参加了 我朋友也参加了 参加的人收入有保障	1—5	自变量 A_3
自我效能感	我对参与生产合同有信心 我能处理好双方关系 我认为能获得好收益	1—5	自变量 A_4

续表

变量名称及代码	测度	赋值	变量属性及代码
控制力	我熟悉生产合同条款 我能决定是否参加 我有参与的能力	1—5	自变量 A_5
参加意愿	愿意参加 = 1，其他 = 0	0—1	因变量 B

（三）实证结果及分析

1. 自变量对菜农意愿的影响分析

各自变量（A_1—A_5）对菜农参与生产合同的意愿（B）的回归分析如表 5.15 所示。通过回归分析发现，A_1—A_5 对菜农参与意愿（B）对应的回归系数依次为 0.2891、0.3276、0.3904、0.4813、0.4235，各变量对应的回归系数都为正，并且在 0.10 检验水平上都很显著，说明参与态度、指令性规范、示范性规范、自我效能感和控制力等因素都对菜农参与生产合同产生了显著的正向影响，其中，示范性规范的影响尤其显著，这些都符合计划行为理论的一般假设，说明菜农在参与生产合同之前的社会心理活动在计划行为理论框架下得到了验证，在参与生产合同之前经历过行为意愿的强化过程。

表 5.15　菜农参与生产合同意愿的回归结果

变量	回归结果
参与态度 A_1	0.2891**
指令性规范 A_2	0.3276*
示范性规范 A_3	0.3904***
自我效能感 A_4	0.4813**
控制力 A_5	0.4325*
F 值	15.0234**
R^2	0.3642
Adjusted R^2	0.3028

注：*、**、***表示显著度水平分别为 10%、5% 和 1%。

2. 考虑意愿因素后菜农参加安全生产合同的影响研究

（1）模型选用。为了进一步了解菜农选择安全生产合同的情况和影响因素，将菜农的实际选择情况作为因变量，选择参与生产合同的情况设为1，其余的情况设为0，就形成0—1型的因变量，当用自变量对因变量进行解释时，就是对0—1型因变量的二元选择问题，这样合适的模型就选用Logit二元选择模型。

（2）影响因素的变量选择及特征。表5.16样本数据主要来自2014年12月—2015年2月对第一次有效调查问卷对应的菜农进行跟踪后的数据统计特征。其中，户主年龄（45岁以上的设为1，其他的设为0）；是否有读书的孩子（有的设为1，没有的设为0）；是否有非农职业（有的设为1，没有的设为0）；是否是独生子女户（是的设为1，不是的设为0）；户主受教育年限（小于6年、6—9年、9—12年、12年及以上的分别设为1、2、3、4）；是否有需要赡养的老人（有的设为1，没有的设为0）；家庭人口规模（1人、2人、3人、4人、5人及以上分别设为1、2、3、4、5）；蔬菜种植面积（小于2亩、2—4亩、4—6亩、6亩及以上分别设为1、2、3、4）；是否曾经接触过（曾经接触过的设为1，其他设为0）；合同对象声誉（非常不重要、不重要、一般、重要、非常重要分别设为1、2、3、4、5）；政府支持强度（从1递增到5）。

表5.16　影响因素变量选择及统计特征

变量名称及代码	均值	最大值	最小值	标准差
户主年龄 X_1	0.6359	1.0000	0.0000	0.4362
家里是否有读书的孩子 X_2	0.6261	1.0000	0.0000	0.3156
是否有非农职业 X_3	0.7037	1.0000	0.0000	0.4135
是否是独生子女户 X_4	0.3204	1.0000	0.0000	0.3027
户主受教育年限 X_5	2.4073	4.0000	1.0000	1.0124
家里是否有需要赡养的老人 X_6	0.6132	1.0000	0.0000	0.3172
家庭人口规模 X_7	3.9066	5.0000	1.0000	1.2375
蔬菜种植面积 X_8	3.7524	4.0000	1.0000	0.3471

变量名称及代码	均值	最大值	最小值	标准差
是否曾经接触过 X_9	0.4010	1.0000	0.0000	0.3641
合同对方的声誉 X_{10}	3.0359	5.0000	1.0000	1.1326
政府支持强度 X_{11}	3.4072	5.0000	1.0000	1.0485
参与生产合同意愿 B	0.6948	1.0000	0.0000	0.2908

资料来源：根据调查问卷整理计算所得。

（3）参数估计。用 OLS 进行回归参数的估计，共进行了两次回归，把第一次回归不显著的变量剔除进行了第二次回归，得到的模型估计结果如表 5.17 所示。

表 5.17　Logit 模型估计结果

变量	单位	回归一		回归二	
户主年龄	0—1	−1.2152*	（−3.4705）	−1.3410	（−3.5681）
家里是否有读书的孩子	0—1	0.7246	（1.7963）	—	—
是否有非农职业	0—1	0.8468***	（3.5342）	0.7269***	（3.2348）
是否是独生子女户	0—1	−0.5329	（−2.2345）		
户主受教育年限	1—4	0.7026**	（3.6125）	0.7690**	（3.4938）
家里是否有需要赡养的老人	0—1	−0.7765	（−1.8073）	—	—
家庭人口规模	1—5	−1.2269	（−3.5416）	—	—
蔬菜种植面积	1—4	1.3268**	（3.7105）	1.2562**	（3.5680）
是否曾经接触过	0—1	1.2850*	（3.6457）	1.2686*	（3.3569）
合同对方的声誉	1—5	0.7805**	（3.5704）	0.6164**	（3.7943）
政府支持强度	1—5	0.80134**	（3.4734）	0.6015**	（3.8044）
参与生产合同意愿	0—1	1.3049***	（3.5987）	1.3357***	（3.4279）
常数项		−10.5785	（−2.6733）	−10.3890	（−2.2375）
LR 统计量		90.8538		89.5413	
对数似然值		−158.1863		−150.8235	
Correct（Dep=0）	%	96.24		92.34	
Correct（Dep=1）	%	87.93		83.75	

变量	单位	回归一	回归二
Correct（Total）	%	90.45	85.97

注：括号内为 z-统计量；＊、＊＊、＊＊＊表示显著度水平分别为 10%、5% 和 1%。

模型第一次回归分析发现，是否有读书的孩子、是否是独生子女户、是否有需要赡养的老人、家庭人口规模几个因素不显著，去掉这几个因素再次回归分析发现，户主年龄也不显著。

Logit 模型两次回归分析的结果都显示：是否有非农职业、户主受教育年限、蔬菜种植面积、是否曾经接触过、合同对方的声誉、政府支持强度、参与意愿这几个变量显著性较高，其他因素影响不显著。P 值为 0.000000，统计上是显著的。从预测准确率来看，0、1 预测准确率及整体预测准确率都在 80%—90%，说明模型估计结果较好。

两次回归都表明，第一次调查时是否有意愿参与生产合同对菜农后来是否实际选择参加了生产合同的行为有显著的正向影响，表明菜农的意愿对菜农的选择行为确实起到了促进作用，结合跟踪调查问卷的统计结果，在两次调查都有效的问卷中，第一次有参加生产合同意愿的菜农共有 371 户，在第二次调查时实际选择了参与生产合同的有 312 户，占比达到了 84.10%，而第一次调查没有参与生产合同意愿的菜农共有 163 户，在第二次调查时实际选择了参与生产合同的有 56 户，占比达到了 34.36%，如表 5.18 所示，从两次调查结果的对比可以看出，菜农的参与意愿对其实际参与行为的影响非常明显。

表 5.18　两次调查结果对比

项目	合同农户	非合同农户
选择户数	368 户	166 户
第一次有意愿户数	312 户	59 户
第一次无意愿户数	56 户	107 户

注：本表是两次调查都为有效问卷的统计结果。

另外，政府的支持强度对菜农参与生产合同也有显著的正向影响，根据社会心理学的观点，个体行为除了内在动机外，还受到社会环境的制约（Schneider, B., 1994）。① 当菜农产生参与生产合同意愿以后，将意愿转化为实际行为的过程还受到菜农所处的外部环境的影响，其中，更多地体现为政府通过制定政策和立法来支持菜农参与生产合同的行为。TPB 理论认为意愿与行为间的转换或许还受到其他重要变量的影响（Ajzen, 1991）。② 本书也考察了其他相关因素的影响：

具有非农职业的家庭选择参与生产合同的可能性较大，主要原因可能是有非农职业的家庭单位时间的非农收入较高，参与生产合同解决了蔬菜的销路问题，降低了交易成本，节省了更多的时间来从事非农职业。户主受教育年限越多，参与生产合同的可能性就越高，说明受教育程度高的菜农认识到生产合同可以降低交易成本，减少价格波动，提高蔬菜种植收入。蔬菜种植面积越大的农户参与生产合同的比例越大，可能的原因是种植面积越大，面临的市场风险就越大，加上蔬菜产品的特殊性，参与生产合同可以有效地降低市场风险，减少了销售价格和销售渠道的不确定性，可以获得较为稳定的收入。曾经接触过合同对方的菜农参加生产合同的可能性大，可能的原因是曾经接触过的合同对方，往往比较熟悉，相对而言信任程度较高，由于与合同对方信任的建立，而信任是现代交易中的促进因素，从而促进了菜农参与生产合同。认为合同对方声誉重要的菜农参与生产合同的比例大，可能的原因是声誉可以带来信任，而信任又可以降低交易成本，提高交易的安全性，比较关注公司信誉的菜农往往也比较关注交易的安全性，而生产合同可以有效地减少交易的不确定性，降低交易费用，所以其参与生产合同的可能性就大。

通过分析可以发现，菜农的参与态度、主观规范和知觉行为控制等因素首先影响菜农的心理状态，再通过心理状态进而影响其参与生产合同的

---

① Schneider, B., "Agricultural Cooperatives and Market Performance in Food Manufacturing", *Journal of Agricultural Cooperation*, 1994, 9.

② Ajzen, I., "The Theory of Planned Behavior", *Organizational Behavior and Human Decision Processes*, 1991, 50 (2).

行为。菜农对参与生产合同的态度越积极、感知到的合同规范越强烈、对参与生产合同的掌控力越大，其内心产生的参与生产合同的意愿就会越强烈，菜农参与生产合同的意愿越强烈，其实际参与生产合同的行为可能性就越大，另外，菜农参与生产合同的行为选择还受到菜农个体特征、家庭特征、生产特征、政府政策、合同对方等因素的影响，从而可以勾勒出计划行为理论框架下菜农参与生产合同行为的形成机理。

3. 结果讨论

在计划行为理论（TPB）框架下，菜农的合作态度、指令性规范、示范性规范、自我效能感、控制力等变量对其参与生产合同的意愿产生了积极的显著影响，并且自我效能感对菜农参与生产合同的意愿正向影响最大；通过对跟踪调查的数据进行实证分析，菜农参与生产合同的意愿显著地影响了后来的实际参与行为，政府的支持强度对菜农的参与意愿转化为实际参与行为也有显著的正向影响，前后两次跟踪调研的数据也证实了意愿对行为的影响。另外，菜农的参与意愿转化为实际参与行为还可能受到非农职业、户主受教育年限、蔬菜种植面积、合同相对方声誉等因素的影响。

需要注意的是，计划行为理论框架下的作用机理是非常复杂的，比如，菜农参与意愿的形成过程除了本书的分析外，其作用过程可能还受到了菜农的个人特征、生产特征、外部信息、政府支持等因素的影响，这些影响共同引发了菜农参与生产合同的意愿，这些因素的影响将在以后的研究中逐步补充完善。

目前，果蔬种植的组织化程度总体来说还是较低，为了进一步提高果蔬的质量安全，提高农民的收入，所以有必要加强果蔬质量安全的生产环节治理。

第六章　中间治理：协作式供应链及其实践

　　果蔬供应链的中间阶段主要是指从生产者到销售终端这个过程，涉及采购、储藏、加工、包装、运输、批发等各环节，由于各个供应链具体情况不同，涉及的主体也有差异，如何保障果蔬在中间环节的质量安全，是整个果蔬供应链质量安全的重要内容。供应链的组织化程度影响着果蔬供应链中间环节的质量安全状况，因此，有必要从垂直协作的角度探讨果蔬供应链的中间治理，其中的协作式供应链是垂直协作与质量安全治理的理论研究和治理实践的典型形式。

　　供应商之所以愿意选择协作式供应链这样的垂直协作形式，除了稳定果蔬来源、减少不确定性、降低交易成本的考虑，也是出于质量安全控制方面的考虑，协作式供应链可以在某种程度上干预果蔬的生产过程，使农户生产的果蔬产品符合进口国或客户的质量安全标准的要求。

一、协作式供应链

（一）协作式供应链

　　所谓协作式供应链，就是指生产者、中间商、加工商及采购商对生产什么、生产多少、何时交货、质量和安全要求及价格等作出的长久安排。这些链条上的各相关利益主体通常需要进行经常的信息交换。在协作式的供应链中，各节点企业是一种伙伴关系，有共同的利益。协作式供应链特别适合现代市场的物流要求，尤其是新鲜的和加工易腐败的产品。

与协作式供应链相对应的有两种极端的供应链，即分散式（开放式）供应链和集中式供应链。在分散式的供应链中，各节点企业之间是完全的市场行为，相互之间是完全独立的，没有深层的协同和协作。在集中式的供应链中，节点企业之间是高度集成的，它们之间的行为更接近于组织内部的行为。

当前，协作式供应链管理作为结合了分散式自主决策和集中式整体控制两者优点的管理模式，其应用正具备越来越强的可行性和可能性。

国际上和中国的实践经验都表明，协作式的供应链对参与现代食品市场有着决定性的作用。产品在数量、质量和安全等方面控制得越敏感，供应链上各方的密切协作所带来的回报也就会越高。因此，有效和高效组织和管理协作式供应链的能力，是事关产品在现代食品市场中的竞争力的一个重要决定因素。在全球的蔬菜市场上，竞争力的提高一般将会推动蔬菜进入新的市场，产生更高的附加值，增加了就业。

在发达国家中，协作式供应链也是高价值果蔬市场食品安全控制的一个最重要的工具。陈素云、吴一平（2012）以双汇集团为例，研究规模生猪加工企业垂直协作模式演进路径后认为，规模生猪加工企业适宜采用以垂直一体化为取向的紧密型契约、战略联盟和纵向一体结合的综合模式，通过协作式供应链中间治理来保障原材料采购的质量安全。① 在公共部门干预有限的情况下，组织良好的、经独立认可和认证（如 BRC 和 EUREP-GAP 的认可和认证）的供应链以及全球买方的其他许多食品安全管理计划依然能够达到较高的食品安全标准。因此，建议中国政府加强协作式供应链的组织和运行。

（二） 公共部门促进协作式供应链的方式

世界银行（2006）的研究报告指出，公共部门可以通过四种方式来促进协作式供应链的形成。

---

① 陈素云、吴一平：《生猪产业垂直协作模式分析》，《河南农业大学学报》2012 年第 2 期。

1. 营造良好的外部环境

如果投资环境良好，有良好的基础设施、合同得以执行、有好的公共和商业服务，并且如果公共部门对高昂的培训费用和应用技术开发费用予以支持，投资者组建和经营协作式供应链的成本将会降低。经营生意需要适当的法律、法规，并且法律、法规能够得到有效的执行，在有小规模生产者参与的食品供应链中，这些条件就显得更为重要。因此，应该高度地重视对农药市场的管理，同时，还应该重视产权和合同的执行。

2. 建立高效合理的中介组织

独立的协调人、诚实的经纪人在帮助克服经验的缺乏以及企业和农民之间缺乏信任等方面可以有所作为。通过提供记录翔实的关于在其他地方行之有效的经验和安排等信息并使之与当地实际情况相结合，就可以加快经验的推广和信任的建立。

3. 支持独立生产者组织的建立

应对法规进行修订，允许和促进独立生产者组织的组建。应该对这些组织提供相应的支持，进行领导能力的培训以及关于现代市场的教育等应是有益之举。

4. 加强对农户生产操作规范的支持

可以对建立良好农业规范和良好操作规范、技术改良以及培训等提供支持。由于这些措施的成果与产品的市场成功是直接相连的，让供应链的领导者发挥主动性并且承担一部分成本就不失为一个好的战略；否则，这些成本可能就会全部落在农民的身上。

（三）协作式供应链治理的关键

通过协作式供应链的治理，可以提高标准，加强供应商向国际市场的转移，加快传统市场的变革步伐。一般来说，在以下四个领域采取行动被认为是可以改善传统市场的状况，缩小传统市场和现代市场的差距的（世界银行，2006）。

1. 规范农药使用和病虫害治理，明确奖惩措施

加大对非法和错误使用农药的预防力度对传统市场尤为重要。对发现不当和非法使用农药的行为，要加大执法力度，加强田间监测和对地方市场的监督。对农民们在合理使用农药方面需要提供相应的帮助。综合病虫害管理培训的方法，比如，从粮农组织引进到中国的方法，就是成功的范例。

2. 升级改造地方市场设施

可以对地方市场的设施进行改造，改善其卫生状况。然而，自由市场的取消或者代价昂贵的现代化，可能会给贫困的生产者和消费者造成一定的伤害。

3. 制定和执行良好的农业规范

可对应用研究提供相应的支持，改进技术，制定因地制宜的良好农业规范。大学、研究所、县、乡或村级技术服务机构以及私营部门服务提供者，可以帮助农民采用良好的农业规范，解决生产经营中遇到的技术难题。

4. 加强大市场和小农户的对接

通过协调，以培训和技术援助的形式向农业生产者组织提供一定的支持，使其更好地管理其农作物，提高农产品的质量和安全水平，提高营销的技能。最后终会有现代国内市场部门或出口部门寻找扩大经营规模的机会并寻求与小农户的合作。中国拥有这方面的成功模式。

二、案例："公司+合作社+基地（农户）"的模式

近些年来，高附加值的农产品特别是蔬菜的国际间贸易迅速扩张。高附加值蔬菜的国际贸易为发展中国家的小农户纳入农产品国际贸易提供了前所未有的机遇。但是，随着人们生活水平的提高，全球对食品安全与生命健康的关注越来越多，出口蔬菜的质量安全标准也就越来越高。为了应对这种国际市场食品安全的需求，协作式的蔬菜供应链应运而生。本节以

淮安海隆国际贸易有限公司"公司+合作社+基地（农户）"的协作式供应链为案例，说明协作式供应链在农产品质量安全市场治理方面的作用。

淮安海隆国际贸易有限公司以"公司+蔬菜合作社+基地（农户）"的协作式供应链管理模式，在淮安建立了 10 多个标准化的蔬菜种植基地，总种植面积达到 10000 多亩，种植农户 6000 多户，进行了 GAP（良好农业规范）认证，其中 3000 多亩出口基地通过了江苏省出入境检验检疫局的注册备案。

淮安海隆国际贸易有限公司从 2002 年改制前单一经营粮油食品进出口的国有外贸企业，一步步发展壮大，经过海隆人 10 年艰辛的创业，现在已成功转型为多业联动的淮安冷链物流业的行业航母，顺利起锚、扬帆远航。

淮安海隆国际贸易有限公司位于淮安经济开发区迎宾大道 79 号。主要从事市场开发、农副产品批发与零售、水果蔬菜保鲜贮藏、分选加工包装、冷藏运输、进出口贸易、物流配送、农副产品深加工等业务。目前拥有淮阴大地绿色食品发展有限公司、淮安海隆冷链物流有限公司、淮安苏北冷冻食品批发市场三个全资子公司，是淮安市汇银科技小额贷款公司、淮安市汇金典当公司的主要股东和董事长单位。

（一）海隆协作式供应链管理模式

通过"公司+蔬菜合作社+基地（农户）"的组织模式，建立出口蔬菜产品备案基地，是海隆国际协作式供应链模式的核心。

同时，海隆国际在淮安区车桥镇成立海隆丰年蔬菜生产合作社，在涟水县大东镇成立海隆大东蔬菜生产专业合作社，带动了淮安水产、蔬菜的养殖、种植业的发展。据测算，海隆水产基地的渔民每亩增收 1500 元，海隆蔬菜基地的农民每亩增收 1000 多元，淮安全市基地农民每年增收总额达到 2000 多万元，较好地保障了蔬菜的供应和提高农户收入。

为了控制蔬菜产品的质量，满足进口国的质量安全标准，淮安海隆国际贸易有限公司与蔬菜合作社签订蔬菜质量安全与生产合同，合作社再与农户（社员）签订生产管理合同，以这种协作式供应链的管理模式，对蔬菜的质量安全进行控制。海隆国际贸易有限公司根据进口国对蔬菜质量安全的要求，特别是农药和化肥的残留标准，制定了海隆"×××出口基地生产管理协议"以及生产技术规程（标准），与蔬菜合作社签订正式的契约，以法律、法规来规范与蔬菜合作社和农户之间的合作行为。

蔬菜合作社根据海隆国际贸易有限公司的产品品种和质量要求，组织合作社的成员进行蔬菜产品的生产。

海隆国际贸易有限公司与蔬菜合作社之间签订《×××出口基地生产管理协议》，例如，海隆国际贸易有限公司与涟水县大东镇蔬菜生产合作社在2011年10月17日，签订了为期3年的《甘蓝出口基地生产管理协议》，双方以正式合约作为制度安排，保证协作的顺利进行和合约的最终履行。

海隆农村蔬菜专业合作组织以社员为主要服务对象，根据蔬菜市场需求和社员的需要，开展产前、产中、产后无偿或低偿的服务。

（二）质量控制的主要措施

1. 蔬菜出口基地备案制度

由海隆国际贸易有限公司和蔬菜合作社（例如涟水县大东镇海隆蔬菜生产合作社）提出出境蔬菜基地备案申请表，出入境检验检疫局对申请进行审查和批复。

2. 农药管理制度

出口基地的质量控制最为重要的部分是农药的控制和管理。海隆国际贸易有限公司要求蔬菜合作社必须在与合作社签订中标合同的农资销售商处购买，购买的农药必须具备"三证"（农药登记证、产品合格证、农药生产许可证）。基地要有专门的农业技术员，农药是由涟水县农发局植保咨询服务部统一提供的，并且由技术员负责技术方面的指导，施药前对施药人员进行统一的安全施药技术培训。

3. 攻克保鲜瓶颈技术

农产品物流的核心技术之一就是保鲜技术，通过攻克保鲜技术，可以将蔬菜反季节销售，实现价值增值。海隆国际贸易有限公司组织科研人员对国内外气调保鲜相关现状、发展趋势等进行全面深入的调查研究，对各个环节进行充分论证，分析剖解技术难题，对关键技术做到自主创新。一是海隆国际贸易有限公司旗下的全资子公司大地食品有自建、自管的 5000 吨冷冻冷藏库，其原料供应物流和产品销售物流基本由自己包揽，有效提高了保鲜效率和节能水平。二是建设海隆冷链物流园及大型冷库。同时，还配套专业物流冷藏车、保温车，年吞吐量可达 20 万吨以上。

4. 建立快速检测检验中心

海隆国际贸易有限公司下属的淮安海隆冷链物流园按照国家标准建设了检验检测中心，可在半小时内对 128 个蔬菜或水果的药物残留、有机磷、氨基甲酸酯等项目进行抽样检测。

海隆冷链物流园与淮安市质监局、农发局、工商局建立了联合监测机制，制定了市场准入制度、农产品抽检制度、经销商管理制度、产品信息公示制度、商品清退制度和质检员管理制度等质量安全体系；明确规定了对检测不合格的产品进行退市处理，有效遏制了不合格农产品进入批发市场交易；并逐步建立了农产品档案管理制度、质量安全责任制度，对于出现了质量问题的农产品，市场可及时查询产品交易的数量、价格、产地、时间、成交人等方面的信息，形成可追溯的档案，保障了蔬菜农产品的质量安全，切实保护了消费者的身体健康。

三、协作式供应链契约稳定性分析

协作式供应链的契约稳定性如何，直接关系到果蔬质量安全中间环节治理的成败，而契约稳定性又与垂直协作形式、农产品特征、农户规模、采购商特征等因素密切相关。孙振、乔光华、白宝光（2013）使用一个关系合约模型对农业垂直协作关系进行研究，结果表明：资产所有权、合约关系均会对农业垂直协作形式产生影响，不同规模农户、不同类型农产品会采取不同的垂直协作方式，关系合约的自执行会受到垂直协作方式的总剩余、关系合约的激励强度、非合约化价值和农产品的价格波动等因素影响，关系合约有助于改进双方的总剩余和提高农产品的质量。[①]

协作式供应链在实践中往往表现为订单农业，当前，订单农业作为农民致富的有效方式正逐渐走进千万农户家中，较好地推动了我国农村经济向前发展。实践中，不同供应链中订单农业的契约稳定性并不相同。

一般情况下，农业订单违约现象比较高，订单违约造成的供应链不稳定的问题比较突出。这不仅关系到公司的原料供应，而且关系到农户的经济收入，也影响了农产品的质量，直接决定着农业产业化经营能否稳定地发展。对农产品供应链的稳定问题进行研究，不仅对我国农业产业化经营持续发展意义重大，而且有助于我国现代农业的发展与农民收入持续稳定增长。

（一）山东肥城有机果蔬协作式供应链契约稳定性情况

在山东肥城有机果蔬协作式供应链中，农户与企业之间的纵向协作关系相对稳定，企业和农户违约率都比较低，即使有些时候，订单价格低于常规市场价格，农户与企业的订单执行率依然比较高。相关研究表明，协作式供应链特别适合现代市场的物流要求，尤其是新鲜的和加工的易腐败产品。在这种农产品供应链中，合作伙伴的选择是经销商提高核心竞争力的关键。调查结果显示，山东肥城约 87.5% 的有机果蔬种植户表示不存在将有机果蔬私自销售的行为，有的农户在完成自己订单任务的同时，还会主动帮助周边的邻居和亲戚朋友完成订单任务，而不是传统农产品供应链中所出现的交易双方出于利润最大化的考虑单方面违约，或者将有机农产品拿到市场进行销售，或者拒绝收购。

（二）有机果蔬协作式供应链中各主体关系与契约的建立

1. 有机果蔬协作式供应链中各相关主体的关系

有机果蔬供应链中农户与龙头企业之间合作的类型主要有三种，即"企业+农户""企业+种植大户+农户""企业+农民合作组织+农户"。其

[①]　孙振、乔光华、白宝光：《基于关系合约的农业垂直协作研究》，《农业技术经济》2013 年第 9 期。

中，"企业+农户"的类型是农业产业化的主要类型，这种类型的主要缺点在于企业与农户之间合作的交易成本较高，农户出于自身利益的考虑，常常会有违约行为的发生，而企业违约的可能性相比较农户而言有时更高。

与第一种发展模式相比，通过大户、农民合作组织与关联企业进行合作，则能够有效降低农业产业化生产的产前、产中和产后三个环节的风险不确定性。尤其是有机果蔬是高技术的专业化生产，对生产品种、生产技术和生产数量的要求都非常严格，中介组织的出现，亦为农户提供了有效的一体化服务，免去了农户的后顾之忧，在一定程度上降低了农户的交易成本。

2. 契约关系的建立

契约通常被主观地解释为，通过允许合作双方从事可信赖的联合产生的努力，以减少在一个长期的商业关系中出现的行为风险或"敲竹杠"风险的设计装置。在有机农产品协作式供应链中，有机果蔬企业与种植户之间垂直协作关系主要是建立在契约的基础上，包括正式契约和非正式契约两种。正式契约主要是指订单合同或者是收购计划，契约可以是书面的，也可以是口头的。非正式契约是指由社会文化、风俗习惯等形成的行为规范，这些规范不具有法律上的可执行性，但是在供应链中起到了非常重要的作用，对于违约者而言，违反非正式契约，不仅会因为交易关系的终止而带来直接损失，而且可能因此导致市场声誉贬值并带来间接损失。

有机果蔬企业与种植户正式的契约关系主要包括两种类型，即生产订单契约与土地租赁契约。生产订单合同主要有两种：龙头企业通过中介组织与农民建立的间接关系以及龙头企业与农户的直接关系。相比较而言，前者的契约关系比后者更加稳定，后者的契约关系主要建立在市场化基础上。另外，土地租赁契约的存在与有机生产对土地集约性要求高的特点密不可分，同时在农村亦得到广泛的推广与运用，具有一定的代表性。

（三）有机果蔬协作式供应链契约稳定性的经济学解释

1. 有机果蔬加工企业守约的动因

根据威廉姆森对契约的解释，企业资产专用性投资越大，就越容易被

"锁定"，建立长期合作关系的愿望就越强烈。因此，有的学者认为企业资产专用性投入与契约的稳定性存在正向关系。在有机果蔬协作式供应链中，企业的资产专用性投资相比较普通农产品供应链更高。而企业的资产专用性投资能否得到实现则依赖于双方交易能否实现。随着企业资产专用性投资的加入，比如企业提供种子、农药、化肥等农业生产资料以及生产技术等混合性专用投资，农户与企业交易的地位提高。为了防止农户的不交易行为，同时期望建立起与农户之间稳定的契约协作关系，获得长期交易利润，企业常常首先自己做到履约，这在一定程度上增加了契约的稳定性。

从企业声誉的角度进行分析，建立良好的合约信誉有助于企业长远利益的实现。一般而言，地方政府非常希望企业能够带动周边农户收入的持续增长，作为国家级、省级龙头企业或者是地方政府引进来的重点培养企业，企业与地方政府建立稳定合作关系的意愿非常强烈。为了这种长期合作伙伴关系的建立，企业一般愿意在与农户打交道的过程中维护自己好的形象，尽可能减少违约行为。而越是具备长远眼光与发展战略的企业，亦越是珍惜自己的声誉。

从长远利益的角度进行分析，随着加工企业不断进入市场，有机果蔬的供给在肥城成为稀缺品，有的企业为了降低交易成本，并不建立自己的基地，而是在收获的季节，采取高价收购的方式哄抢有机农产品生产原料。为了保证有机果蔬加工原料的稳定供应，已经建立有机果蔬生产基地的龙头企业更加珍惜合约信誉的建立，即使是在企业与农户合同发生变动的情况下，也尽可能不调整与农户的订单，在货款返还方面，也尽量做到不拖欠，从而保证与农户契约的稳定。

2. 农户履约与违约的理论解释

从农户角度进行分析，作为理性的"经济人"，农户追求自身利益最大化和对长远利益的预期是农户选择履约或者违约的主要动因。

（1）利润分成机制的创新促进了农户与企业之间契约关系的稳定。在肥城有机农业协作式供应链的组建中，企业与农户之间经过近10年的探索，已经逐步形成了比较稳定的利润分成新机制，即通过村集体与当地的农业技术推广站合作建立有机果蔬股份合作社，通过合作社的形式搭建起企业与农户之间联系的桥梁。因此，农户完成订单的主体是合作社，而农户的利益与合作社紧密关联，利润分成也是由合作社来具体操作的。与此同时，企业与农户现有的利益联结机制得到了优化，企业在实现自身利益的同时，能够将部分的利润返还给村集体和农户。

（2）农户与企业的长期合作，增强了农户对于未来收益的良好预期。如上所述，农户与企业之间已经建立了较长期的合作关系，通过多次博弈，其利益得到了有效的实现，收入来源也比较稳定，减少了农户外出搜寻市场的时间和成本。所以，农户对于有机果蔬种植有比较好的预期，在暂时遇到普通农产品市场价格高于订单收购价格的时候，农户也能够通过互助的形式，首先完成企业的订单任务。另外，农户通过参与有机果蔬生产，也获得了不少的间接收益，比如有机果蔬生产技术、生产环境安全、不需要考虑运输和市场的问题等，有的农户还从生产出口有机农产品过程中获得了精神上的满足，这对于供应链中的契约稳定也起到了较好的促进作用。

（3）农户资产专用性投资与合约信誉的建立。目前从事有机农产品种植的农户有不少以土地资本参与合作，这种农户在肥料、生物农药方面又更愿意增加投入，所以契约更加稳定。另外，由于中国农村的差序格局，社会信息常常通过农户串门聊天的形式得到传播。在当地，如果农户因为私自销售有机农产品被龙头企业发现解除合约关系，就很容易上黑名单，其他企业也不会冒风险与之合作，即使在有机农产品基地打工，可能也不一定有人敢聘用。因此，作为风险厌恶者，小农户也一般不愿意冒险私自销售，而断绝与龙头企业之间的长期合作。

3. 中介组织在供应链契约稳定性中的作用

在肥城有机果蔬协作式供应链中，联结农户与龙头企业的有机果蔬合作社的出现也是有机果蔬发展的必然，并对交易双方契约稳定起到了关键的作用。尤其是 2002 年"山东菠菜出口事件"与 2004 年中国农业税费改革，促使该地区有机农业产业组织模式发生诱致性变迁。

2002年1月，实施"中国产蔬菜检查强化月"后，山东从事出口日本冷冻菠菜的经营企业遭受巨大经济损失。此次事件后，企业开始积极寻求与有机果蔬种植基地所在村的集体合作，组建有机农产品栽培协会（合作社），与其建立起委托—代理关系。企业并不直接与分散的小农户打交道，而是委托合作社加强对农户有机农产品的安全生产监管。而合作社也起到了联结企业与农户的双重作用，在小农户与大市场之间搭建起了重要的桥梁。

2004年取消农业税后，有机股份合作社收入成为村集体收入的重要来源之一，村集体与企业的合作意愿进一步增强。为了双方长期合作利益的实现，合作社积极协助企业加强农业生产技术的推广和有机果蔬的安全生产。在技术培训和传播方面，合作社定期或不定期举行有机生产技术培训，帮助农户培养有机农业与食品安全生产的意识，知道什么是有机农业、有机果蔬的特点是什么，同时不断加强有机农业生产技术的推广，帮助农户提高生产技术水平。在生产监管方面，合作社协助企业不断推行新的管理模式，全过程跟踪监控产品质量，实现有机果蔬生产的可追溯性。有机果蔬合作社的发展表明，合作社对于降低企业监督与管理成本，起到了积极的作用。与此同时，合作社严格的质量安全管理和有机果蔬生产技术的培训学习对周边农户也产生了积极的示范带动作用，农户安全生产意识得到较大提高，这又促进了有机果蔬质量的提高。

（四）协作式供应链契约稳定性讨论

有机农业协作式供应链中，龙头企业与农户之间合作的关键在于双方"风险共担、利益共享"的机制。无论是企业还是种植户都是"经济人"，都是以追求自身利益最大化为目标的，双方交易对象选择的基本依据是出于降低交易成本和确保有机食品质量的双重考虑。农业产业化龙头企业与村集体或者是大户合作的交易成本要低于小农户，因此，企业倾向于与前两者合作。

与高附加值全球价值链相关联的有机果蔬生产，主要是由龙头企业、中介组织和大户带动发展起来的。尤其是龙头企业与村集体合作组建的有机果蔬股份合作社或者是由农业技术推广站组建的有机果蔬栽培协会在其中发挥了主要的带动作用，提高了分散小农户的组织化程度，促进了有机果蔬生产技术的推广。但是，这种组织的产生有其特殊的背景，在更多程度上是企业出于加强食品安全管理需要和村集体提高收入需求而组建起来的，这导致农户在有机果蔬协作式供应链中的地位依然处于弱势。

由于有机果蔬主要是外向出口为主，种植农户并没有可替代的国内市场可以自行将种植出来的有机农产品私自销售，所以在交易初期企业相对而言处于一种优势的地位。但是，随着企业资产专用性投资的投入，农户在交易中的地位有所上升，尤其是随着发达工业化国家贸易壁垒的不断提高，企业需要与农民经济合作组织和农户建立长期合作伙伴关系，在这种长期合作关系中，企业与农户双方的合作意愿都比较强，这有助于双方契约的稳定。

有机果蔬的自然商品属性、合约信誉对于有机果蔬协作式供应链契约的稳定性起到了重要的作用。从上述案例分析中，我们可以发现，由于有机生产基地和消费市场的分离，农户与企业之间的互补性比较强，农户需要企业为其提供产品市场和生产服务，企业依赖于农户完成优质、安全、高效的有机果蔬生产原料的供给。尤其是对于有机种植户而言，有机果蔬的销售是一个确确实实存在并必须解决的迫切问题，与新的企业建立关系会增加农户的交易成本。农户与企业双方信誉关系的建立是双方长期博弈的过程，而这种合约信誉关系一旦建立，就具备了稳定的特点，并意味着双方交易不确定性和交易成本的降低。

第七章　零售治理：自有品牌、
生产基地及安全分析

　　零售治理是果蔬质量安全治理的重要一环，超市是现代果蔬供应链的零售终端的代表，因此，超市零售治理是现代果蔬供应链质量安全治理的最后一个供方环节，直接影响着消费者的饮食安全。虽然生鲜果蔬生产商的自有品牌较少，大型零售超市为了提供差异化的商品和服务，提高市场的议价能力，减少不确定性，稳定供应数量，往往会倾向于采用自有品牌策略、建设自有蔬菜生产基地和相应的品质体系与标准。在零售环节，可追溯系统是消费者选购果蔬产品的重要依据，垂直协作程度越高，可追溯系统实施意愿越高，供应链垂直一体化是果蔬可追溯系统最理想的垂直协作形式。

　　自有品牌是超市供应链食品质量安全保证的一种有效治理机制，这种治理机制主要是基于自有品牌的信誉给超市经营者带来的无形资产的增值，提升超市自身的品牌价值，进而吸引到更多的消费者。可以说，自有品牌是一种食品安全信誉机制，是为了保证超市的信誉、达到质量管理的目标而自我强制的一种治理机制。

　　本章首先分析了自有品牌的产生及其发展的影响因素；其次分析了英国自有品牌在果蔬质量安全方面的治理机制；最后，给出了淮安市江苏商联超市质量体系管理方面的案例。

一、自有品牌及市场份额

（一）自有品牌的含义

自有品牌在英文中称 PL（Private Label）或 PB（Private Brand），自有品牌制造商协会（Private Label Manufacturer's Association，PLMA）将其定义为："自有品牌产品包括零售商的品牌下销售的所有商品。该品牌可以是零售商自己的名字，也可以是由零售商另外命名的名字。有些情况下，一个零售商可能属于一个批发集团，该批发集团拥有仅供其会员使用的品牌。"法国法律在处理新经济规制时将自有品牌定义为，在零售商品牌内销售的产品，其特征由销售该商品并且是品牌所有者的企业或企业集团决定。也有学者将自有品牌概括为：零售商通过收集、整理、分析消费者对某类商品的需求信息与要求，提出新产品的功能，自行设计生产，在经营销售的商品上加注自己的商标或标签进行销售的战略。

上述定义有两层含义：第一，自有品牌是由零售商拥有并且控制的，而这在传统意义上是生产者的角色，也就是说，自有品牌是相对于制造商品牌（National Brands，NB）来说的；第二，零售商具有该商品的排他权，也就是说不同的零售商不能销售同样的自有品牌，这与零售商销售制造商品牌的商品是不同的。因此，自有品牌的发展不仅改变了生产者与零售商之间的关系（因为零售商的新角色），而且也影响着零售商之间的竞争，而自有品牌是零售商之间差别战略的额外手段（Berges-Sennou，F.，etc.，2003）。①

根据自有品牌制造商协会（PLMA）的资料，自有品牌产品的制造商可以划分为三大类：（1）主要是零售商和批发商，运营自己的制造工厂并且为自己的门店生产自有品牌的产品；（2）中小规模的制造商，拥有专门

_____

① Berges-Sennou，F.，etc.，"Private Label：An Analysis of Literature"，http://www. toulouse. inra. fr/esr/?2003.

的生产线并主要致力于自有品牌产品的生产；（3）大规模的制造商，他们既生产制造商自己的品牌（制造商品牌）的产品，也为零售商生产自有品牌的产品。

（二）自有品牌的市场份额及其发展

但是，在所有的国家，自有品牌数量的市场份额都超过其价值的市场份额。因此，这些商品总的来说其销售价格低于平均价格。此外，由于自有品牌定义的不同，在欧洲国家之间进行是比较困难的。科特里尔（1977）认为，在欧洲自有品牌在国与国之间是不同的，特别是知道折扣商品是否包括在内是非常重要的。[①] 如表 7.1 所示，OECD 部分国家 2001 年自有品牌的市场份额。英国自有品牌无论是在数量方面，还是在价值方面，其市场份额都是 OECD 国家最高的。2001 年，英国自有品牌的数量占全部零售商品的比例达到了 41.0%，自有品牌的价值占全部零售商品价值的比例达到了 39.0%。此外，在 OECD 大部分国家，自有品牌的数量占到了全部零售商品数量的比例超过了 20.0%。

表 7.1　部分 OECD 国家自有品牌市场份额

单位：%

国家	数量（1）	价值（2）	（1）/（2）
意大利	12.8	11.1	115
美国	20.0	15.5	129
荷兰	20.7	18.6	111
西班牙	23.6	17.0	138
法国	24.3	20.8	116
德国	31.0	24.0	129
比利时	36.4	26.9	135

---

① Cotterill, R. W., "The Food Distribution System of the Future: Convergence towards the US or the UK Model?", *Agribusiness*, 1977, 13 (2).

续表

国家	数量（1）	价值（2）	（1）／（2）
英国	41.0	39.0	105

资料来源：A. C. 尼尔森：《2012 年全球自有品牌发展白皮书》，中国市场出版社 2013 年版。

在一个既定的国家中，自有品牌市场份额一般是随着产品种类的变化而变化的，并且对于既定的商品种类，自有品牌的市场份额也是随着产品而变化的。已有的相关研究表明，零售部门的市场集中度越高，自有品牌的市场份额也就会越高（Berges-Sernnou，F.，etc.，2003）。[①] 一般来说，不同的因素影响自有品牌的渗透，一些是与供给相关的因素（例如供给结构、进入的容易程度、创新政策等）以及其他的需求特征影响着自有品牌的发展。如商品要求较高的销售者信任度（比如，婴儿食品、健康和美容产品等）通常呈现出较低的自有品牌渗透度。

随着商业集团规模的扩大，配送功能和冷链系统的快速发展，国际大型的零售集团都普遍采用了自有品牌的经营战略。例如，著名的马狮百货公司是英国目前最大且盈利能力最高的零售商业集团，经营的所有商品只用了一个"圣米高"的品牌，是世界上最大的"没有工厂的制造商"。英国主要超市 30.00% 以上的商品都为自有品牌，冷冻食品的 46.30% 为自有品牌，非酒精类饮料的 47.10% 为自有品牌。比利时冷冻食品自有品牌更是高达 59.80%。在中国，零售商品大部分都是使用制造商的品牌，因此，内资超市如何实施自有品牌战略，提高其商品零售的竞争力，已经受到越来越多的关注。

自有品牌的市场份额因零售商的不同而不同，在法国，几乎所有种类的自有品牌的渗透度近几年都有所提高，相对来说，英特马诗和家乐福的自有品牌份额较高。总体而言，为了强化产品和服务的差异，实施企业间的差别竞争战略，近年来，越来越多的零售企业开始经营自有品牌。

[①] Berges-Sennou, F., etc., "Private Label: An Analysis of Literature", http://www. toulouse. inra. fr/esr/?2003.

二、影响零售商自有品牌的因素

自有品牌的渗透是根据产品以及零售商的不同而不同的，已经有一些研究试图来解释这种现象。当产品市场由许多制造商品牌（National Brands，NB）组成时，自有品牌的进入可能性就会很高，自有品牌的进入与该类商品的销售额有正的影响（Raju，Sethnraman and Dhar，1995）。[①] 领先制造商品牌具有较高的市场份额时，自有品牌进入的可能性就大（Scott Morton and Zettelmeyer，2000）。[②] 此外，一种商品广告费用如果占总销售额的比例越高，对于自有品牌的进入就有正的影响。根据链路状态广告数量（富尼耶）（LSA/Fonrnier）的调查显示，零售商发展自有品牌的主要原因包括增加消费者的忠诚度（16%）、提高零售商的地位优势（18%）、提高边际利润（25%）、降低价格（33%）。从已有的相关研究来看，零售商发展自有品牌至少有以下两方面的积极因素：

（一）提供差别商品和服务

商品对于零售商发展自有品牌的一个主要用途是为消费者提供差别商品或差别服务，例如，家乐福和华普超市若都经营制造商品牌，则两者之间对于消费者的差别就小；如果家乐福导入自有品牌的蔬菜，比如品质体系，则就可以加大与华普超市的产品和服务的差异化。通过差别服务可以为特定偏好的消费者服务，培育消费者的忠诚度。

（二）增加零售商博弈能力和竞争力

具有了产品和服务差异化的特征，对制造商品牌的供应商就可以提高

① Raju，J. S.，Sethnraman，R. and Dhar，S. K.，"The Introduction and Performance of Store Brands"，*Management Science*，1995，41（6）.

② Scott，M. F. and Zettelmeyer，F.，"The Strategic Positioning of Store Brands in Retailer-manufacturer Bargaining，NBER"，http://papers.nber.org/papers/w7712,2000，Working Paper，No. 7712.

其博弈能力，对于零售部门的竞争对手则可以展开某种方式的价格竞争。自有品牌的广告、包装费用少，能够形成品牌与服务的差异化竞争优势，提高零售商与制造商之间的博弈能力。实施自有品牌战略，零售商就可以根据市场需求情况，及时组织生产和供应某些自有品牌的商品，可以使零售商的商品构成和经营富有特色，同时零售商以自有品牌为基础能够向消费者提供更加全面的服务，借助于商品和服务，又可以进一步来强化企业的形象，提高消费者的忠诚度，两者可以相辅相成。在制造商与零售商的垂直协调中，事实上二者都处于一定的垄断地位。优势的制造商能够在一定的边际成本下生产出优质的商品，他们能够以一个批发价 w 提供给零售商这些产品，而零售商则以一个高于 w 的零售价格 h 向消费者销售该商品。如果零售商导入该类商品的自有品牌，则可以提高其与制造商的谈判地位，迫使制造商以更低的批发价格向其批发该类商品，从而可以增加零售商的边际利润。

以沃尔玛集团为例，其自有品牌的销售额占到了全部销售额的比例很高，对于零售商来说，自有品牌的最大好处就在于其低廉的成本，以及差异化的商品和服务。沃尔玛开发的山姆的选择（Sam's Choice）可乐，价格比普通的可乐低 10%左右，利润却高出 10%，在沃尔玛门店中的销量也仅次于可口可乐。由于自有品牌商品的低成本，使得沃尔玛大卖场可以实施差别价格战略。

一般来说，大部分的超市都采用高低价格策略（High-Low Pricing，HLP），也就是说一部分商品采用高价策略，而只有少部分商品进行低价促销。而沃尔玛大卖场的所有门店则采用每日低价策略（Everyday Low Pricing，EDLP），所销售的商品无论是从哪里获得的，都标出统一的折扣比例。在实践中，沃尔玛的每日低价策略更有利，与竞争超市形成了明显的差价。调研表明，沃尔玛大卖场的价格低于其他大型超市连锁店8%—27%。

沃尔玛大卖场无论是制造商品牌还是自有品牌的零售价格都比竞争超市和对照商店低得多。自有品牌的低成本和差异化策略，为沃尔玛大卖场的 EDLP 竞争策略的实施提供了基本保障。

对于生鲜农产品来说，自有品牌的发展有利于农户收入的提高，比如生鲜蔬菜，这是因为，相对于加工后的农产品，生鲜农产品的制造商品牌较少，零售商越来越倾向于开发属于自己的自有品牌，比如，家乐福在中国建立的品质体系。通过自有品牌的建立，可以增加生鲜农产品的销售数量和提高销售价格。零售商为了区别自有品牌，将对上游合同种植农户提出更高的质量安全标准要求，例如，严格限制杀虫剂的使用。特别是零售商通常更加关心自有品牌的商品与环境和健康的关系。这将为生鲜农产品的生产农户提供增加收入的机会。

三、家乐福自有品牌及其品质体系

（一）家乐福品质体系（Carrefour Quality Lines）的发展历程

家乐福（Carrefour）自 19 世纪在法国建立第一家超市以来，目前已经是世界上规模最大的全球连锁经营集团之一。家乐福自有品牌以及品质体系都是家乐福质量管理的手段之一，也是近三十多年来逐步响应消费者的需求以及各国对于商品质量和安全法令的需要，而不断进行战略调整的，最终发展成为现在的比较完善的质量控制体系。

消费者的需求可以分为两部分：一部分是隐性需求（Implicit Demands），主要是指消费者考虑到产品对健康和安全的影响，以及交易的诚信和应对危机的能力方面的需求；另一部分则是显性需求（Explicit Needs），即对商品构成、品味、气味、质地、产品的纯度等的需求。隐性需求是随着消费者收入的提高而不断发展起来的。家乐福的质量体系正是为了将消费者的安全放在首位，所以建立了一套有效的应对危机、能够追溯和迅速召回的质量控制体系。目前，这一体系已经在许多国家的家乐福超市中应用。家乐福也在中国建立了猪肉、水果、蔬菜等多个产品的品质体系。

家乐福质量控制体系的简明历程：1975 年，家乐福在经营自有品牌及各个制造商的品牌。1985 年，家乐福建立了属于自己的品牌。1991 年，家乐福开始与布勒比欧（Boule Bio）公司合作建立有机品质体系。1992 年，家乐福开始建立家乐福食品质量认证标识（FQC），进一步加强了质量控制，并且建立了第一个牛肉品质体系，以应对疫牛病带来的负面影响。1995 年，家乐福开始对水果和蔬菜进行质量认证标识，并建立了相应的水果和蔬菜品质体系。1997 年，家乐福开创了 Bio PGC 的有机认证。2000年，在巴西建立了大豆的非转基因品质体系，以应对转基因大豆对消费的影响。2001 年，家乐福开始建立自己的有机品质体系，并进行国际化的质量认证标识。2003 年，家乐福建立了俱乐部质量认证标识和唯一追溯（Club FQC，Trace One）。

家乐福的上述质量控制体系的发展历程，清晰地表明，为了应对食物质量安全方面的风险，家乐福越来越严格地控制着食物质量。1985 年，家乐福建立了属于自己的自有品牌，是其加强质量内部控制的开始，直到目前，家乐福的品质体系（Carrefour Quality Lines）已经成为家乐福巨大的无形资产，它承载着家乐福几十年发展起来的质量标准和管理，也标志着向消费者的慎重质量承诺，它代表着企业的诚信和形象，传递着安全的信息。

（二）家乐福品质体系在中国的发展

家乐福 1999 年在中国建立了第一个品质体系——荔枝品质体系。按照常规来说，家乐福一般需要在一个国家开店 10 年后，才在这个国家建设相应的适应这个国家消费者需要和法律、法规要求的品质体系。然而，家乐福却在中国开店后的第 4 个年头，就开始逐步建立了相应的品质体系，这显示了家乐福对中国市场的重视程度。在成功地建立荔枝品质体系之后，2002 年，家乐福在厦门漳州建立了蜜柚（Pomelo）和芦柑（Mandarin）品质体系。2003 年，家乐福同法国供应商签订了三文鱼的品质体系合同。同年，家乐福完成同上海农工商集团的猪肉品质体系。2004 年，家乐福同北京资源肉联厂签订了品质体系合同。2005 年，家乐福同山东潍坊的水果供应商签订了苹果的品质体系协议。2006年，家乐福在北京与小汤山签订了蔬菜品质体系协议。

虽然到目前为止，在中国建立品质体系产品的品种在家乐福经营的生鲜农产品中仅占很少一部分，可是，作为具有巨大开发潜力的特殊商品，生鲜农产品受到家乐福经营者的高度重视。自建立品质体系之后，经营品质体系产品的门店设立了品质体系产品的专门柜台。柜台上方和柜台正面摆着品质体系的明显标志和品质体系的说明书。品质体系产品采用了特殊的包装，除了每包产品有品质体系的标签之外，还有产品的可追溯性条码。顾客可以通过可追溯性条码查询到该产品的生产者，如生产蔬菜的大棚、种植水果的农场、供应每块猪肉的猪以及生产过程所使用的农药化肥等有关信息。

2005年，小汤山开始与家乐福超市洽谈建立"品质体系"合作事项。家乐福品质体系负责人到小汤山基地进行考察，检测基地的种植环境、技术力量、经营方式、生产方式及农民的用药情况和肥料的使用等。这些都要求小汤山提供详细的书面报告。家乐福向小汤山提供了自己编写的蔬菜生产技术手册和包装手册，这些手册中介绍了家乐福品质体系从生产到加工、运输的所有细节要求。

2005年9月10日，小汤山品质体系蔬菜在北京家乐福的双井店正式上市，首先进入品质体系的蔬菜有7个品种：黄瓜、小番茄、大番茄、圆白菜、田椒、胡萝卜、土豆。试运行成功之后，2005年9月25日，小汤山品质体系蔬菜开始在北京市家乐福的6家门店全部上市。

小汤山蔬菜基地的所有产品在采收前先进行农药、化肥方面的检测，采收后的产品还要进行抽查，公司的电脑数据库中始终保存有两年的抽查检测记录。采收后的产品按品种分类装箱，箱子上贴有编码，一部分箱子上记录着生产农民的名字。

可追溯性是蔬菜品质体系的关键点。可追溯性的操作方法是，每个蔬菜种植温室都有编号，温室中有详细的档案记录。田间生产档案包括所有田间操作的细节内容：施肥、打药、浇水、采收量、育苗等。田间档案的右上角编号与温室编号相对应。因此，小汤山可追溯的精确度非常高，可以追溯到温室。小汤山蔬菜追溯码共9位，1—2位代表基地，3—5位代表温室编码，6—9位代表生产日期的月和日。

小汤山的可追溯体系主要具备的特点有：（1）所有农户都有相关的档案记录；（2）农户采收完每个箱子上都有相应的编号；（3）每个包装上都有属于自己的追溯码；（4）所有蔬菜生产地块都有一个编号；（5）所有蔬菜生产地块都有相应的田间档案记录。

通过编码可以反映出两个重要信息：（1）产品来源的产地和温室；（2）具体包装日期。通过这个包装编码，超市可以反查出产品的生产地点、生产的温室，可以进一步查出对应温室生产的详细信息、采收量等，因此，可以及时发现出现问题的所在环节。

启示：建立可追溯系统的好处在于，第一，可以真正反映出产品的生产状况；第二，产品一旦出现问题，可以及时找到问题的源头，准确找到出现问题的环节。

四、江苏商联超市的自有品牌、加盟店和基地

江苏商联超市有限公司总部位于淮安市淮阴区长江西路17号，公司先后获得省"先进单位"、省市"诚信企业"、市"质量信得过单位"、市"百城万店无假货示范店"、市"创品牌先进单位"、市"消费者放心店"等30多项荣誉，2005年、2006年、2007年被国家商务部定为"万村千乡市场工程试点企业"，2006年，被淮安市政府列为本土超市连锁龙头企业和省、市经贸委重点扶持企业。目前公司拥有员工1000多人，超市连锁店36个（2000平方米以上的超市4个），分布在淮阴区、清河区、淮安区、金湖县、涟水县。公司现有物流配供中心1个、配供仓库4000平方米，乡镇代配中心店5个，经营食品、百货、烟酒、家电、服装、针织、鞋帽等上万个品种。公司批发业务自1984年起，先后拥有了莲花味精、摇篮乳品系列、圣元乳品系列、维维豆奶系列、天怡营养食品、恒顺酱油等二十几

种国家知名品牌在淮宿两地的独家代理权，商联配供网络遍布苏北城乡，并为时代超市、易初莲花、苏果等全国知名超市配供商品。

由于江苏商联超市主要服务于苏北的城市居民，生鲜农副产品的销售占到了超市销售总额的很大比例，因此，为了使超市生鲜农副产品的供应稳定，并能获得品质保证，得到消费者的信任，在颇受消费者欢迎的蔬菜品种和容易受到食品安全事件影响的农副产品上建立了自己的品牌，即"商联"品牌，拥有自有品牌的生鲜蔬菜有青萝卜、甘蓝、茼蒿、水芹、圆白菜、蒲菜、荷藕、黄瓜等，只要是有标识"商联"牌标志的生鲜蔬菜，都是符合商联超市自己的检测标准和质量要求的，是符合淮安城市居民消费需求和喜好的。

为了提高生鲜农副产品的质量，满足淮安城市消费者的口味需要，同时也为了减少市场价格风险，减少季节性带来的供给数量波动问题，江苏商联超市与淮安周边比较重要的蔬菜种植乡镇的农户签订了安全生产合同，主要是和乡镇、村组织签订，有书面的，也有很多是口头的，甚至还通过土地流转，建立了近460亩的甘蓝、青萝卜和蒲菜种植基地，超市派出人员负责技术管理，确保生产的蔬菜满足淮安城市居民的特殊需要。由于淮安是淮扬菜的发源地，有些菜点需要特殊的农副产品供应，比如"软脰长鱼"的制作，就需要"一杆清"这种特殊的鳝鱼品种，"开洋蒲菜"就需要淮安合适的地点生产的蒲菜，在为饭店、集伙单位供应生鲜蔬菜等农副产品时，都是按照与这些单位的供应协议来供应符合质量要求的生鲜蔬菜和其他农副产品的。

为了进行食品安全质量控制，超市专门建立了相应的技术质检部门，既负责采购食品的安全检测，对于生鲜蔬菜而言，主要检测外观、农药化肥的残留和品种鉴定等，确保上柜销售的蔬菜产品符合销售要求。

另外，为了加强对各种不同连锁门店的质量控制，江苏商联超市也采用了不同的供应链垂直协作形式，主要的垂直协作形式有直营店、加盟店、农家店、完全随机的配货等几种形式，其中，直营店属于垂直一体化的零售终端，所有零售产品都是由商联超市提供的，江苏商联超市总部对所有产品的质量负责,包括重要的生鲜蔬菜等农产品;加盟店的大部分商品由商联超市提供配货,江苏商联对其配货的大部分商品的质量负责;农家店只有一小部分商品由商联超市提供配货,江苏商联只对由其配货的少部分商品的质量安全提供保证;完全随机的配货是一种即时的市场交易,江苏商联只对随机配货的少数几种商品的质量安全提供保证。

多年来,公司一贯注重对企业文化的培育,商联超市质量第一、信誉为本、方便群众、让利消费,"便民、利民、为民"是公司一贯的经营理念,商联无假货、件件您放心。公司经过几年的运作,已积累了一定的经营和管理经验,造就了一批超市精英、管理骨干,具备了拓展基础。

五、垂直协作与果蔬质量安全可追溯系统

农产品质量安全关系到人们的身体健康、社会的稳定,是各国政府、民众关注的焦点。随着中国经济的快速发展和人民生活水平的逐步提高,人们对农产品质量安全的关注也越来越高。

近年来,加了三聚氰胺的毒奶粉、加了苏丹红的红心咸鸭蛋、加了盐酸克伦特罗的瘦肉火腿、加了多种氨基酸的牛肉膏、地沟油等事件频繁被曝光,农产品质量安全问题几乎令消费者谈之色变。如何保障农产品安全,如何保护消费者的合法权益,成了亟待解决的问题。果蔬作为人们每餐不可缺少的农产品,其质量安全尤为重要。

(一) 果蔬安全可追溯系统发展现状

果蔬安全可追溯系统主要针对单一行为主体内部的生产、加工等环节进行控制的缺陷,将食品供应链全过程的信息衔接起来进行监控,增加了食品供应环节的透明度,有助于克服或缓解食品市场上信息不完全和信息不对称的问题(Hobbs,2000)。[①] 同时,追溯体系根据跟踪和追溯的信息

---

① Hobbs, J. E. and Youg, L. M., "Closer Vertical Co-ordination in Agri-food Supply Chains: A Conceptual Framework and Some Preliminary Evidence", *Supply Chain Management*, 2000, 5.

明确食品质量安全的相关责任人，从而准确、快速地找出问题的根源并及时采取有效措施。因此，食品追溯体系作为既能够有效连接食品供应、流通环节，又有利于政府对食品供应链进行全程监控的工具，成为各国食品安全保障机制的重要内容之一。在食品追溯体系的实施过程中，只有实现跟踪与追溯在食品供应链上各个环节的无缝链接，才能够确保追溯信息的完整和质量安全的全程监控，这也是食品追溯体系建立的难点和重点。食品追溯体系内供给主体间的垂直协作是发达国家食品追溯体系常见的形式，也是安全食品供应链中常见的一种产业治理形式。

建立果蔬安全追溯系统是解决果蔬安全问题行之有效的办法之一，它有利于提高对果蔬安全的有效监督，可以让消费者了解果蔬种植、加工、销售等整个流通过程，提高消费者放心程度。一旦发现问题，能够根据溯源进行有效的控制和召回，从源头上保障消费者的合法权益，将损害与损失降到最低。同时，系统的建立也可以帮助企业树立品牌，提高信誉，增强中国果蔬在国际上的竞争力。

目前，没有关于可追溯性定义的统一认识。国际食品法典委员会（CAC）与国际标准化组织 ISO（8042：1994）把可追溯性的概念定义为通过登记的识别码，对商品或行为的历史和使用或位置予以追踪的能力。

欧盟委员会 2002 年第 178 号法令中"可追溯性"被定义为：食品、饲料、畜产品和饲料原料，在生产、加工、流通的所有阶段具有跟踪追寻其痕迹的能力。

发达国家早在 20 世纪 90 年代就开始关注食品追溯体系，欧盟诸国、日本等国家政府对食品质量安全进行干预并实施了强制性的食品追溯体系，而美国、加拿大等国家则依靠食品市场的力量解决食品质量安全问题，实施自愿性的食品追溯体系。

中国在农产品质量安全方面的追溯起步较晚。我国农产品质量追溯系统的建立还处于起步阶段，与发达国家相比还有很多不完善的地方。上海市农委 2000 年 12 月将农产品溯源工作列为市科技兴农重点攻关项目。2001 年 7 月，上海市市政府颁发了《上海市食用农产品安全监管暂行办法》。2004 年，上海市建立了"上海食用农产品质量安全信息平台"。同年，北京市农业局和河北省农业厅共同承担了农业部的"进京蔬菜产品质量追溯制度试点项目"。2005 年，北京市开展了自产蔬菜产品质量追溯试点工作。2007 年，北京市启动了首都奥运食品安全溯源系统。同年 2 月，中国标准化研究院全面启动了科技部"十一五"国家高技术研究发展计划（863）课题《农产品质量快速溯源系统设计与运行规范研究及技术实现》。随后，南京市、天津市、山东寿光市等地也相继开展了果蔬等农产品质量安全追溯体系及系统的研究。2004 年 12 月，国家质检总局发布实施了《食品安全管理体系审核指南》和《食品安全管理体系要求》，这两个标准的实施为追踪溯源提供了重要的依据。2006 年 11 月，《中华人民共和国农产品质量安全法》开始实施。2009 年 2 月出台《中国食品安全法》，随后陆续出版了《水果、蔬菜跟踪与追溯指南》《我国农产品质量快速溯源过程中电子标签应用指南》《食品安全追溯应用案例集》。2009 年 4 月由农业部发布行业标准《农产品质量追溯安全追溯操作规程通则》。这些标准的颁布和实施给相关行业的追溯指明了方向。

目前，应用于果蔬安全可追溯系统的相关技术主要有条码识别技术、射频识别技术、数据库技术、网络地理信息系统技术等。

虽然目前建立了很多相关的追溯系统，但是当前建立的果蔬安全可追溯系统还存在一些问题：

（1）很多系统供消费者可查询的可追溯信息比较单一，仅仅局限于生产环节，包括果蔬产地、生产日期和生产商等信息，缺乏对于果蔬质量安全比较重要的果蔬种植环节信息以及存储、流通环节等信息，对于全程质量安全追溯体系涉及的信息全面性考虑比较少。今后在数据方面要加大力度，保证可追溯信息包含整个产业链。

（2）对于果蔬可追溯码标签，国内外现有系统很多采用一维码制作可追溯标签。一维条码信息容量小，尺寸相对较大，但果蔬包装一般都比较小，所以标签大小要适中，选用更方便、更容易识别的二维码及无线射频识别技术更为妥帖。

（3）目前建成的系统大部分侧重于问题产品可追溯信息的获取，主要体现为表格数据形式，少有与空间数据的结合，缺乏对农产品产地环境信息的可视化展现；即使有的平台在建设过程中用到了地理信息系统（GIS）技术，但很多仅仅是单一的显示地图，缺乏利用地理信息系统技术进行相关分析等功能。

随着信息化水平的快速提高，网络技术和地理信息系统技术不断应用于各行各业。二者的结合即为网络地理信息系统（WebGIS）。网络地理信息系统技术集合了网络和 GIS 技术的优势，可使传统的地理信息以网络化的形式显示在互联网中，可视化强，追溯的效果更优。随着物联网的发展，将其应用于食品安全的追溯也已经成为潮流。物联网技术为实现食品供应链自动化的跟踪和追溯提供了基础平台，解决了蔬菜生产、加工、流通等"一条龙"的追溯。

（二）垂直协作与可追溯体系

食品流通中质量安全的可追溯体系的逐步建立，预示着中国政府将逐渐完善食品质量安全监管机制。食品自身的特征与追溯体系的功能决定了食品追溯体系的实施更依赖于食品生产者即农户和企业的行为。然而，食品产业内部食品质量安全控制体系还未能解决所有食品质量安全问题。一方面，在中国分散且小规模农户的农业生产方式、较低的农业生产组织化程度与农民文化素质决定了食品追溯体系从生产源头溯源难度大；另一方面，分散且小规模生产、加工、经营和销售的食品行业状况，也决定了食品生产流通企业实施食品追溯体系所要求的规范化和标准化难度大。因此，只依靠分散、小规模的农户或者生产流通企业作为宏观政策的接受方遵守各项标准、法规等显然不行，而探索通过一定的中介组织，推行产业内的垂直协作带动农户实施食品追溯体系，就成为一种必然。那么，在食品追溯体系的实施过程中，食品生产加工企业与分散、小规模的农户间将采取怎样的协作方式与协作关系才能确保信息有效联接，从而保证食品追溯体系的有效实施就涉及食品供应链的垂直协作问题。

　　垂直协作是果蔬质量安全可追溯系统的重要影响因素。根据韩杨、陈建先、李成贵（2011）的研究结论，垂直一体化是企业认为实施追溯体系最理想的垂直协作形式。但是，为了规避市场需求波动引起的价格风险和分散农户的违约风险，企业会选择多元的原料供应渠道，企业愿意选择与有规模、有组织的合作社、规模大户协作。①

　　企业在实施追溯体系过程中选择垂直一体化、与合作社协作、与规模大户协作还是与散户协作的形式，取决于企业规模、是否注册合作社、是否拥有自有基地雇用工人种植、可追溯蔬菜相对于同类非可追溯蔬菜的溢价比例、可追溯蔬菜的价格波动程度、企业对供应链上游的支持、企业对供应链上游的违约惩罚、供应链上游履行协议的情况等因素。

　　确保食品原料质量安全、获取政府补贴和政策支持、受到市场利益驱动以及明确食品质量安全责任，是企业实施追溯体系的主要动机。因此，食品追溯体系的建立和发展直接受企业自身、政府政策与市场推动的影响。同时，企业将追溯体系作为一种竞争手段，以实现与同类非可追溯蔬菜的差异化营销策略；相对于传统市场而言，出口市场、国内超市、食品专营店和以高端餐饮业为代表的新兴市场对可追溯蔬菜需求较大。

　　企业实施追溯体系的主要瓶颈是：企业资金缺乏、实施追溯体系成本较高、追溯源头控制难、散户质量安全意识薄弱、上游供应方的食品质量不达标以及高价卖给第三方的普遍机会主义行为等是目前企业实施追溯体系及企业对供应链上游实施高效管理的主要障碍。

　　根据吴林海、朱淀、徐玲玲（2012）的研究发现，供应链垂直一体化水平越高的企业实施可追溯系统的意愿越高，果蔬业生产出口企业（市场性质）更有意愿实施食品可追溯体系。② 主要的原因是欧盟和美国等从2002年开始，陆续要求进口的食品必须具备可追溯性。日本从2006年5

　　① 韩杨、陈建先、李成贵：《中国食品追溯体系纵向协作形式及影响因素分析——以蔬菜加工企业为例》，《中国农村经济》2011年第12期。
　　② 吴林海、朱淀、徐玲玲：《果蔬业生产企业可追溯食品的生产意愿研究》，《农业技术经济》2012年第10期。

月实施肯定列表后对中国食品的抽检率最高，不具备可追溯功能的食品很难出口到日本。果蔬产品是丰县食品生产企业的主要产品，出口市场主要是日本和欧美，因此进口国的市场准入要求是企业实施食品可追溯体系的动力。同时也可表明，如果食品生产企业在增加成本的前提下仍然有出口的意愿，那么必定是基于出口国可追溯食品有更高的市场收益。

第八章　消费治理：消费者的认知及其
　　　　　行为选择

　　近年来，由于国内外食品危害事件的频繁发生，消费者比以往任何时候都关心日常食用产品的质量安全问题。一般来说，消费者对食品安全越关注，就越可能购买他们认为足够安全的食品或到认为足够安全的地方购买食品，因而安全食品或是安全食品专卖店的市场需求就可能扩大。所以消费者的选购行为是决定果蔬质量安全状况是否影响人们健康的把关环节。

一、消费者质量安全认知及行为

（一）样本数据来源

　　本书选择的调研地区为江苏省淮安市，以淮安市城区的清河区、清浦区为样本地区主要有以下原因：淮安市是苏北重要中心城市，人们获取信息的渠道较多，获取信息的速度较快，从某种意义上说，消费者对食品安全的认知度较高；另外，淮安市又是重要的蔬菜产区和淮扬菜发源地，蔬菜品种多，在居民的饮食结构中占重要地位，居民对蔬菜的选用比较讲究。

　　本次调查使用正式调查问卷收集所需要的数据，由笔者之一担任班主任，调查由两位笔者及班上 10 位本科生共同完成。调查地点包括淮海路菜场、大治路菜场、人民路菜场、苏果超市北京路店、永辉超市淮安店、乐天玛特超市淮安一店、中天花园和淮海第一城等小区。调查对象选取 20 岁以上具有独立判断能力的消费者。采用面对面的调查方式，样本单位为单个消费者，由被调查者当场作答。

在正式调查之前，笔者选择了10位消费者进行预调查，并根据预调查结果对问卷进行了小幅度修改。正式调查之前，笔者之一对10位参与调查的大学本科生进行了培训。本次调查于2013年10月下旬在预先选择的地点进行，需要指出的是，被调查者的选择条件有两个：一是家庭主要的食物采购者，二是被调查者在回答问卷之前已经对蔬菜的质量安全有所了解。

本次调查共发放调查问卷360份，剔除出现明显漏洞的问卷5份以及拒绝提供诸如家庭月收入、家庭人口等信息的问卷9份，最后，获得有效问卷346份，有效回收率96.11%。样本的统计结果表明，从年龄、收入等人口学特征看，调查范围比较广泛，调查结果具有较强的代表性。

（二）样本数据特征：描述统计

问卷的第一部分是人口方面的信息，被调查者的基本统计特征如表8.1所示。从表8.1中可见，被调查者女性远远多于男性，主要原因可能是在当前的家庭结构中，女性比男性处理日常生活（包括购物）的机会更多。从年龄构成来看，中青年人（20—55岁）占到74.57%，表明本书分析的购买水平和认知状态更接近于中青年人的水平。样本中受教育程度反映出高知群体（专科、本科及以上）所占比例略高，为59.54%，说明城市人口的受教育程度普遍提高了。被调查者的平均家庭人口为3.65人，以三口之家所占比重最大，占被调查者的47%。需要指出，教育程度指被调查者家庭中的最高学历，而不一定是被调查者的学历。同时还需说明，收入是指被调查者的家庭月总收入，以4000—5000元/月所占比例最大，为37.57%。由于人们对收入较敏感，所以被调查者所报的月收入可能与其实际收入有些差异，是估计数字，不一定完全准确。距离超市和距离农贸市场是指被调查者的家与最近的超市和农贸市场的距离，如表8.1所示，有半数以上的被调查者购物较便利，距离购物场所在500米以内。

表 8.1　样本的人口统计指标

统计指标及分类指标		人数	百分比（%）
性别	男	97	28.03
	女	249	71.97
年龄	小于 30 岁	42	12.14
	30—40 岁	90	26.01
	40—55 岁	126	36.42
	55 岁及以上	88	25.43
受教育程度	小于 6 年	18	5.20
	6—9 年	23	6.65
	9—12 年	99	28.61
	12—15 年	130	37.57
	15 年及以上	76	21.97
家庭月收入	小于 3000 元	38	10.98
	3000—4000 元	64	18.50
	4000—5000 元	130	37.57
	5000 元及以上	114	32.95
距离超市或农贸市场的距离	小于 500 米	215	62.14
	500 米及以上	131	37.86
有 18 岁以下孩子的家庭	—	192	55.95
平均家庭规模	—	3.47	

资料来源：根据本研究问卷的调查结果整理。

问卷的第二部分是对消费者生鲜蔬菜购买选择行为的了解。包括消费者购买生鲜农产品的地点选择及各自所占比例、每周购买蔬菜的次数、不同场所购买的理由、购买时优先考虑的因素等方面。

在被调查的 346 位消费者中，所有需要消费的蔬菜均需要到超市或农贸市场购买。其中，有 73.51% 的消费者主要在农贸市场购买蔬菜，而选择超市购买蔬菜的人数仅为 16.24%，另外有 10.25% 的人既选择超市也选择农贸市场。

通过对消费者购买意愿调查表的分析可以看出，消费者选择农贸市场购买蔬菜，其主要原因是：86.12% 的消费者认为价格低，67.17% 的消费者认为方便，41.29%的消费者认为新鲜，23.91%的消费者认为品种多，仅有4.58%的消费者认为安全。可见，消费者选择农贸市场购买生鲜蔬菜，主要原因是出于价格、购物的便利性、新鲜程度考虑，对蔬菜的安全性考虑得很少。

通过进一步的调查，笔者了解到大多数被调查者认为，首先，超市销售的大众蔬菜和农贸市场的来源是一样的，但是由于超市的经营费用比较高，导致超市销售的蔬菜价格高于农贸市场的价格。其次，从蔬菜的新鲜度来看，农贸市场一般要高于超市，更为重要的是，在农贸市场可随时依据蔬菜的新鲜度不同来调整零售价格，如果是在农贸市场固定摊位购物的老顾客，还有可能得到优惠价、优惠数量等。最后，便利性也是影响消费者选择在农贸市场购买蔬菜的重要原因之一。半数以上的消费者认为在超市购买蔬菜，到达时间长，停车不方便，还面临排队等候结账的不便，而农贸市场基本是随买随结，基本不用等候。

被调查者对果蔬的安全性考虑得最少。

问卷的第三部分是关于消费者认知行为的调查。包括：你认为超市是否会取代农贸市场？如果超市取代农贸市场后，对你的日常生活是否有影响、主要的影响方面是什么？

当问到"如果超市取代农贸市场，对你的日常生活是否会有影响"时，有54.32%的消费者认为会有很大的影响，有20.37%的消费者认为有影响，但是影响不是太大，有22.74%的消费者认为完全没有影响。对于回答"影响大"的消费者，60.17%的消费者主要是考虑到价格，认为超市蔬菜的价格要高于农贸市场，如果超市完全取代了农贸市场，他们日常的生活成本将会增加很多，其中有13位消费者说他可能会减少蔬菜的消费量。有47.25%的消费者认为便利性将会降低，他们不得不面对超市繁琐而耗时的付费体系，无形中增加了生活中的时间成本，这对于生活节奏快的消费者来说是难以接受的。有7.36%的消费者从蔬菜的新鲜程度方面给出了回答，认为农贸市场蔬菜的新鲜程度要高于超市。有14.65%的消费者认为超市销售的蔬菜产品种类要少于农贸市场。

　　超市取代农贸市场后对其生活有影响但影响不大的消费者认为，他们日常蔬菜的购买地点既包括超市，也包括农贸市场，他们对农贸市场的依赖性不是很强。尽管超市蔬菜的销售价格可能比农贸市场要高，但是他们基本是可以接受的。如果超市能致力于降低农产品的成本，国家再能给予适当的政策扶持，适当降低蔬菜产品的零售价格，他们表示就会有更多的消费者选择到超市购物。有16%的消费者认为，超市完全取代农贸市场对他们的日常生活丝毫没有影响。

　　问卷的第四部分是关于消费者对农产品质量安全认知的调查。

　　对于消费者是否关注农产品质量安全问题，有75.14%的消费者选择了比较关注农产品质量安全，有24.86%的消费者选择了不关注，由此可见，对于大部分消费者来说，对农产品质量安全方面还是比较关注的。一方面，可能是由于当前频频发生的农产品质量安全事件的影响；另一方面，也与消费者的食品安全意识的逐步提高有关。

　　调查结果表明，消费者对于目前市场上销售的农产品质量安全状况总体评价不高。仅有23.99%的消费者认为农产品质量安全状况良好，有42.77%的消费者认为一般，选择"较差"的消费者比例达到了33.24%。这或许和消费者了解到的越来越多的有关农产品质量安全方面的负面报道有关。

　　当前安全食用农产品认证包括无公害农产品、绿色农产品和有机农产品的认证。有53.18%的消费者表示相信农产品质量认证，同时也认为取得认证标志的农产品质量更有保证。这与目前政府大力推动和宣传农产品质量安全认证有关。但仍有19.07%的消费者持不信任的态度。有几位被调查者反映，在某些地方存在虚假的农产品认证现象，其中一位被调查者告知我们一个这样的情况：在有些地方，为了能得到农产品质量安全的资格认证，生产商不惜采用一些不正当的手段拉拢贿赂有关认证机构的人员，因为能取得认证的农产品就能得到一个较好的销售价格。还有的地方存在冒名顶替认证农产品的情况，即假设取得认证资格的是A地块，但在出售农产品时，把没有认证资格的B地块上的农产品与A地块上的农产品混合在一起销售。这样做的结果就会损害消费者的利益，在某种程度上也削弱了农产品质量安全认证的可信度。

在问到"你是否希望建立农产品可追溯体系"时，有81.79%的被调查者非常赞成，也有18.21%的人持反对或者无所谓的态度。可见，尽管农产品可追溯体系建设的工作刚开始起步，但多数消费者还是比较认可的。

表8.2　消费者对农产品质量安全的认知情况

统计指标		个数	比例（%）
是否关注农产品质量安全	特别关注的	126	36.42
	一般关注的	134	38.73
	不关注的	86	24.85
	合计	346	100.00
对当前农产品质量的评价	很差	115	33.24
	一般	148	42.77
	很好	83	23.99
	合计	346	100.00
是否经常在超市购买蔬菜	经常在超市购买	197	56.94
	偶尔在超市购买	81	23.41
	从不在超市购买	68	19.65
	合计	346	100.00
是否信任认证过的农产品	信任的	184	53.18
	一般	96	27.75
	不信任的	66	19.07
	合计	346	100.00
是否希望建立农产品可追溯体系	希望的	283	81.79
	无所谓的	51	14.74
	不希望的	12	3.47
	合计	346	100.00

资料来源：根据消费者调查问卷整理所得。

在本书中，支付意愿（WTP）被用来表示为了选择无公害蔬菜、绿色蔬菜、有机蔬菜（本书统称为安全蔬菜）以避免农药、化肥等所带来的危害所愿意额外最高支付的金额，采用直接询问的方式来了解支付意愿，也就是对绿色蔬菜、无公害蔬菜和有机蔬菜额外支付费用来表示消费者的支付意愿。

表8.3　消费者为安全蔬菜愿意多支付的费用（WTP）

统计指标	人数	比例（%）
不愿意额外支付	51	14.74
小于10%	34	9.83
10%—20%	174	50.29
20%—40%	46	13.29
40%—80%	26	7.51
80%—100%	11	3.18
100%及以上	4	1.16
合计	346	100.00

资料来源：根据本研究问卷的调查结果整理。

消费者对农产品质量安全状况表示很担忧，但当问到"你愿意为安全果蔬产品多支付多少钱"时，如表8.3所示，有34位消费者愿意多支付小于10%的费用，占9.83%；有174位消费者愿意多支付10%—20%的费用，占50.29%。其中，只有1.16%的消费者的支付意愿超过100%。也就是说，有50.29%的消费者认为在目前的价格水平上再增加10%—20%是可以接受的，即假设现在黄瓜的价格为每斤1元，如果是质量得到保证的安全的黄瓜，销售价格在1.10—1.20元是可以接受的。淮安市的消费者愿意为安全蔬菜多支付如此高的额外费用，一个很重要的原因是消费者对目前蔬菜安全的不放心所导致的。这里需要注意的是，仍然有51人不愿意为安全蔬菜支付额外的费用，调研者进一步询问原因，主要是由于安全蔬菜与普通蔬菜在外观上难以区分，怕上当受骗，或者是现在的很多认证系统可信度不高，还没有完全得到市场消费者的认同。

通过以上的分析可以看出，消费者的安全消费意识很高，但是在目前的市场上，得到认证的安全农产品的零售价格较高，农户如果按照消费者的意愿进行生产，则必将增加生产成本，这就形成了农户降低生产成本和消费者需要食用安全农产品的矛盾（冯忠泽等，2006）。①

二、消费者果蔬质量安全选择行为及影响因素

（一）变量及模型

以上运用单因素分析法，对城市蔬菜消费者的认知行为进行了总体的描述和分析，以下从因素间的关联关系出发，实证分析哪些因素影响消费者的认知行为和购买行为。

根据问卷调查资料，本书建立 Logit 二元因变量选择模型，进入模型的共有 9 个自变量，为 0—1 型因变量。为了进一步了解城市消费者对农产品质量安全的认知和购买选择行为，分析其影响因素，笔者分别将城市消费者对安全蔬菜的支付意愿、是否经常在超市购买蔬菜、是否希望建立农产品可追溯体系作为因变量，愿意为安全蔬菜多支付的设为 1，其余的设为 0；经常在超市购买蔬菜的设为 1，其余的设为 0；希望建立农产品可追溯体系的设为 1，其余的设为 0。

Logit 模型采用的是逻辑概率分布函数（Cumulative Logistic Probability Function），其具体形式为：

$$P_i = F(Z_i) = F(\alpha + \beta X_i) = \frac{1}{1 + e^{-Z_i}} = \frac{1}{1 + e^{-(\alpha + \beta X_i)}} \qquad (8.1)$$

将式（8.1）进行 Logit 转换后就可以得到 Z_i 的估计：

$$LogitP_i = \ln \frac{P_i}{1 - P_i} = Z_i = \alpha + \beta X_i \qquad (8.2)$$

（二）变量的定义及预期效应

由于蔬菜购买选择对一个家庭来说是一个重要的决策，关系到一个家

---

① 冯忠泽、温少辉、张梦飞：《推进无公害农产品产地认定与产品认证一体化》，《中国蔬菜》2006 年第 11 期。

庭的日常饮食习惯和安全。根据调查，发现消费者选择安全蔬菜购买的决策可能受到消费者个人特征、家庭特征等因素的影响，具体为性别、年龄、受教育程度、是否在机关事业单位上班、家里是否有 18 岁以下的孩子、家里是否有老人、家庭人口和家庭收入。

本次调查的变量及统计特征如表 8.4 所示。其中，性别（女的设为 1，男的设为 0）；消费者年龄（40 岁以上的设为 1，其他的设为 0）；受教育程度（小于 6 年、6—9 年、9—12 年，12—15 年、15 年及以上的，分别设为 1、2、3、4、5）；工作单位性质（机关事业单位的设为 1，其他设为 0）；家庭人口（1 人、2 人、3 人、4 人及以上，分别设为 1、2、3、4）；家里是否有 18 岁以下的孩子（有的设为 1，其他设为 0）；家里是否有老人（有的设为 1，其他设为 0）；收入情况（小于 3000 元/月、3000—4000 元/月、4000—5000 元/月、5000 元/月及以上的，分别设为 1、2、3、4、）。对便利的关注程度（非常不关注、一般不关注、无所谓、一般关注、非常关注，分别设为 1、2、3、4、5）。

表 8.4　影响因素的变量选择及特征

变量名称	变量代码	均值	最大值	最小值	标准差
性别	X_1	0.7751	1.0000	0.0000	0.2441
年龄	X_2	0.5243	1.0000	0.0000	0.2375
受教育程度	X_3	4.3561	5.0000	1.0000	0.7314
工作性质	X_4	0.4825	1.0000	0.0000	0.3101
家里是否有 18 岁以下的孩子	X_5	0.5965	1.0000	0.0000	0.2801
家里是否有老人	X_6	0.7724	1.0000	0.0000	0.2254
家庭人口	X_7	3.4724	4.0000	1.0000	0.6254
收入水平	X_8	2.7248	4.0000	1.0000	0.4326
对便利的关注程度	X_9	3.3861	5.0000	1.0000	0.9153

资料来源：根据问卷调查资料计算所得。

（三）实证结果及讨论

利用计量软件 StataB.0 对以上的自变量和因变量进行 Logit 回归，估计结果如表 8.5、表 8.6、表 8.7 所示。

1. 对安全蔬菜的支付意愿

运用 Logit 模型对消费者购买蔬菜的渠道选择进行了两次回归分析，第一次回归表明家里是否有 18 岁以下的孩子、家里是否有老人、家庭人口、对便利的关注程度等几个因素影响不显著，在删除上述几个变量后，又进行了一次回归。其计量模型回归结果如表 8.5 所示。

表 8.5 Logit 模型估计结果

变量	单位	回归一		回归二	
性别	0—1	-0.867405**	(-2.686533)	-0.875082***	(-2.789461)
年龄	0—1	-0.781360**	(-3.767042)	-0.901374**	(-3.264087)
受教育程度	1—5	0.405167**	(2.336865)	0.508237***	(2.618794)
工作性质	0—1	0.588512**	(2.210545)	0.588104**	(2.471476)
家里是否有18岁以下的孩子	0—1	-0.138609	(-0.821065)	—	—
家里是否有老人	0—1	-0.131610	(0.412963)	—	—
家庭人口	1—4	-0.378132	(1.958827)	—	—
收入水平	1—4	1.268502***	(3.154572)	1.389256***	(3.743579)
对便利的关注程度	1—5	-0.160574	(-2.681573)	—	—
常数项		-11.74532	(-3.158362)	-12.98013	(-2.527316)
LR 统计量		93.87653		89.39415	
对数似然值		-157.3286		-148.7942	
Correct（Dep=0）	%	95.37		91.28	
Correct（Dep=1）	%	86.39		84.95	
Correct（Total）	%	91.94		85.99	

注：括号内为 z-统计量；*、**、***表示显著度水平分别为 10%、5% 和 1%。

Logit 模型两次回归分析的结果都显示：性别、年龄、受教育程度、工作性质、收入水平这几个变量显著性较高，其他因素影响不显著。P 值为 0.000000，统计上是显著的。从预测准确率来看，0、1 预测准确率及整体预测准确率都在 80%—90%，说明模型估计结果较好。

女性消费者对安全蔬菜支付额外费用的意愿高于男性，说明女性是家庭食物消费的主要购买者，更关注饮食健康，愿意为安全的食品支付更高的费用。

年龄对安全蔬菜支付意愿有反方向的影响，说明年龄较大的消费者对安全食品额外的支付意愿较低，而年轻一代的消费者，对自身和家人的健康关注更多，更愿意为安全的蔬菜额外支付更多的费用。

受教育程度对安全蔬菜额外支付意愿有正向影响，可能的原因是受教育水平较高的消费者，由于各方面知识相对于受教育水平低的消费者更丰富，对安全蔬菜更加认同，愿意为绿色蔬菜、有机蔬菜等额外支付更多的费用。

工作单位性质对安全蔬菜额外支付意愿有正向影响，可能的原因是在机关事业单位的消费者信息来源渠道更多，更相信经过认证的绿色蔬菜和有机蔬菜，愿意为安全的蔬菜支付更多的费用。

收入水平对安全蔬菜额外支付的意愿有正向影响，可能的原因是收入水平高的消费者，更加关注自身和家人的健康，同时又有较强的消费能力，愿意为经过认证的安全蔬菜支付较高的费用。

2. 超市购买蔬菜

运用 Logit 模型对消费者把超市作为蔬菜购买渠道的选择行为进行了两次回归分析，第一次回归表明家里是否有 18 岁以下的孩子、家里是否有老人、家庭人口等几个因素影响不显著，在删除上述几个变量后，又进行了一次回归。其计量模型回归结果如表8.6所示。

表 8.6　Logit 模型估计结果

变量	单位	回归一		回归二	
性别	0—1	-0.837145^{*}	(-1.897354)	-0.796234^{**}	(-1.617981)
年龄	0—1	-0.451670^{**}	(-2.336865)	-0.502782^{***}	(-2.796846)
受教育程度	1—4	1.285026^{***}	(3.545712)	1.266189^{***}	(3.577993)
工作性质	0—1	0.786463^{**}	(1.820732)	0.826374^{***}	(1.734506)

续表

变量	单位	回归一		回归二	
家里是否有18岁以下的孩子	0—1	0.628609	(0.795421)	—	—
家里是否有老人	0—1	-0.728321	(-0.835421)	—	—
家庭人口	1—5	-0.129435	(-0.158504)	—	—
收入水平	1—4	0.760800**	(3.042767)	0.793033***	(3.264087)
对便利的关注程度	1—5	-0.876464***	(-1.738024)	-0.826487***	(-1.716342)
常数项		-10.54578	(-2.657328)	-10.403591	(-2.675241)
LR统计量		92.87153		89.92415	
对数似然值		-157.9632		-149.4275	
Correct（Dep=0）	%	95.24		91.73	
Correct（Dep=1）	%	86.39		83.84	
Correct（Total）	%	89.93		86.63	

注：括号内为z-统计量；*、**、***表示显著度水平分别为10%、5%和1%。

Logit模型两次回归分析的结果都显示：性别、年龄、受教育程度、工作性质、收入水平、对便利的关注程度这几个变量的影响显著性较高，其他因素影响不显著。P值为0.000000，统计上是显著的。从预测准确率来看，0、1预测准确率及整体预测准确率都在80%—90%，说明模型估计结果较好。

性别对消费者选择超市作为蔬菜购买渠道有反向影响，可能的原因是女性消费者更关注购买的成本因素，超市购买的价格相对较高，女性消费者在不能辨别蔬菜质量差异的情况下，更愿意选择农贸市场作为购买蔬菜的渠道。

年龄对消费者选择超市作为蔬菜购买渠道有反向影响，可能的原因是年龄较大的消费者更愿意选择价格相对便宜的农贸市场作为购买渠道，年轻的消费者对价格不太敏感，对购物环境和农产品质量认证更关注，也就更愿意选择超市作为蔬菜的购买渠道。

受教育程度对消费者选择超市作为蔬菜购买渠道有正向影响，可能的原因是消费者更相信超市的质量控制能力，选择超市作为购买蔬菜的渠道，能够更好地降低交易成本，提高蔬菜质量。

工作单位性质对消费者选择超市作为蔬菜购买渠道有正向影响，可能的原因是在机关事业单位工作的消费者更认可超市的质量控制行为，为了降低交易成本，确保蔬菜质量，宁可花费较高的费用在超市购买蔬菜。

收入水平对消费者选择超市作为蔬菜购买渠道有正向影响，可能的原因是收入水平较高的消费者支付能力更强，对于高品质、高价格的农产品的认可程度、承受力强，增加了其在超市购买的频率。

对便利关注的程度对消费者选择超市作为蔬菜购买渠道有反向影响，可能的原因是由于种种原因，对便利关注程度较高的消费者，不愿接受超市排队购买和付款的行为，再加上超市布局与居民区匹配的程度不高，所以为了节省时间，宁可选择便利的农贸市场作为购买蔬菜的渠道。

3. 农产品可追溯体系的建立

运用 Logit 模型对消费者关于超市蔬菜可追溯体系的态度选择进行了两次回归分析，第一次回归表明性别、家里是否有 18 岁以下的孩子、家里是否有老人、家庭人口和对便利的关注程度这几个因素影响不显著，在删除前述几个变量后，又进行了一次回归。其计量模型回归结果如表 8.7 所示。

表 8.7 Logit 模型估计结果

变量	单位	回归一		回归二	
性别	0—1	0.167831	(0.915824)	—	—
年龄	1—5	-0.854537***	(-1.874135)	-0.776862***	(-1.815280)
受教育程度	0—1	1.285108***	(3.545697)	1.376203***	(3.593769)
工作性质	0—1	0.786473***	(1.807342)	0.826875***	(1.734302)
家里是否有 18 岁以下的孩子	0—1	-0.171610	(0.935875)	—	—
家里是否有老人	1—5	-0.595128**	(-2.265113)	—	—
家庭人口	0—1	-0.019435	(-0.054987)	—	—

续表

变量	单位	回归一		回归二	
收入水平	0—1	0.761799 ***	(3.042568)	0.793102 ***	(3.263987)
对便利的关注程度	1—5	0.451702 **	(2.336901)	—	—
常数项		−11.57864	(−2.673258)	−10.39871	(−2.761216)
LR 统计量		92.87147		89.93963	
对数似然值		−156.8572		−147.8427	
Correct（Dep=0）	%	96.24		91.63	
Correct（Dep=1）	%	87.39		84.59	
Correct（Total）	%	89.74		84.38	

注：括号内为 z-统计量；＊、＊＊、＊＊＊表示显著度水平分别为 10%、5% 和 1%。

　　Logit 模型两次回归分析的结果都显示：年龄、受教育程度、工作性质、收入水平这几个变量显著性较高，其他因素影响不显著。P 值为 0.000000，统计上是显著的。从预测准确率来看，0、1 预测准确率及整体预测准确率都在 80%—90%，说明模型估计结果较好。

　　年龄对消费者关于蔬菜可追溯体系的认可程度有反向影响，可能的原因是年龄较大的消费者不太关注可追溯体系所反映的信息，而年轻的消费者很关注可追溯体系反映的信息，认为蔬菜的可追溯体系可以帮助消费者购买的选择，降低辨别等交易成本，较好地保障蔬菜等农产品的质量。

　　受教育程度对消费者关于蔬菜可追溯体系的认可程度有正向影响，可能的原因是受教育程度高的消费者更关注可追溯体系所反映的信息，认为蔬菜的可追溯体系可以帮助消费者购买的选择，降低辨别等交易成本，较好地保障蔬菜等农产品的质量。

　　工作性质对消费者关于蔬菜可追溯体系的认可程度有正向影响，可能的原因是在机关事业单位工作的消费者了解可追溯体系的功能，更关注可追溯体系所反映的信息，认为应该建立蔬菜的可追溯体系，这样可以较好地帮助消费者购买的选择，降低辨别等交易成本，较好地保障蔬菜等农产品的质量。

　　收入水平对消费者关于蔬菜可追溯体系的认可程度有正向影响，可能的原因是收入水平高的消费者更关注自身和家人的饮食健康，更关注可追溯体系所反映的信息，认为应该建立蔬菜的可追溯体系，这样可以较好地帮助消费者购买的选择，降低辨别等交易成本，较好地保障蔬菜等农产品的质量。

三、品牌果蔬陈述性偏好与显示性偏好的一致性

由于食品安全质量信息在买卖双方之间存在"柠檬市场"现象，消费者对质量信息的辨别与利用就是对不同食品质量声誉和水平进行确认并选择的过程（何坪华等，2008）。[①] 品牌在信息不对称条件下满足了广大消费者追求高质量、高品质产品的需要（乔娟、张宏升，2004）。[②] 品牌这一质量安全信号甄别机制，有利于减少买卖双方的信息不对称，降低食品质量安全事故的发生概率（Rao，et al.，1999）。[③] 即使发生质量安全事故，也会由于品牌责任主体明确和便于追溯而将消费者的福利损失降到最低（Wall，2010）。[④] 因此，品牌建设对买卖双方都能产生激励作用，有利于食品市场的"去柠檬化"（Jensen and Hansen，2006；Brakus，et al.，2009）。[⑤] 品牌代表一定的质量内涵，对消费者有重要的市场指示作用，因此，很多消费者会表现出一定的品牌偏好，消费者偏好又可以分为陈述性偏好（Stated Preference，SP）和显示性偏好（实际选择，Revealed Prefer-

---

① 何坪华、凌远云、刘华楠：《消费者对食品质量信号的利用及其影响因素分析——来自9市、县消费者的调查》，《中国农村观察》2008年第4期。

② 乔娟、张宏升：《论农业产业带建设与提升农产品竞争力》，《农业经济问题》2004年第12期。

③ Rao，A. R.，Qu，L. and Ruekert，R. W.，"Signaling Unobservable Product Quality through a Brand Ally"，*Journal of Marketing Research*，Vol. 36，No. 1，1999.

④ Wall，P.，"Food Safety and Supply：Present and Future Challenges"，*Journal of Farm Management*，Vol. 13，No. 12，2010.

⑤ Jensen，J. M. and Hansen，T.，"An Empirical Examination of Brand Loyalty"，*Journal of Product & Brand Management*，Vol. 15，No. 7，2006. Brakus，J. J.，Schmitt，B. H. and Zarantonello，L.，"Brand Experience：What is It？How is It Measured？Does It Affect Loyalty？"，*Journal of Marketing*，Vol. 73，No. 3，2009.

ence，RP）两种。

消费者在假设情境下的陈述性偏好与真实市场环境下的选择差异很大（Loomis，et al.，1996）。① 为提高陈述性偏好数据的有效性，可以分析陈述性偏好与显示性偏好的一致性和可比性。陈述性偏好与显示性偏好之间具有较好的互补性（Hensher and Bradley，1993）。② 陈述性偏好数据可以提升显示性偏好的预测精度（Kumar and Krishna，2006）。③ 消费者对生态苹果愿意支付的溢价越高，其对生态苹果陈述性偏好与显示性偏好的一致性就越强（Loureiro，et al.，2003）。④ 杨金深等（2004）研究有机蔬菜时发现，消费意愿与实际购买之间存在很大差距，有机蔬菜购买意愿占比达到95%，而实际销量占比却不到10%。⑤ 韩青（2011）以生鲜认证猪肉为例，研究了北京市消费者对安全认证农产品的陈述偏好与现实选择的一致性，同样发现二者之间存在较大的差异。⑥

已有的研究文献为本书提供了较好的借鉴，由于国内关于品牌农产品的消费意愿研究成果较多，而且基本是在假定情境下考察消费者行为的，研究结果并没有经过消费者实际购买数据的检验，所以可靠性不是很高，政策建议的针对性也不强。本书以品牌果蔬为例，运用南京市、淮安市和沭阳县城镇居民的问卷调查数据，分析消费者对品牌果蔬的陈述性偏好与显示性偏好的一致性及其影响因素。

---

① Loomis，J. T.，Brown，B. and George，P.，"Improving Validity Experiments of Contingent Valuation Methods：Results of Efforts to Reduce the Disparity of Hypothetical and Actual Willingness to Pay"，*Land Economics*，Vol. 72，No. 9，1996.

② Hensher，D. A. and Bradley，M.，"Using Stated Response Choice Data to Enrich Revealed Preference Discrete ChoiceModels"，*Marketing Letters*，Vol. 4，No. 2，1993.

③ Kumar，M. and Krishna，K. V.，"A Stated Preference Study for a Car Ownership Model in the Context of Developing Countries"，*Transportation Planning and Technology*，Vol. 29，No. 5，2006.

④ Loureiro，Maria，L.，McCluskey，J. and Mottelhammer，Ron，C.，"Are Stated Preferences Good Predictors of Market Behavior？"，*Land Economics*，Vol. 82，No. 4，2003.

⑤ 杨金深、张贯生、智建飞、张春锋：《我国无公害蔬菜的市场价格与消费意愿分析——基于石家庄的市场调查实证》，《中国农村经济》2004年第9期。

⑥ 韩青：《消费者对安全认证农产品自述偏好与现实选择的一致性及其影响因素——以生鲜认证猪肉为例》，《中国农村观察》2011年第4期。

（一）模型构建

由于消费者陈述性偏好与显示性偏好一般会存在一定的差异，二者的一致性程度受到消费者自身特征、家庭特征及其他因素的影响，因此，为了更好地了解消费者对品牌果蔬陈述性偏好与显示性偏好的一致性及其影响因素，本节设置函数如下：

$$Y = \alpha + \beta X \tag{8.3}$$

式（8.3）中，当消费者对品牌果蔬陈述性偏好与显示性偏好一致时，Y取值为1；当消费者对品牌果蔬陈述性偏好与显示性偏好不一致时，Y取值为0。X表示影响消费者品牌果蔬陈述性偏好与显示性偏好一致性的因素。由于被解释变量为消费者对品牌果蔬的陈述性偏好与显示性偏好的一致性，分为"一致"和"不一致"两种情况，为二元选择变量，因此，本节采用二元Logistic模型进行分析。

Logistic模型采用的是逻辑概率分布函数（Cumulative Logistic Probability Function），其具体形式为：

$$P_i = F(Z_i) = F(\alpha + \beta X_i) = \frac{1}{1 + e^{-Z_i}} = \frac{1}{1 + e^{-(\alpha + \beta X_i)}} \tag{8.4}$$

将式（8.4）进行转换后就可以得到Z_i的估计，模型形式为：

$$LogitP_i = \ln \frac{P_i}{1 - P_i} = Z_i = \alpha + \beta X_i \tag{8.5}$$

式（8.5）中，α为常数项，β为回归系数。

（二）数据获得及初步统计

1. 数据获得

陈述性偏好和显示性偏好一般都会存在一定的差异，为了了解消费者对品牌果蔬陈述性偏好与显示性偏好的一致性及其影响因素，本书以南京市、淮安市和沭阳县的城镇居民作为考察对象，这三个城市分别属于大型城市、中型城市和小型城市，具有一定的代表性。在以上3个城市中，分别随机选择 2—3 个大型超市（例如家乐福、大润发、永辉等）、专营店、居民小区平价店、农贸市场和路边摊等进行问卷调查。其中，大型超市和专营店作为高端消费水平的代表场所，居民小区平价店、农贸市场和路边摊等则作为中低端消费水平的代表场所。

　　本节研究数据来自 568 位城市居民的实地问卷调查，调查的时间集中在 2014 年 12 月—2015 年 3 月，问卷调查全部由事先经过系统培训的在校本科生负责完成。主要是利用本校本科生寒假回家时间完成的，为了保证问卷调查的质量，首先在淮安市选择了 30 名正在购买果蔬的消费者进行了预调查，然后根据调查中所碰到的情况对调查问卷进行了反复修改和完善，在此基础上确定最终的调查问卷内容。共发放了 700 份调查问卷，回收了 632 份，剔除了有问题和异常的问卷 64 份，最终有效问卷 568 份。

2. 初步统计

　　根据研究需要，结合问卷调查情况，本节主要的自变量含义及其赋值情况如表 8.8 所示。

表 8.8　变量的含义及赋值

类别	变量名称	赋值
个人特征	性别 年龄 职业 受教育年限	男=1，女=0 周岁 机关事业国企等=1，其他=0 年
家庭特征	家庭年收入	小于 5 万元=1，5 万—8 万元=2，8 万—10 万元=3，10 万—20 万元=4，20 万元及以上=5
支付意愿	家庭结构 消费者对品牌果蔬意愿支付额外价格	夫妻二人=1，有老人或孩子的=2，既有老人又有孩子的=3 不愿意额外支付=1，愿意额外支付 10%以内=2，愿意额外支付 10%—20%=3，愿意额外支付 20%—30%=4，愿意额外支付 30%及以上=5

续表

类别	变量名称	赋值
果蔬质量安全 关注情况	果蔬外观关注度 果蔬质量安全关注度	非常不关注 = 1，不太关注 = 2，一般关注 = 3，比较关注 = 4，非常关注 = 5
果蔬品牌了解情况	选购果蔬品牌了解程度 品牌质量信任程度	非常不了解 = 1，比较不了解 = 2，一般了解 = 3，比较了解 = 4，非常了解 = 5 非常不信任 = 1，比较不信任 = 2，一般信任 = 3，比较信任 = 4，非常信任 = 5
果蔬购买特征	购买场所 便利程度 销售推广影响	路边摊 = 1，平价店 = 2，农贸市场 = 3，专营店 = 4，超市 = 5 非常不重要 = 1，比较不重要 = 2，一般重要 = 3，比较重要 = 4，非常重要 = 5 非常不重要 = 1，比较不重要 = 2，一般重要 = 3，比较重要 = 4，非常重要 = 5

　　如表 8.9 所示的调查发现，当前购买果蔬的城镇居民是以中年人为主的，样本居民的年龄分布在 24—73 岁，平均年龄为 40.24 岁；正式受教育年限最短的为 6 年，最长的为 22 年，平均受教育年限为 13.65 年，文化程度普遍是高中毕业以上，说明城市居民一般都有一定的受教育水平，对食品安全问题的关注度比较高；从事的职业中，机关事业单位和国有企业的占到了 23%，从事其他职业的占大部分；家庭年收入的分布均值为 2.13，也就是位于 8 万—10 万元这个区间，基本属于中等收入水平；家庭结构中，除了夫妻两人外，大部分的家庭有老人或者孩子，说明以中年人为主的家庭"上有老"或者"下有小"的情况比较普遍；果蔬是必需消费品，大多数的城镇居民一般都会经常购买果蔬；大部分的城镇居民对果蔬外观及其质量安全也比较关注，但是对果蔬的品牌情况了解得还比较少，信任程度不够；从购买特征来看，城镇居民主要购买果蔬的场所是农贸市场、专营店和超市，路边摊和平价店购买得不多；消费者选购果蔬时，会考虑便利因素。

表 8.9　自变量的描述性统计

变量	最小值	最大值	均值	标准差
性别	0	1	0.27	0.41
年龄	24	73	40.24	9.17
职业	0	1	0.23	0.39
受教育年限	6	22	13.65	1.36
家庭年收入	1	5	2.13	0.68
家庭结构	1	3	2.08	0.35
支付意愿	1	5	3.54	0.51
外观关注度	1	5	3.55	0.44
质量安全关注度	1	5	3.24	0.48
品牌了解程度	1	5	2.69	0.41
对品牌信任的程度	1	5	2.19	0.56
购买场所	1	5	2.92	0.49
便利程度	1	5	4.03	0.62
销售推广影响	1	5	3.71	0.47

（三）品牌果蔬陈述性偏好与显示性偏好一致性的影响因素

1. 一致性分析

如表 8.10 所示，在 568 个受访者中，有 357 个消费者对品牌果蔬有购买意愿，也就是说，这些消费者对品牌果蔬的消费有陈述性偏好，所占比例为 62.85%。在对品牌果蔬有陈述性偏好的消费者中，有 141 个消费者会经常购买品牌果蔬，达到其果蔬消费总量的 50% 以上，本节视为陈述性偏好与显示性偏好一致，占有陈述性偏好样本的 39.50%，另外 216 个消费者购买品牌果蔬较少，占有品牌果蔬陈述性偏好样本的 60.50%，说明其品牌果蔬的陈述性偏好与显示性偏好不一致，比例较高。

表 8.10　品牌果蔬的陈述性偏好与显示性偏好一致性分析

项目	样本量	比例（%）
总样本	568	—

项目	样本量	比例（%）
有陈述性偏好样本	357	62.85%
其中：一致性样本	141	占有陈述性偏好样本的 39.50%
不一致性样本	216	占有陈述性偏好样本的 60.50%

2. 相关性分析

为了分析消费者对品牌果蔬陈述性偏好与显示性偏好一致性的影响因素，计算解释变量与被解释变量之间的 Pearson 相关系数如表 8.11 所示。消费者性别在 1% 的统计水平上与一致性呈显著负相关关系，说明男性消费者对品牌果蔬的选择比较随意；受教育年限、家庭年收入、消费者对品牌果蔬的意愿支付价格、果蔬质量安全关注度这 4 个变量在 1% 的统计水平上与一致性呈显著正相关关系，表明这几个变量的提高正向促进了消费者对品牌果蔬陈述性偏好和显示性偏好的一致性；家庭结构、便利程度在 5% 的统计水平上与一致性呈显著负相关关系，表明这两个变量对消费者品牌果蔬陈述性偏好和显示性偏好的一致性有抑制作用；消费者对品牌果蔬质量的信任程度、购买场所在 10% 的统计水平上与一致性呈显著正相关关系，表明这两个变量也强化了消费者品牌果蔬陈述性偏好和显示性偏好的一致性；消费者年龄、职业、外观关注度、品牌了解程度、销售推广影响这 5 个变量与一致性的相关程度较小，表明这些变量虽然是影响因素，但是影响不显著。

表 8.11　消费者对品牌果蔬陈述性偏好与显示性偏好一致性的影响因素相关性

解释变量	Pearson 相关系数
性别	−0.064***
年龄	−0.102
职业	−0.041
受教育年限	0.624***
家庭年收入	0.127***

续表

解释变量	Pearson 相关系数
家庭结构	-0.045**
消费者对品牌果蔬愿意支付额外价格	0.679***
果蔬外观关注度	-0.681
果蔬质量安全关注度	0.724***
品牌了解程度	0.171
品牌信任程度	0.134*
购买场所	0.408*
便利程度	-0.198**
销售推广影响	0.512

注：＊、＊＊、＊＊＊表示显著度水平分别为10％、5％和1％。

3. Logistic 回归分析

相关性分析简单地检验了单个解释变量与被解释变量之间是否存在显著的相关关系及其作用方向，由于影响消费者品牌果蔬陈述性偏好与显示性偏好一致性的因素之间可能存在相互作用，因此，本节为了进一步估计这些因素的影响程度及其显著性水平，采用 SPSS 统计软件进行二元 Logistic 回归分析，计量分析的结果如表 8.12 所示。其中，模型Ⅰ为所有解释变量进入方程的回归结果；模型Ⅱ为去除模型Ⅰ中影响不显著的消费者年龄、消费者职业、果蔬外观关注度、品牌了解程度和销售推广影响 5 个解释变量后的结果。比较模型Ⅰ和模型Ⅱ的回归结果，可以看出，两者的对数似然值和伪判决系数相差不大，两个模型都具有较好的解释能力。

表 8.12　消费者品牌果蔬陈述性偏好与显示性偏好一致性的 Logistic 回归结果

变量名称	模型Ⅰ	模型Ⅱ
性别	-1.167** (0.623)	-1.305** (0.946)
年龄	-0.083 (2.934)	—
职业	1.036 (3.208)	—
受教育年限	3.890* (2.379)	4.103* (2.416)

变量名称	模型 I	模型 II
家庭年收入	4.972***（22.481）	5.391***（21.374）
家庭结构	−1.724*（0.437）	−1.861*（0.527）
愿意支付的价格	0.902***（38.104）	0.874***（36.351）
外观关注度	−1.135（3.428）	—
质量安全关注度	0.457**（4.216）	0.589**（4.337）
品牌了解程度	0.613（2.352）	—
品牌信任程度	0.357*（0.986）	0.892*（1.745）
购买场所	0.476**（4.935）	1.426**（4.392）
便利程度	−0.518*（3.357）	−1.053*（3.644）
销售推广的影响	0.971（3.926）	—
−2倍的对数似然值	159.723	161.854
伪判决系数	0.758	0.726

注：*、**、***表示显著度水平分别为10%、5%和1%；括号中的为 Wald 值。

在消费者个人特征中，性别在5%统计水平上负向影响品牌果蔬陈述性偏好与显示性偏好的一致性，可能的原因是女性消费者的消费行为较为感性，对果蔬品牌的关注较多，男性消费者则相对较为随便，另外，女性消费者的素食比例较高，因此，对果蔬品牌及其代表的质量安全更为了解和关注；受教育年限变量在10%的统计水平上正向影响品牌果蔬陈述性偏好与显示性偏好的一致性，可能的原因是受教育年限越高的消费者，对果蔬品牌的了解和认可程度也越高，而且受教育年限还会影响到消费者的收入，因此，受教育年限高的消费者收入水平也高，购买价格较高的品牌果蔬的能力也会越强，导致其对品牌果蔬陈述性偏好与显示性偏好的一致性越强；年龄影响不显著，可能的原因是由于生活水平的提高，各个年龄段品牌果蔬的陈述性偏好和显示性偏好差异不大；职业影响不显著，可能的原因是江苏省是发达省份，体制内的职业与其他职业比较起来，在收入和消费偏好方面没有显著差异。

在消费者家庭特征中，家庭年收入对消费者品牌果蔬陈述性偏好与显示性偏好的一致性在 1% 的水平上有正向影响，可能的原因是家庭年收入越高，购买能力越强，越能够满足自身的消费意愿，对于价格较高的品牌果蔬，收入较高的消费者实际购买行为可以较好地满足其消费意愿；家庭结构在 10% 的统计水平上对品牌果蔬陈述性偏好与显示性偏好的一致性有显著的负向影响，可能的原因是夫妻二人结构的年轻家庭，负担较小，追求高品质生活的能力强，而有老人、孩子的家庭负担较重，消费品牌果蔬时会受到较高价格的影响，购买能力呈递减状态，导致意愿与实际购买行为存在较大差异。

从支付意愿上来看，消费者对品牌果蔬的意愿支付价格显著正向影响其对品牌果蔬的陈述性偏好与显示性偏好的一致性，这一变量在模型 Ⅰ 和模型 Ⅱ 中都通过了 1% 统计水平的显著性检验，与普通果蔬相比，目前品牌果蔬的价格水平普遍较高，相同层次的品牌果蔬均价高于普通果蔬均价 40% 左右，消费者对品牌果蔬的意愿支付价格越高，购买品牌果蔬的可能性就会越大，因而其对品牌果蔬的陈述性偏好与显示性偏好就越可能趋于一致。

从果蔬质量安全关注程度来看，质量安全关注程度在 5% 的统计水平上显著正向影响其对品牌果蔬陈述性偏好与显示性偏好的一致性。模型估计结果显示，随着消费者食品质量安全意识的增强，在购买果蔬时他们将更加关注品牌，进而强化其现实购买行为。模型 Ⅰ 和模型 Ⅱ 的估计结果显示，品牌果蔬的外观关注度没有显著影响，可能的原因是外观并不是品牌果蔬与普通果蔬的主要区别，二者的主要区别还是基于品牌所代表的安全质量水平，因此对消费者品牌果蔬陈述性偏好与显示性偏好的一致性没有显著影响。

从品牌了解情况上看，消费者对品牌的信任程度是影响其对品牌果蔬的陈述性偏好与显示性偏好一致性的重要因素，在 10% 的统计水平上有显著的正向影响。可能的原因是从某种程度上来说，品牌是对果蔬质量和安全性的一种认证和背书，消费者越是信任其品牌，越愿意消费其产品，因此其陈述性偏好与显示性偏好的一致性越高。而对品牌的了解程度影响不显著，可能的原因是尽管有些消费者对果蔬的品牌有一定的了解，但是受经济条件的限制，他们的购买意愿没有转化为现实的消费行为。

从购买特征来看，购买场所变量在5%的统计水平上有显著的正向影响，可能的原因是超市和果蔬专卖店等场所品牌果蔬较为集中，经常在这些地方购买果蔬的消费者其陈述性偏好与显示性偏好的一致性程度较高，而农贸市场等场所品牌果蔬较少，经常在农贸市场、平价店、路边摊点购买果蔬的消费者，其显示性偏好与陈述性偏好一致性难以得到保证；便利程度对消费者陈述性偏好与显示性偏好的一致性在10%的统计水平上有显著的负向影响，购买贪图便利的消费者，往往会在路边摊、平价店、农贸市场等便利场所购买，而这些场所品牌果蔬较少，陈述性偏好难以转化为现实的购买行为。销售推广影响不显著，可能的原因是果蔬购买行为是一种习惯行为，每天重复，很难被一次两次的厂商推广行为轻易改变。

（四）讨论与启示

基于对江苏省城镇居民的问卷调查数据，实证研究了消费者对品牌果蔬的陈述性偏好和显示性偏好的一致性情况及其影响因素。研究发现，尽管有50%以上的消费者对品牌果蔬有陈述性偏好，品牌意识较强，但是目前，对品牌果蔬陈述性偏好与显示性偏好一致的消费者所占比例仍然较低，大多数消费者对品牌果蔬陈述性偏好与显示性偏好并不一致。Logistic回归分析结果表明，性别、受教育年限是影响消费者对品牌果蔬陈述性偏好与显示性偏好一致性的个人特征因素；家庭年收入、家庭结构是影响消费者品牌果蔬陈述性偏好与显示性偏好一致性的家庭特征因素。此外，品牌果蔬的支付意愿、对品牌的信任程度、对果蔬质量安全的关注程度、购买场所、便利程度等因素也会较显著地影响消费者对品牌果蔬陈述性偏好与显示性偏好的一致性。

根据以上研究结果，可以得出几点启示：首先，提高居民的收入水平和降低品牌果蔬的价格水平是提高消费者对品牌果蔬陈述性偏好与显示性偏好一致性的重要经济措施。为此，除了需要不断加大收入分配，不断提高居民收入水平之外，品牌果蔬生产商和营销商在其生产和营销过程中，还应有效地降低品牌果蔬的生产成本和营销成本，进而降低最终的价格水平，使其逐步接近消费者的实际支付能力。其次，不断提高果蔬的质量安全水平，使品牌成为质量安全的一个重要标志，提高农产品品牌的质量内涵，使品牌成为消费者选择农产品的一个重要指针。再次，针对品牌农产品市场信息不对称和消费者对品牌农产品信任程度较低的状况，应不断加大宣传和教育力度，促进品牌农产品相关知识的传播，提高消费者对品牌农产品的信任程度，增加消费者对品牌农产品的需求。最后，加大品牌农产品的销售渠道建设，扩大品牌农产品销售网点的分布，提高居民购买品牌农产品的便利程度，促进消费者对品牌农产品的消费。

四、认证信任对消费者果蔬消费行为的影响

小农户分散生产是目前中国农产品的主要生产模式，这种生产模式与市场监管机制不健全共同导致食品安全问题频发。食品安全事件不但给广大消费者带来巨大的伤害，也对中国整个食品行业的声誉产生了很大的负面影响，阻碍了中国食品产业国际竞争力的提升（Liu，2010）。[1]

面对严峻的食品安全形势，除了不断促进食品的规模化生产、加强食品监管体系建设和提高消费者的认知水平外，就是从生产源头出发，发展可靠的食品安全认证体系，从而建立一个安全、透明的食品消费市场，此时，对第三方质量担保的信任就成为消费者正确辨别农产品信任品特征的重要依据。消费者对质量信号的甄别与利用实质上就是对不同农产品的质量声誉和质量水平进行确认并加以理性选择的过程。

认证信号甄别机制可以促进市场信息不对称的消除，减少食品安全事故。即使发生质量安全事故，也会由于认证责任主体明确和便于追溯而将消费者的福利损失降到最低。因此，认证体系对食品市场买卖双方都有激励作用，有利于食品市场的"去柠檬化"。

---

① Liu, P., "Tracing and Periodizing China's Food Safety Regulation: A Study on China's Food Safety Regime Change", *Regulation & Governance*, Vol. 4, No. 2, 2010.

认证农产品需要额外投入，价格要高于普通农产品。但吴林海等（2010）研究发现，消费者对安全认证农产品所愿意支付的溢价仅为30%左右。①

提高消费者对认证食品的信任程度和对政府机构监管能力的信赖程度，可以显著降低消费者对食品安全所产生的担忧（Li，et al.，2008；Brexendorf，et al.，2010）；② 认证信任通过影响对食品安全的风险感知和评价来影响消费者对该食品的接受意愿和购买行为（Delgado－Ballester，et al.，2003；Kim and Kim，2009）。③ 王锋等（2009）研究发现，性别、年龄、受教育程度等人口统计学特征及对认证农产品的认知和信任等是影响消费者对安全认证农产品的购买意愿和支付水平的主要因素。④ 纵观国内外相关研究，主要是围绕消费者对认证标识类食品（包括无公害食品、绿色食品、有机食品以及转基因食品和可追溯类食品等）的消费行为来展开。一般来说，消费者对认证标识类食品的接受态度除了受他们的收入、个人特征及家庭特征的影响外，还受他们对食品认证体系的信任程度的影响，将认证信任作为一个独立变量来定量分析其对消费者消费行为的作用的研究不多。

随着生活水平的不断提高，果蔬在居民食物中的比例越来越大，消费者不仅关注果蔬的品种和数量，而且更加重视果蔬的内在质量，包括营养成分、有毒有害物质的含量、农药残留等。由于消费者不参与果蔬的生产过程，其对果蔬安全的信任问题就转化为对果蔬质量安全认证体系的信任

---

① 吴林海、徐玲玲、王晓莉：《影响消费者对可追溯食品额外价格支付意愿与支付水平的主要因素——基于 Logistic、Interval、Censored 的回归分析》，《中国农村经济》2010 年第 4 期。

② Li，Fu'an，Zhou，N.，Kashyap，R. and Yang，Zhi'lin，"Brand Trust as a Second－order Factor：An Alternative Measurement Model"，*International Journal of Market Research*，Vol. 50，No. 6，2008. Brexendorf，T. O.，Muhlmeier，S.，Tomczak，T. and Eisend，Martin，"The Impact of Sales Encounters on Brand Loyalty"，*Journal of Business Research*，Vol. 63，No. 11，2010.

③ Delgado－Ballester，E.，Munuera－Alemán，J. L. and Yague－Guillen，M. J.，"Development and Validation of a Brand TrustScale"，*International Journal of Market Research*，Vol. 45，No. 1，2003. Kim，Seok Eun and Kim，Kon Joong，"A Study on Livestock Products Brand Loyalty of University Students"，*Journal of Animal Science and Technology*，Vol. 51，No. 5，2009.

④ 王锋、张小栓、穆维松、傅泽田：《消费者对可追溯农产品的认知和支付意愿分析》，《中国农村经济》2009 年第 3 期。

问题。在已有研究的基础上，本节重点关注消费者在果蔬购买过程中，基于消费者与果蔬之间良性互动所形成的认证信任对其消费行为的影响。同时，为了更为全面地考察消费者消费行为变化的影响因素，本书也将消费者对食品安全的风险感知程度、对价格的关注度、对政府监管的信任程度以及个人特征、家庭特征等因素纳入分析框架中。

（一）理论模型构建

影响消费者购买行为的因素很多，本书把认证信任作为单独的因素进行考察，同时也把消费者个人特征、家庭特征、价格关注程度、食品安全认知程度、购买特征等因素综合考虑进行考察，因此，本书构建计量经济模型来进行回归分析，设置函数如下：

$$Y = \alpha + \beta X \qquad (8.6)$$

式（8.6）中，当消费者选择购买认证果蔬时，Y取值为1；当消费者选择购买普通果蔬时，Y取值为0。X表示消费者选择购买认证果蔬的影响因素，β是解释变量系数组合。由于被解释变量Y为消费者选择购买认证果蔬和普通果蔬两种情况，为二元选择变量，因此，采用二元Logistic模型进行分析。

α为常数项，β为回归系数，X是解释变量组合，除了需要着重分析的消费者认证信任这一变量外，解释变量组合还包括了现有研究中已被验证的对消费者购买行为具有重要影响的变量，主要包括消费者个人特征、家庭特征、对食品安全的认知程度、对价格的关注程度以及购买特征等变量。各个变量的具体含义与描述性统计分析结果如表8.13所示。

表8.13　变量含义及赋值

类别	变量名称及预期方向	赋值
个人特征	性别 年龄 受教育年限 职业 是否是家庭主要食物购买者	男＝1，女＝0 周岁 年 机关事业单位、国企等＝1，其他＝0 是＝1，否＝0

类别	变量名称及预期方向	赋值
家庭特征	家庭年收入	小于 5 万元＝1，5 万—8 万元＝2，8 万—10 万元＝3，10 万—20 万元＝4，20 万元及以上＝5
食品安全认知程度	家庭结构 家庭饮食习惯 果蔬外观关注度 果蔬质量安全关注度 果蔬政府监管信任度	夫妻二人＝1，有老人或孩子的＝2，既有老人又有孩子的＝3 素食偏好＝1，其他＝0 非常不关注＝1，不太关注＝2，一般关注＝3，比较关注＝4，非常关注＝5 非常不信任＝1，比较不信任＝2，一般信任＝3，比较信任＝4，非常信任＝5
价格关注度	果蔬价格关注度	非常不关注＝1，不太关注＝2；一般关注＝3，比较关注＝4，非常关注＝5
果蔬购买特征	购买场所 便利程度 销售推广影响	路边摊＝1，平价店＝2，农贸市场＝3，专营店＝4，超市＝5 非常不重要＝1，比较不重要＝2，一般重要＝3，比较重要＝4，非常重要＝5 非常不重要＝1，比较不重要＝2，一般重要＝3，比较重要＝4，非常重要＝5

（二）数据获得及初步统计

1. 数据获得

为了更好地分析认证信任对消费行为的影响，以南京市、淮安市和沭阳县的消费者作为考察对象，这三个城市分别属于大型城市、中型城市和小型城市，有一定的代表性。

数据来自对江苏省568位消费者的实地问卷调查，调查的时间集中在2014 年 12 月—2015 年 3 月，问卷调查全部由事先经过系统培训的在校本科生负责完成。主要是利用本校本科生寒假回家时间完成的，为了保证问卷调查的质量，首先在淮安市选择了 30 名正在购买果蔬的消费者进行了预调查，然后根据调查中所碰到的情况对调查问卷进行了反复修改和完善，在此基础上确定最终的调查问卷内容。问卷调查共发放了 700 份，回收了 632 份，剔除了有问题和异常的问卷 64 份，最终有效问卷 568 份。

2. 初步统计

如表 8.14 所示的调查发现，当前城市居民中负责果蔬购买的以中年人为主，样本的年龄分布在 24—73 岁，平均年龄为 40.24 岁；正式受教育年限最短的为 6 年，最长的为 22 年，平均受教育年限为 13.65 年，文化程度普遍是高中毕业以上，江苏的城市消费者一般都有一定的受教育水准，对食品安全问题的关注度比较高；从事的职业中，机关事业单位和国有企业的消费者占到了 23%，从事其他职业的消费者占大部分；家庭年收入的分布均值为 2.13，也就是位于 8 万—10 万元这个区间，基本属于中等收入水平；家庭结构中，除了夫妻两人外，大部分的家庭有老人或者孩子；由于果蔬是生活必需品，大多数的消费者都会经常购买果蔬，经常在外就餐的占比较小；大部分的消费者对果蔬及食品质量安全也比较关注，但是对蔬菜质量安全监管体系的特征了解得比较少，觉得信息透明度不高，公众参与不足。

表 8.14　自变量的描述性统计

变量	最小值	最大值	均值	标准差
性别	0	1	0.27	0.41
年龄	24	73	40.24	9.17
职业	0	1	0.23	0.39
受教育年限	6	22	13.65	1.36
是否是主要购买者	0	1	0.32	0.39
家庭年收入	1	5	2.13	0.68
家庭结构	1	3	2.08	0.35
饮食习惯	0	1	0.55	0.44
蔬菜外观关注度	0	1	0.24	0.48
食品安全关注度	0	1	0.69	0.41

续表

变量	最小值	最大值	均值	标准差
对政府监管信赖度	1	5	2.19	0.57
对果蔬价格关注度	1	5	1.92	0.49
购买场所	1	5	1.83	0.62
便利程度	1	5	2.03	0.46
销售推广影响	1	5	1.37	0.53

（三）认证信任对消费者消费行为的影响：统计分析

本书的认证概念并不指向某一具体认证，而是指与普通果蔬不同的认证果蔬的总称，认证不仅可以帮助消费者识别特定果蔬以降低搜索成本（包括时间、精力、体力等成本），并能在一定程度上保证其所购果蔬的质量水平以减少购买风险。认证信任是指在存在食品安全风险的情境下，对认证品质、行为意向及其履行承诺能力的正面预期而产生的认可该认证的意愿，是从认证中得到的一种安全感，并可以满足消费者的期待。

本书根据问卷调查结果比较了认证信任程度不同的消费者购买果蔬的选择行为，为了让消费者对认证果蔬有一个比较直观和清晰的认识，避免因为对认证果蔬的模糊认识而影响调查结果的准确性，调查问卷专门列举了市场上主要的果蔬认证标识，在进行正式调查前，就"认证果蔬的安全质量在通常情况下要好于普通果蔬"对消费者进行了说明，然后让消费者来填写自己对果蔬认证的信任程度。

表 8.15　消费者认证信任与其认证果蔬购买行为之间的交叉关系

项目	总体情况	非常不信任	比较不信任	一般信任	比较信任	非常信任
购买认证果蔬	265 46.65%	11 9.73%	19 18.45%	58 47.93%	116 73.89%	61 82.43%
购买普通果蔬	303 53.35	102 90.27%	84 81.55%	63 52.07%	41 26.11%	13 17.57%
赋值	1~5	1	2	3	4	5

如表 8.15 所示，购买认证果蔬的消费者占样本量的 46.65%，接近一半的消费者经常购买认证果蔬，表明认证果蔬已经被消费者较为普遍地接受。随着消费者对果蔬认证信任程度的提高，消费者对认证果蔬的接受程度也越来越高，购买认证果蔬的消费者比例由对果蔬认证"根本不信任"时的 9.73% 大幅提高到"非常信任"时的 82.43%，认证信任对消费者是否选择认证果蔬有非常大的影响。

（四）Logistic 回归模型的估计结果与分析

运用 SPSS17.0 计量软件，将所有变量代入模型，进行二元 Logistic 回归分析，得到的结果如表 8.16 所示。

表 8.16　消费者认证果蔬购买行为影响因素的 Logistic 回归结果

变量名称	系数	Wald 值
认证信任	1.073***	65.864
性别	-0.867**	4.371
年龄	-0.083	0.352
职业	0.536	0.982
受教育年限	0.809***	5.703
是否是家庭主要食品购买者	0.374	1.835
家庭年收入	0.172***	0.319
家庭结构	-0.724*	3.861
家庭饮食习惯	0.218	1.725
对果蔬外观关注度	-0.902	0.874
对果蔬安全质量关注度	0.315**	-3.506
对果蔬政府监管信赖度	0.613*	0.924
对果蔬价格关注度	-0.157*	1.589
购买场所	0.457**	7.892
便利程度	-0.476***	6.426
销售推广影响	0.318	3.053

续表

变量名称	系数	Wald 值
−2 倍的对数似然值	1498. 723	1679. 154
卡方统计值	181. 367***	62. 301***

注：*、**、***表示显著度水平分别为 10%、5%和 1%。

从模型估计结果（如表 8.16 所示）可以看出，消费者的认证信任、个体特征、家庭特征、对食品质量安全的认知程度、价格关注度和购买特征 5 组变量中的部分解释变量显著影响消费者对认证果蔬的购买选择。

从认证信任的影响上看，认证信任变量在 1%的统计水平上显著地正向影响消费者对认证果蔬的购买选择，表明随着认证信任程度的不断提高，消费者购买认证果蔬的倾向会显著地不断增加。表 8.15 统计结果也已经证实了这一点，随着认证信任程度由"非常不信任""比较不信任"转变为"一般信任"，再转变为"比较信任"和"非常信任"，购买认证果蔬的消费者比例由 9.73%、18.45%提高到 47.93%，再进一步提高到 73.89%和 82.43%。这可能是因为，果蔬兼有搜寻品、经验品和信任品的混合特性，这一特性在现有的市场环境下使生产者和消费者之间存在着严重的质量安全信息不对称情况，消费者的任何购买行为都包含着一定的不确定性和发生质量安全事故的风险，消费者在作出购买决策前通常会通过搜集能够在不确定情况下增强自己信心的信息来降低这种不确定性和风险，此时，来自第三方的质量认证和担保就成为消费者增强信心，降低质量安全风险的信息，所以，随着消费者对认证信任程度的提高，选择购买认证果蔬的比例会逐渐增加。

从消费者个人特征的影响上看，除消费者的性别、受教育年限外，年龄、职业、是否为家庭主要食品购买者等变量影响不显著。回归结果显示，性别这一变量在 5%的统计水平上显著正向影响消费者对认证果蔬的购买行为，可能的原因是男性消费者比女性消费者更倾向于购买认证果蔬，他们更注重产品是否能带来更高品质的消费体验；受教育程度在 1%的统计水平上显著正向影响消费者认证果蔬的购买行为，可能的原因是受教育程度越高的消费者，对认证果蔬的接受程度会越高，越倾向于购买认证果蔬；年龄影响不显著，可能的原因是作为购买果蔬主要群体的中年人，对果蔬质量安全的关注度差不多，年龄影响的差异较小；职业因素影响不显著，表明江苏省作为发达省份，城市居民的体制内和体制外职业收入差别不大，对认证果蔬没有显著差别；是否为家庭主要食品购买者影响不显著，可能的原因是果蔬消费是以家庭为主要消费单位的，调查对象是否为家庭主要食品购买者影响不大。

从消费者家庭特征的影响上看，家庭年收入在1%的统计水平上对消费者购买认证果蔬有显著的正向影响，可能的原因是家庭年收入越高，消费能力越高，越注重食品安全，并且对价格敏感度较低，对于销售价格较高的认证果蔬购买的能力越强；家庭结构在10%的统计水平上显著负向影响消费者对认证果蔬的购买，可能的原因是家庭结构越复杂，考虑到老人和孩子的需求，对饮食的质量要求越高，购买认证果蔬的可能性越大；家庭饮食习惯影响不显著，可能的原因是饮食习惯不是区别是否重视食品安全的主要标志，无论是否以素食为主，对认证果蔬消费没有显著的差异。

从消费者对食品安全认知程度的影响上看，果蔬质量安全关注度和政府果蔬安全监管信赖度有显著的正向影响，外观关注度影响不显著。果蔬质量关注度在5%的统计水平上正向影响消费者对认证果蔬的购买行为，可能的原因是质量安全关注程度越高，越在乎食品安全，而认证果蔬质量安全水平高于普通果蔬，因此其购买认证果蔬的可能性就高；对政府果蔬安全监管信赖程度在10%的统计水平上正向影响消费者认证果蔬购买行为，可能的原因是对政府监管越信赖，越认可认证所表示的质量内涵，越倾向于选择购买认证果蔬；外观关注度影响不显著，可能的原因是外观与内在质量是两个完全不同的侧面，认证代表的是内在质量，而不是外观。

从消费者对价格关注程度的影响上来看，价格关注程度在10%的统计水平上显著负向影响消费者对认证果蔬的购买行为，可能的原因是，价格代表消费的成本，随着对果蔬价格关注程度的提高，消费者的价格敏感性越强，购买价格较高的认证果蔬的意愿会显著下降。

　　从消费者的购买特征上看，购买场所在 5% 的统计水平上显著正向影响消费者的认证果蔬购买行为，可能的原因是，在信息不对称的情况下，销售渠道是辨别安全、高品质食品的重要信息来源，专营店和超市的进货渠道一般要优于路边果蔬摊点、平价店和农贸市场，管理也更规范，基本以明确的法人作为其信誉担保的主体，销售的认证果蔬更容易获得消费者的认可；便利程度在 1% 的统计水平上显著负向影响消费者认证果蔬购买行为，可能的原因是，大多数认证果蔬在专营店或大型超市销售，与路边摊点、平价店和农贸市场相比，专营店或大型超市距离消费者较远，要购买认证果蔬需花费一定的时间和精力，普通果蔬通常都能很方便地买到。所以，越注重购买便利程度的消费者，出于省事省时的考虑，越倾向于购买普通果蔬；销售推广影响不显著，可能的原因是果蔬购买行为是一种习惯行为，每天重复，很难被一次两次的厂商推广行为轻易改变。

　　综上所述，以江苏省城镇居民问卷调查为基础，以认证果蔬为例，本节主要分析了认证信任对消费者食品购买行为的影响。

　　研究结果表明，接近一半的消费者对认证果蔬比较信任，接受程度也很高，随着对认证信任程度的提高，购买认证果蔬的消费者比例会显著地增加。另外，性别、受教育年限、家庭年收入、家庭结构、果蔬质量关注程度、对政府安全监管的信赖程度、价格关注度、购买场所、便利程度等变量都会显著地影响消费者的认证果蔬购买行为。具体而言，男性、受教育年限多、家庭年收入高、对政府监管的信赖程度高、关注果蔬质量、在超市专卖店购买的消费者，更倾向于购买认证果蔬；而女性、家庭结构复杂、比较关注果蔬价格、注重购买便利程度的消费者，则更倾向于购买普通果蔬。

第九章　消费后治理：声誉、倒逼机制及影响因素

中国是水果蔬菜的生产和消费大国，水果蔬菜的消费已经成为城乡饮食结构中主要的组成部分，其品种花色和质量安全也已经成为衡量居民消费层次的重要指标，但是，由于种种原因，果蔬的质量安全还不尽如人意，与果蔬有关的食品安全事件时有发生，给果蔬供应链相关利益主体的声誉带来了很大的负面影响，并进一步倒逼供应链的质量安全管理。

近年来食品安全事件时有发生，果蔬的质量安全问题往往光凭肉眼是很难辨别出来的，只有在消费后才能够显现出来，有的甚至是很长时间才能看出来，滞后性很强。所以，食品安全问题一定要关注食品消费后的消费者反应，所以，果蔬的消费后阶段是治理的重要组成部分。

本章首先简要概述了近几年出现的食品安全事件，然后分析了果蔬市场上质量安全信息不对称的原因，接着又分析了果蔬质量安全声誉难以形成的原因，最后重点分析了消费后果蔬质量安全信息倒逼机制及其作用条件。

一、消费后的食品安全状况

由于城乡居民越来越重视食品安全问题，加上食品安全质量存在的问题，食品消费后产生的食品安全事件时有发生。食品安全事件，有狭义和广义两种。狭义食品安全事件指的是食品安全事故，指食物中毒、食源性疾病、食品污染等源于食品，对人体健康有危害或者可能有危害的事故；

广义的食品安全事件指的是与食品安全相关的各种新闻事件，不仅包括各种食品安全事故，还包括食品安全法律的颁布、食品安全政策的出台、重大食品安全计划的实施等。

最近几年来，与食品安全有关的重大新闻事件，常常引起社会的强烈关注。根据中国综合小康指数调查结果，食品安全再次位居 2013 年中国人最受关注的十大焦点问题之首。

（一）近几年食品安全事件概述

下面简单概述一下近几年影响人们消费选择的一些食品安全事件。

2008 年 8 月，乌鲁木齐人造"新鲜红枣"事件，主要是添加化学药品浸泡，表面光鲜，食用对人体有害；2011 年 3 月 15 日，双汇瘦肉精事件；2011 年 4 月 11 日，上海超市染色馒头事件曝光；2011 年 4 月 15 日，安徽合肥人造牛肉事件；2012 年 4 月 23 日，"立顿"茶叶违规使用农药事件；2013 年，湖南"镉大米"流入广东事件；2014 年，央视曝光昆明有毒米线事件；2015 年，走私"僵尸肉"流入餐桌事件；2016 年，央视"3·15"爆出的网络订餐平台"饿了吗"合作的无证经营黑心作坊事件等。

以上只是列举了近几年发生的关于食品安全事件的一些典型案例，由此可以看出，食品安全事件时有发生，不时刺激着消费者的神经，有些已经成为很多消费者茶余饭后讨论食品安全问题时的例证，不时地拿出来分析，当然，涉事企业和个人也都受到了一定的惩罚，付出了相应的代价，也对相关供应商的食品安全控制产生了压力，促使其不断改进食品安全控制行为。

（二）2017 年的食品安全事件分析

下面用数据来分析 2017 年上半年发生的食品安全事件，了解食品安全事件的相关特征。

1. 食品安全事件数量与分布

2017 年 1—3 月，中国大陆发生了 3944 起食品安全事件，平均全国每天发生约 43.8 起食品安全事件，相较于 2015 年 1—3 月的 6055 起，呈大幅下降趋势。食品安全事件数量下降较明显的省区多为发达地区，如北京、山东、广东、上海等省区，河南、河北、江西等 2015 年 1—3 月食品安全事件相对多发的省区也下降明显。与 2016 年同期相比，2017 年 1—3 月食品安全事件数量上升的省区为海南、山西、吉林、安徽。

2. 食品安全事件的种类与数量

2017 年 1—3 月中国发生的食品安全事件所涉及的食品种类排名前五位的食品种类分别为酒类（473 起，11.99%）、肉与肉制品（452 起，11.46%）、蔬菜与蔬菜制品（321 起，8.14%）、水产与水产制品（317 起，8.04%）、水果与水果制品（311 起，7.89%）；排名最后五位的食品种类分别为蛋与蛋制品（7 起，0.18%）、冷冻饮品（8 起，0.20%）、可可及焙烤咖啡产品（10 起，0.25%）、食糖（24 起，0.61%）、罐头（35 起，0.89%）。

与 2015 年 1—3 月相比，食品安全事件数量占比上升最多的是酒类，增加 2.43 个百分点，其次为水果及水果制品，增加 1.99 个百分点；食品安全事件数量占比降低最多的是粮食加工品，降低 1.89 个百分点，其次为乳制品，降低 1.40 个百分点。

3. 食品安全供应链环节的分布

食品供应链体系可以分为生产源头、加工与制造、运输与流通、销售与消费等主要环节。笔者采用大数据挖掘工具获得 2017 年 1—3 月发生的食品安全事件在供应链各个主要环节的监测数据。食品安全事件主要集中发生在加工与制造环节，约占总量比例的 64.89%，其次分别是销售与消费、生产源头、运输与流通环节，事件发生的数量占总量的比例分别为 24.88%、6.12% 和 4.11%。与 2015 年 1—3 月的食品安全事件相比较，占比上浮波动最大的为餐饮消费环节，占比上升 2.29 个百分点；其次为生产环节，占比上升 1.16 个百分点；再次为批发环节，占比上升 1.06 个百分点。占比下浮波动最大的为加工环节，占比下降 2.35 个百分点；其次为包装环节，占比下降 0.96 个百分点。

4. 食品安全风险因素分布

食品安全事件中风险因素主要是指包括微生物种类或数量指标不合格、农兽药残留、重金属超标、物理性异物等具有自然特征的食品安全风险因素，以及违规使用（含非法或超量使用）食品添加剂、非法添加违禁物、生产经营假冒伪劣食品等具有人为特征的食品安全风险因素。在2017年1—3月发生的食品安全事件中，由于违规使用食品添加剂、生产或经营假冒伪劣产品与使用过期原料或出售过期产品等人为特征因素造成的食品安全事件占事件总数的比例为72.99%。相对而言，自然特征的食品安全风险因素导致产生的食品安全事件相对较少，占事件总数的比例为27.01%。食品安全风险中违规使用添加剂导致的食品安全事件数量较多，占到事件总数的29.57%，其他依次为造假或欺诈（15.54%）、使用过期原料或出售过期食品（14.68%）、无证无照生产或经营食品（10.24%）、非法添加违禁物（2.78%）等。在具有自然特征的食品安全风险因素中，农药兽药残留超标产生的食品安全事件最多，占到事件总数的9.75%，其余依次为含有致病微生物或菌落总数超标（9.35%）、重金属超标（5.19%）、物理性异物（2.72%）等。

由此可见，2017年1—3月中国发生的食品安全事件虽然有技术不足、环境污染等方面的原因，但更多的原因仍然是由于生产经营主体不当行为、不执行或不严格执行已有的食品技术规范与标准体系等违规违法行为，且具有人为特征的人源性因素造成的。根据最近10年来中国发生的食品安全事件的历史数据推测，人源性风险占主体的这一基本特征将在未来一个很长的发展阶段继续存在，难以在短时期内发生根本性改变，由此决定了中国食品安全风险防控的长期性与艰巨性。

（三）与果蔬有关的食品安全事件

民以食为天，食以安为先。回顾近几年发生的食品安全事件，与果蔬相关的食品安全事件也不少，比如2010年的"毒豇豆""漂白蘑菇"事件、2011年的"毒生姜"事件、2014年的"无籽水果含避孕药"事件、

2015 年的"青岛西瓜中毒事件"事件、2016 年的"草莓乙草胺致癌风波"等。

在食品安全事件中，果蔬食品安全事件是重要的组成部分，每年都会有媒体曝光，影响了相关产品和涉事企业的声誉，也成为消费者选购果蔬时的重要参考依据，当然，对消费者来说，主要是负面的回避依据。

作为食品重要组成部分的果蔬，其食品安全事件时有发生，也折射出果蔬食品领域食品安全状况不容乐观，消费者在消费选择时总会有安全顾虑，当面对公众质疑时，政府部门应当用切实的工作方式和态度解答公众的疑惑，而不是用空洞的信息加剧公众的不信任感。

同时，期待随着国家法制的不断完善，监管力度持续加大，使食品安全这个复杂的问题能够逐步得到解决。

二、果蔬市场上质量安全信息不对称的成因

目前果蔬的种植面积已经超过油料作物的种植面积，仅次于粮食作物的种植面积，成为第二大类农作物。但是，在过去的很长一段时间内，为了提高果蔬的市场供应量，在果蔬的生产、运输、加工、储藏、销售等环节中，生产经营者大量地、不合理地使用化肥农药等化学产品，最终造成了严重的化学污染和残留问题。

果蔬的化学污染和残留已经对消费者的身体健康产生了重大的负面影响。根据有关的调查表明，恶性肿瘤发病率逐年上升，与果蔬中的农药残留有很大关系，目前已经有相关的研究证明，在中国约有近七成的恶性癌症与食用蔬菜中的农药残留有关（孙向东，2005）。[1] 农药等化学产品污染对孕妇来说还会影响胎儿的发育和导致胎儿畸形。

正是因为果蔬上农药等化学污染和残留带来的危害越来越严重，关系到广大消费者的身体健康和生命安全，因此，关于果蔬质量安全的研究显

---

[1] 孙向东：《蔬菜农药残留的危害、种类、超标原因及应对措施》，《贵州农业科学》2005 年第 6 期。

得越来越重要。所谓果蔬质量，就是指果蔬的外观、口感、营养价值、化学残留、安全性、流通特性等基本特征。消费者在购买果蔬时一般是很难获得关于质量安全的全部信息的，因此，在果蔬市场上，买卖双方存在较为严重的质量安全信息不对称问题。

（一）果蔬质量安全信息的基本特征

果蔬的质量安全信息是指对果蔬质量安全的基本特性、营养价值、化学残留、可能的危害、口感和外观等的定性或定量描述及其形成过程的相关记载，是判断果蔬产品是否符合有关质量安全规定或标准的基本依据。

尼尔逊（1970）、达比和卡尼（1973）等学者曾根据消费者获得商品质量信息难易程度的不同，将商品划分为搜寻品、经验品和信任品三类。[①]在传统的经济学理论上，果蔬一般被认为是质量差异最小的一类产品，属于典型的搜寻品。但是事实上，外观相同的果蔬，由于经历过不同的生产、流通、储藏方式，导致其内在的质量可能存在很大的不同。目前，市场上的果蔬产品已经完全具备了搜寻品、经验品和信任品这三种产品的特征，因此，其质量安全信息也就同时具备了这三种产品的信息特征，下面简单地介绍一下果蔬所具有的这三种产品的特征。

搜寻品一般是指消费者在购买之前就已经充分掌握了相关信息的商品，搜寻品的商品信息的事前和事后的探测成本都很小，消费者一般都能够通过自己的感觉器官来判断其好坏，比如果蔬所具有的形状、大小、色泽、新鲜度等外观特征，这些信息消费者都很清楚，可以被认为在生产经营者和消费者之间是对称的。就对消费者购买行为的影响来说，由于消费者对这些信息特征了如指掌，所以在购买时一般是放心的，可能是第一次购买，也可能是重复购买。

经验品一般是指消费者只有在购买消费之后才能知道其质量信息的商

---

① Nelson, P., "Information and Consumer Behavior", *Journal of Political Economy*, 1970, 8. Darby, M. R. and Karni, E., "Free Competition and the Optimal Amount of Fraud", *Journal of Law and Economics*, 1973, 6.

品，经验品的商品信息事前探测成本较高，但事后探测成本较低，比如果蔬所具有的口感、风味、纤维含量等在消费之后能感觉到的特征。由于果蔬是人们每天生活的必需品，每天购买，每天消费，消费者基本完全了解不同果蔬的口感等特征，从这个角度来说，果蔬经验品属性的质量安全信息可被认为在生产经营者与消费者之间是基本对称的。就对消费者购买行为的影响来说，假如消费者这些商品信息留下的经验较好的话，可能重复购买，假如留下的经验不好的话，也可能再也不会购买。

信任品一般是指消费者即使在消费之后也很难知道其质量信息好坏的商品，信任品的商品信息事前和事后探测成本都很高，比如果蔬所具有的化学残留、营养成分、重金属污染、微生物污染等特征，这类信息需要通过专门的检测手段才能获知，所以，信任品的特征在生产经营者和消费者之间存在严重的不对称问题。这类商品一般需要靠建立信任来促进消费者的重复购买，一旦信任感消除，形成较坏的声誉，消费者可能以后会避免购买。

从上面的分析可以看出，关于果蔬搜寻品属性和经验品属性方面的质量安全信息一般可以被认为在生产经营者与消费者之间是基本对称的；然而，关于果蔬信任品属性的质量安全信息在消费者和生产经营者之间则存在较为严重的信息不对称问题。比如果蔬的化学残留和其他化学污染方面的质量安全信息，由于看不见、摸不着、危害慢性化等特征，生产经营者可以掌握，而消费者则很难了解，本书所要分析的也主要是关于果蔬信任品属性方面的信息不对称问题。

（二）果蔬质量安全信息不对称的成因

果蔬市场上质量安全信息不对称问题产生的客观原因是果蔬内在质量的变化，但是，果蔬内在质量的变化与市场经济条件下不同的生产、流通、加工、储藏和销售等方式是紧密相连的；另外，果蔬质量安全信息不对称也是与相应的市场状况和管理手段分不开的。因此，具体分析果蔬质量安全信息不对称的原因有以下几个：

1. 生产经营方式的变化

随着计划经济体制向市场经济体制的转变，农业生产所需的农药、化肥、农用试剂等化学工业也蓬勃发展，农用化学产品和保鲜技术等的广泛使用在为提高果蔬的产量提供技术保障的同时，也改变了果蔬的生产经营方式。比如，从不使用农药的自然农业发展到广泛使用农药的现代农业，农药作为防治病虫害的主要手段为果蔬生产的发展作出了巨大贡献。根据相关的调查资料表明，在果蔬的生产过程中，如果不使用杀虫剂，而只使用非化学的防治方法来代替的话，估计由于病虫害引起的果蔬损失就要增加约5%以上；如果不使用杀菌剂的话，估计果蔬的产量将减少大约35%；如果不使用除草剂的话，估计果蔬的产量将减少约1%以上（王启现、李志强、孙君茂，2006）。[①]

虽然农用化学产品的使用改变了果蔬的生产经营方式，促进了果蔬产量的快速提高，但是，农户在追求果蔬高产过程中导致的化学产品过度及不合理使用，不仅对农业的生态环境造成了严重的负面影响，也使果蔬的内在品质不断下降。据统计，在农业生产中，我国化肥的平均使用量是国际化肥安全使用上限的1.93倍，农药的残留率达到了60%—70%，农药残留超标导致的食物中毒现象偶有发生（王恒彦、卫龙宝，2006）。[②]

正是由于农药等化学产品的不合理和过度使用，使生产出的果蔬内在品质已经与在基本自然状态下生产的果蔬完全不同，导致在果蔬市场上，即使是外观完全相同的果蔬，其内在的品质也可能差异较大。

2. 缺乏标识，个人识别果蔬质量安全信息的难度变大

化学产品的使用在极大地提高果蔬产量、改善果蔬外观的同时，也极大地改变了果蔬的内在品质，果蔬的外观和口感信息与果蔬的质量安全信息已经不一致，而相关的权威部门又缺乏相应的认证机构和措施，所以导

---

① 王启现、李志强、孙君茂：《我国农产品质量信息特征分析与技术策略》，《农业质量标准》2006年第6期。

② 王恒彦、卫龙宝：《城市消费者安全食品认知及其对安全果蔬消费偏好和敏感性分析》，《浙江社会科学》2006年第6期。

致市场上经过权威认证的果蔬数量少之又少，消费者很难通过认证来购买，在缺乏认证的果蔬市场上，消费者在辨别果蔬质量安全信息时难度加大。

一般来说，消费者是愿意为优质果蔬支付较高价格的，据周应恒（2004）、周洁红等（2004）的研究表明，74%的消费者愿意为可识别的安全蔬菜支付较高的价格，大约55.9%的菜农愿意生产高质量的安全蔬菜，但是市场上果蔬的标识缺乏，消费者个人一般无法识别果蔬质量安全信息的差异，从而导致现实市场中的优质果蔬不能获得较高的价格。①

比如，果蔬内在的农药残留量，一般的消费者就很难识别，主要原因是：第一，因为消费者不能掌握农户在果蔬的生产过程中具体使用农药的状况，既不可能知道使用的数量，也不可能知道使用的方法；第二，果蔬农药残留的成分和数量是看不见、摸不着的，消费者即使在食用以后一般也不容易感觉到，但是能对消费者的身体健康产生慢性危害；第三，果蔬的农药残留信息一般只有经过专业人员的专门检测才能够被识别，消费者在购买的时候由于受到检测成本的制约，一般的消费者不可能对所购买的果蔬一一进行检测，从而使消费者即使知道可能存在农药残留成分，也不得不选择睁一只眼闭一只眼的"理性无知"状态。

3. 果蔬供应链的延长

农村经济体制改革的深化，不但极大地调动了农民的生产积极性，也极大地促进了果蔬的商品化生产，随着社会分工的进一步细化，果蔬的产前、产中和产后服务业也获得了较快的发展，果蔬的生产与供给方式已经由原来的"就地就时"模式向"就地扩展""适地种植""全国流通"的格局转化，从而导致果蔬的供应环节越来越复杂，供应的链条也变得越来越长。

由于果蔬供应链的延长，致使果蔬生产经营者与消费者之间的距离也

---

① 周应恒、霍丽明、彭晓佳：《食品安全：消费者态度、购买意愿及信息的影响》，《中国农村经济》2004 年第 11 期。周洁红：《消费者对蔬菜安全的态度、认知和购买行为分析》，《中国农村经济》2004 年第 11 期。

越来越远，果蔬供应链的不同环节都对果蔬质量安全产生了影响，各环节也就产生了自己的质量安全信息，致使果蔬质量安全信息复杂化，同时，果蔬的质量安全信息在沿其供应链传递的过程中也将发生不同程度的扭曲，这就导致了消费者很难真正了解果蔬在种植、运输、加工、储藏过程中的质量安全信息，从而也就产生了质量安全信息的不对称问题。

4. 消费者过分注重果蔬的外观和口感

现代的化学工业和生产加工技术，已经发展到可以根据需要改变果蔬的外观和口感的程度，殊不知现代技术在改变果蔬外观和口感的同时，也改变了果蔬的内在品质，从而使果蔬的质量安全信息不能够仅靠感觉器官来获得。

由于生活水平的提高，消费者在提高果蔬消费比例的同时，也过分地注重果蔬的外观和口感，这就导致了生产经营者为迎合消费者对果蔬外观和口感的需要，不合理地使用相关的化学产品。比较典型的是保鲜、防腐、漂洗等化学产品的使用、渗透和残留产生的对消费者身体健康的损害。比如黄瓜生长素的使用、荷藕的洗衣粉漂洗、韭菜保鲜导致的毒韭菜、西瓜膨大剂等，虽然果蔬在外观和口感方面得到了改观，但是，消费者并不知道生产经营者是如何使果蔬达到如此效果的，从而存在质量安全信息的不对称，最终受到损害的仍然是消费者的身体。

5. 果蔬产品缺乏可追溯系统

可追溯系统通过生产经营信息的记载和质量安全责任的明确，使果蔬的质量安全责任可追溯，果蔬可追溯系统在加大生产经营者责任的同时，也使果蔬的质量安全信息可追溯，从而达到质量信息更加透明、质量安全水平更高的目的。

目前，中国果蔬的生产经营呈现出总体产量大、个体规模小、空间布局分散、产品流通范围广泛的状况，果蔬的质量安全涉及产前、产中和产后的多个环节，同时，绝大部分的果蔬产品在市场上没有相关的标识，可追溯系统也缺乏，这就使得果蔬质量安全责任的可追溯性得不到保证，违规制假者也就很难被发现和问责，这样就加剧了果蔬质量安全信息在生产经营者和消费者之间的不对称性程度。

6. 生产经营者的机会主义行为

果蔬的质量安全程度与其生产经营成本是呈同方向变化的，果蔬的质量安全性越好，其生产经营的成本就会越大，比如，杨金深（2005）通过研究发现，菠菜、韭菜、番茄、黄瓜四种蔬菜的无公害生产成本都高于常规的生产成本。这是因为如果生产经营者加强果蔬质量安全的控制，往往就会增加额外的生产经营成本，从而导致利润的减少。[①]

由于在果蔬的质量安全控制与其产量、外观、利润之间存在一定的矛盾，因此，导致了生产经营者产生通过使用农药、化肥、激素等改善果蔬产品的外观、产量和降低质量安全控制成本的动机。

目前，中国的果蔬市场秩序还比较混乱，果蔬信任品特征的质量安全信息看不见、摸不着，对消费者来说基本上是无法了解的，因此，实施机会主义的、低成本的、低质量的生产经营者就更有积极性来隐藏私人的质量安全信息，甚至是采用欺骗性的宣传手段，使消费者无从得知果蔬真正的质量安全信息，正是因为生产经营者的这种机会主义行为，进一步加剧了市场上果蔬质量安全信息的不对称性程度。

7. 生产消费时空的改变和国际贸易范围的扩大

一方面，随着生活品质的提高，为了适应消费者的需求，市场上出现的反季节果蔬越来越多，而反季节果蔬与时令果蔬的内在品质是不同的，这是导致果蔬质量安全信息不对称的一个重要原因，再加上流通规模的扩大，热带、温带果蔬的交流，也会使消费者对果蔬的内在品质不甚了解。

另一方面，由于经济全球化和国际贸易范围的扩大，消费新奇的外国果蔬成为一些富裕人士的时尚，为了适应这种需求，市场上进口的果蔬越来越多，由于各国生产经营条件的差异，使消费者在消费这些洋果蔬时对其内在品质不完全了解，甚至会产生误解，这就难免会存在质量安全信息的不对称问题。

---

① 杨金深：《无公害蔬菜生产投入的成本结构分析》，《农业经济问题》2005 年第 11 期。

8. 政府对质量安全信息管理措施不到位

果蔬本是私人物品，属于私人领域，主要靠市场来调节，但是由于果蔬的质量安全信息关系到亿万消费者的身体健康和生命安全，因此，果蔬的质量安全又变成了公共领域，在目前情况下基本上呈现出市场失灵的状态，这就需要政府相关部门的强力介入。

当前，食品安全问题已经引起政府部门的高度重视，食品安全问题面大、量广，管理果蔬质量安全的政府部门有农业部门、工商部门、质监部门、卫生部门等，也颁布了很多相关的法规，配备了相当的执法人员和技术人员，投入不可谓不大，但是，由于责任不清、令出多门，反而出现了利益争夺和责任推诿并存的尴尬局面，质量安全管理措施不到位，信息发布不及时、不透明的情况，使消费者无法及时了解形色多样的果蔬质量安全信息，在市场失灵的同时出现了政府失灵。

研究表明，生产经营方式的改变、供应链的延长、生产经营者的机会主义行为、缺乏可追溯性、个人鉴别成本过高、政府质量安全信息管理措施不到位、生产消费时空的变化、消费者过于注重外观和口感等是果蔬质量安全信息在生产经营者和消费者之间不对称的原因。

三、果蔬质量安全声誉难以形成的原因

所谓声誉，是指在产品质量信息不对称的市场情况下，信息优势方为了获得长期的交易利益向信息劣势方所做的一种承诺，是消费者对经营者所提供产品质量的一种信任。产品声誉对市场交易的顺利进行非常重要，声誉降低了交易成本，声誉越好的经济主体与其他经济主体达成交易所耗费的时间和费用就越低。尼尔森（2005）的研究表明，当某种产品的质量属性无法被观察时，声誉就会变得非常重要，因为消费者只愿意为他们所相信的产品支付更高的价格。[①] 恩格尔（2006）的研究也表明，对于信用

---

① Nelson，P.，"Information and Consumer Behavior"，*Journal of Political Economy*，2005，8.

品，尽管消费者在购买之后也不能了解其质量，但关于信用品质量的预期仍然经常会受到各类广告信息、产品标签信息或者其他有关质量安全公共信息的影响。①

虽然化学残留严重危害消费者的身体健康，但是消费者在购买果蔬时很难获得关于质量安全的全部信息，这时果蔬的质量安全声誉对于消费者的选择就显得非常重要，周应恒等（2003）的研究显示，消费者在超市购买生鲜食品所考虑的主要因素中，质量保证和声誉效应排在首位，在市场信用缺失的条件下，消费者认为超市因其连锁经营的特点拥有农贸市场小商贩不可比拟的规模优势，因为超市售假机会成本太高，会比农贸市场更具有自律性，所以，偏好蔬菜质量安全的消费者会更多地在超市购买，其声誉机制的作用相当明显。②

虽然果蔬质量安全声誉对消费者的购买决策很重要，可是市场上很难形成良好的果蔬质量安全声誉。

（一）果蔬质量安全声誉的形成条件

根据已有的研究可知，目前的果蔬产品已经具有信任品的特征，在信息不对称的市场情况下，质量安全声誉对果蔬市场就显得非常重要：（1）节约信息搜寻成本；（2）区分安全果蔬与其他果蔬；（3）减少生产经营者的机会主义行为；（4）节约果蔬农残问题的政府治理成本。虽然果蔬质量安全声誉作用非常大，但是其形成还需要具备以下几个条件：

1. 良好声誉可以使经营者获得收益

众所周知，在一个声誉起作用的市场上，质量越高的产品，其生产成本也往往越高，且经营者还需要支付声誉的建立成本，只有付出的成本能够收回并获得相应的收益，经营者才愿意建立质量声誉。如果高质量产品

---

① Engel, S., "Overcompliance, Labeling, and Lobbying: The Case of Credence", *Environmental Modeling and Assessment*, 2006, 11.

② 周应恒、卢凌霄、耿献辉：《生鲜食品购买渠道的变迁及其发展趋势》，《中国流通经济》2003年第4期。

得不到一个较高价格的话，经营者就会采用销售低质量的产品然后一走了之的策略，因为这样可以在短期内获得较高的利润。

2. 必须重复进行交易

重复进行交易使参与人必须权衡短期利益与长期利益，声誉的丧失是以交易关系终止、未来收益的损失为代价的，这就是声誉发挥作用的机制，声誉的价值就等于丧失未来交易的损失减去违约的短期收益。

3. 信息不对称且能被信息劣势方快速发现和传递

在信息不对称的市场情况下声誉才有意义，只有消费者在购买前不能完全了解产品的质量，声誉才有发挥作用的地方，经营者过去所提供产品的质量好坏就可以作为现在产品质量好坏的参照标准，其被揭示出的时间越长，声誉作用越慢，时间越短，声誉作用越快。

4. 机会主义行为受到足够的惩罚

经营者机会主义行为被惩罚的力度越大，经营者榨取声誉价值的机会成本也就越大，其违规的收益就越小，导致其榨取声誉价值的可能性就越小，市场声誉就有可能被建立。

5. 经营者要有长远的预期

声誉的收益是在声誉建立之后逐渐回收的，通过声誉使产品在长期的重复交易中获得高于市场平均价格的较高价格来获得，而市场声誉的建立需要较高的前期投入成本和较长的时间，假如经营者没有长远的预期，市场声誉对其也就没有什么意义了。

（二）果蔬质量安全声誉难以形成的原因

果蔬的质量安全声誉虽然非常重要，但是目前市场上的果蔬却很难形成理想的质量安全声誉。究其原因具体有以下几个：

1. 果蔬内在质量的辨别难度大

现代生产加工技术可以根据市场需求的变化来改变果蔬的外观、口感和风味，外观相同的果蔬其内在品质可能完全不同，果蔬的外观很容易被模仿，使果蔬的外在表现与其内在品质不一致，也使果蔬经营者辛辛苦苦建立起来的质量声誉很容易被竞争者通过改变外观来模仿，而消费者是很难辨别其中的差异的，导致质量声誉在市场上的价值体现不出来，很多果蔬经营者不愿意去建立质量声誉。

2. 果蔬市场进出壁垒小

质量声誉的建立和产品的市场壁垒是密切相关的，一般来说，市场壁垒越大，经营者进入或退出市场的难度越大，建立和维持声誉的动力就越强，市场壁垒越小，经营者进入或退出市场的难度越小，经营者建立和维持声誉的动力就越弱。

果蔬市场目前的进出壁垒很小，经营者进入或退出市场的难度很小，建立和维持声誉的动力就较低，影响了果蔬质量安全声誉的形成，因为如果果蔬经营者进入或退出市场没有什么较大损失和特殊障碍的话，那么榨取声誉价值的最坏结果也只是离开市场而已，甚至在此处离开市场，换一个地方，又能进入市场，经营者进出农贸市场没有任何障碍，数量众多的生产经营者基本都能做到这一点，消费者对果蔬经营者的声誉不敏感。

3. 果蔬市场集中度低

市场上企业数量的多寡也会影响企业声誉的建立与维持，过多或过少都不利于企业声誉的建立与维持。市场声誉建立与维护的实质是经营者在向消费者传递产品质量方面的信息，消费者搜寻质量信息是需要耗费成本的，当经营者的数量过多时，就会增加消费者信息搜寻的成本，这样的市场情况不利于经营者声誉的建立。

中国果蔬市场的典型特征之一就是生产经营者数量过多，全国有2亿多农户，都可以进行果蔬的生产，也可以进行果蔬的销售，占全部果蔬生产和销售的80%以上，这是制约果蔬市场质量声誉机制形成和维持的重要因素。

4. 不规范的质量认证制度

一般来说，在果蔬质量安全信息不对称的情况下，质量认证对消费者的决策行为影响很大，消费者比较相信已认证的果蔬。

现实的情况是，认证部门常常是在认证过程中能够按照相关的要求进行审核，但认证一旦结束，就不再或很少进行监督、检查，导致已经认证为无公害的果蔬产品也出现农药残留超标的情况，不符合无公害果蔬的要求，造成安全质量认证证书在消费者心目中大打折扣，而且有些地方政府对无公害标志、绿色标志的使用管理不严格，生产经营者经常能随意加贴，进一步影响了认证果蔬的声誉。

5. 质量安全信息缺乏可追溯系统

与发达国家不同，中国果蔬质量安全面临的一个重要问题是大量的为了牟利而出现的机会主义行为，如苏丹红、违禁农药的使用等，对于这些机会主义行为，建立质量安全信息的可追溯系统是一个有效的治理方法，可追溯系统的实施充分暴露了机会主义生产者的质量安全问题，这正是经营者所要极力掩盖的，因此，关于质量安全信息和责任的可追溯系统的缺乏，也影响了果蔬质量安全声誉的建立。

6. 质量安全声誉建立和维护的成本大于收益

果蔬质量安全声誉的建立，不但需要生产经营者在经营过程中付出较高的质量安全控制成本，包括生产过程中种子、土壤、农药、水分等的要求，也包括运输、储藏、加工、销售过程中的质量安全控制等成本，还需要付出必要的质量安全信息的宣传成本，这些成本付出是巨大的，可是在现实市场上，付出巨大成本建立的声誉可能很容易被模仿和假冒，从而使声誉收益大为减少。

另外，假如声誉拥有者想维护已经建立的质量安全声誉，维权成本也是一般的生产经营者难以承担的，所以导致很多生产经营者宁可不去建立和维护质量安全声誉，也不愿意付出巨大的声誉建立和维护成本。

7. 政府治理失灵

果蔬化学残留的信任品特征导致了严重质量信息不对称而造成市场失灵，市场失灵是政府干预市场的依据，政府有效的监管能促进安全果蔬与不安全果蔬的市场分离，从而有利于安全果蔬质量声誉的建立。

但是现实情况是，政府对果蔬市场监管不当，包括监管不足或监管过多，又导致了政府的监管失灵，由于政府监管直接面对供应链上无数的果蔬生产者和零售商，使得政府无力充分监管而造成失灵，也影响了果蔬市场声誉的建立。

8. 对机会主义行为的惩罚力度不够

目前的果蔬市场上出现了较多的质量安全机会主义行为，这些行为都是经营者有意而为的，严重影响了果蔬质量安全声誉的形成。

一般来说，政府的惩罚力度越大，经营者采取机会主义行为获得的收益就越少，果蔬就越安全，也就越有利于市场声誉的形成，但是目前政府对市场上出现的机会主义行为的惩罚力度不足以对违法者起到震慑作用，果蔬经营者利用信息优势榨取声誉价值的行为泛滥，极大地影响了果蔬质量安全声誉的建立。

研究表明，内在品质难以辨别、市场壁垒小、市场集中度低、认证制度不规范、缺乏可追溯性、建立维护成本大于收益、政府治理失灵、对机会主义行为惩罚力度不够等是果蔬市场上质量安全声誉难以形成的原因。

四、果蔬质量安全信息倒逼机制及作用条件

果蔬供应链上各环节紧密相连，环环相扣，各环节之间相互制约，共同影响整个果蔬质量安全。果蔬消费后阶段的市场反响，消费者选择，政府干预等形成的倒逼机制都会对果蔬供应链前面各环节的质量安全控制产生影响。

（一）倒逼机制的含义

考证"倒逼机制"概念的产生，最早是由经济学家钟朋荣在《中国通货膨胀研究》一书中提出的。他对我国经济中超额货币量形成的特殊原因和特殊过程，进行了概括和描述。过去，"倒逼机制"的源头是国有企业对信贷资金无限制的需求，它们总是和地方政府的行政力量相融合，向国有银行不断施加压力，国有银行通常要在一定程度上对国有企业的借款要求让步，国有银行总行最后又向中央银行申请再贷款，迫使中央银行不得不扩张货币供应规模。这种起源于国有企业借款要求的自下而上的货币供给

扩张过程，就是所谓的"倒逼机制"。"倒逼机制"可应用于多个经济领域，以末端逼上端，改善经济发展模式。比如以客户为中心，通过"倒逼机制"实现研究服务模式的转型；比如证券市场的价值投资理念，对上市公司经营管理形成"倒逼机制"，促进上市公司治理结构不断完善，确保其信息披露客观有效；比如城市发展中，提出污染问题，逼迫污染者改正等。

把倒逼机制应用到食品安全治理领域，就是通过食品消费后的客户评价、市场供求、政府干预等行为，沿着食品供应链追根溯源，使整个链条对食品质量安全负责，倒逼各参与主体履行好质量控制行为。

从已经曝光的食品安全事件来看，绝大多数所涉企业、个人等食品供应链主体都遭受了损失，并且对质量安全行为作出了承诺，进行了改进，甚至严重的导致企业倒闭。

（二）倒逼机制产生作用的条件

倒逼机制是食品安全治理重要的一环，果蔬供应链质量安全倒逼机制形成及产生作用需要一定的条件。

1. 有效的信息传播

倒逼机制的起点是消费者的消费感受和口碑，好的消费感受和市场口碑会促进消费者的选择购买，增加相关果蔬的销售量，负面的消费感受和市场口碑则会减少消费者的选择行为，降低相关果蔬的销售量。假如出现严重的质量安全事件，则会严重打击相关果蔬的供应商，某种程度上也是一种"惩罚"，正因为这种"惩罚"让果蔬供应商有所顾忌，所以才会在果蔬生产、加工、包装、储运过程中加强质量安全管理，提高果蔬的质量安全水准。

消费者的消费感受和口碑信息必须能够有效传播，仅靠口、耳相传显然不够，这就需要报纸、杂志、电视、网络等媒体能够更多关注果蔬质量安全，进行独立、客观的报道和传播，让消费者及供应链上的其他主体及时了解果蔬质量安全信息，让媒体起到独特的监督作用，促进果蔬质量安全治理工作。

2. 有效的可追溯系统

市场信息很多很杂，倒逼机制发挥作用还得能够有效辨别产品信息。而有效的产品信息最好的来源莫过于可追溯系统，形成从销售终端到生产源头的食品安全倒逼机制。

充分利用互联网技术、二维码技术等，建立健全完善的、便捷的、可控可追溯的系统及管理体系。依靠龙头企业，成立专业合作社，规模化种植、标准化管理、品牌化销售、产业化经营。一旦出现质量安全问题，从可追溯系统就可以了解问题出在哪里，既可以改进出问题环节的质量控制，也可以明确责任，并且为追责提供依据。

3. 优化果蔬信任品特征

果蔬产品比较特殊，具备了搜寻品、经验品和信任品这三种产品的特征，其中的信任品特征内含的质量安全信息在买卖双方之间不对称，消费者在购买时的信任依据往往是品牌、销售渠道等。鉴于果蔬的信任品特征，为了倒逼机制能够发挥作用，需要进一步优化果蔬的信任品特征。首先，加强果蔬品牌建设，让品牌成为消费者选购果蔬时的重要参考依据；其次，促进农超对接，让现代果蔬供应链及超市等销售渠道成为消费者选择的主渠道；最后，加强质量认证体系建设，良好的质量认证体系，有利于建立消费者的信任，促进果蔬消费，提高果蔬质量安全水平。

4. 有效的政府监管

首先，果蔬供应链倒逼机制的形成及作用的发挥，离不开政府的监管，倒逼机制除了好口碑有促进消费的作用外，很重要的一点是果蔬的负面市场口碑及食品安全事件的惩罚力量，很大一部分需要政府的强制力对产生食品安全事件的相关责任主体进行处罚，有时还需要司法力量的介入。其次，果蔬市场的质量安全需要政府相关监管部门的监管体系发挥作用，包括工商、税务、质监、检验检疫、计量等部门共同履行相应职责，才能发挥倒逼机制的作用。再次，很多质量认证体系及相关证书、标志需要政府的公信力作为依托。最后，很多涉及果蔬安全治理的冷链、环境治理、市场建设等需要政府提供公共服务。因此，有效的政府监管是果蔬供应链食品安全倒逼机制发挥作用不可或缺的。

第十章　新型城镇化与果蔬质量安全市场治理

　　中国正处于城市化加速发展的过程中，中国的城市化过程是有中国特色的新型城镇化。由于城镇化带来城乡居民人口结构的变化，也改变着原来人口在城镇化过程中的消费习惯，当然还有城镇化过程中第二代消费特点与第一代和原城市人口消费特点不同导致的消费习惯的不同，还有在城镇化过程中农村改革和城市各种改革对居民生活的改变，这些都会深刻地影响城乡居民对食品安全的需求。

　　本章主要分析了新型城镇化发展概况，在新型城镇化快速发展的背景下，果蔬质量安全需求发生了一定的变化，本章进行了剖析。另外，与新型城镇化相伴随的是农村各种改革措施不断推出，深刻地影响着人们的生产生活，本章第三节着重分析了农村"三块地"改革和农地"三权分置"改革对果蔬质量安全生产消费等方面的影响。本章接着又分析了在新型城镇化下，城市居民对果蔬质量安全监管体系的信任问题。

一、新型城镇化发展状况

　　城镇化是指人口向城镇集中的过程。这个过程表现为两种形式，一是城镇数目的增多，二是各城市内人口规模不断扩大（大英百科全书）。城镇化伴随着农业活动的比重逐渐下降、非农业活动的比重逐步上升，以及人口从农村向城市逐渐转移这一结构性变动。城镇化也包括既有的城市经济社会的进一步社会化、现代化和集约化。城镇化的每一步都凝聚了人的智慧和劳动。城市的形成、扩张和形态塑造，人的活动始终贯穿其中。另外，城市从它开始形成的那一刻起，就对人进行了重新塑造，深刻地改变了人类社会的组织方式、生产方式和生活方式。当然，中国目前正在推进的城镇化与传统城镇化不同，是有中国特色的新型城镇化。

（一）新型城镇化的内涵

所谓新型城镇化，是指坚持以人为本，以新型工业化为动力，以统筹兼顾为原则，推动城市现代化、城市集群化、城市生态化和农村城镇化，全面提升城镇化质量和水平，走科学发展、集约高效、功能完善、环境友好、社会和谐、个性鲜明、城乡一体、大中小城市和小城镇协调发展的城镇化建设路子。新型城镇化的"新"就是要由过去片面注重追求城市规模扩大、空间扩张，改变为以提升城市的文化、公共服务等内涵为中心，真正使我们的城镇成为具有较高品质的适宜人居之所。城镇化的核心是农村人口转移到城镇，而不是建高楼、建广场。农村人口转移不出来，不仅农业的规模效益出不来，而且扩大内需也无法实现，新型城镇化的本质是用科学发展观来统领城镇化。

新型城镇化是以城乡统筹、城乡一体、产城互动、节约集约、生态宜居、和谐发展为基本特征的城镇化，是大中小城市、小城镇、新型农村社区协调发展、互促共进的城镇化。1992 年中国改革开放后正式实行城镇化体制改革，上海浦东、苏州新区等应运而生。

新型城镇化的核心在于不以牺牲农业和粮食、生态和环境为代价，着眼农民，涵盖农村，实现城乡基础设施一体化和公共服务均等化，促进经济社会发展，实现共同富裕。与人们日常生活中单纯从字面理解的意思不同，城镇化，就是指涉及社会方方面面、关系到大至都市，小到农户的产销、合作、互动、和谐的新型社会关系。

2014 年 12 月 29 日，国家新型城镇化综合试点名单正式公布。2015 年公布了第二批试点名单。

北京市顺义区等 111 个城市（镇）列为第三批国家新型城镇化综合试

点地区，并在 2016 年年底启动试点。

（二）新型城镇化的特点

与国际社会比较，中国城镇化的道路仍然漫长而艰难。1998 年，世界的平均城镇化水平（城市人口占总人口的比重）是 46%，低收入国家为 30%，中等收入国家为 65%，高收入国家为 77%，中国为 31%，而整个东亚和太平洋地区则为 34%。截至 2000 年年底，中国的城镇化水平尽管上升为 36.09%，但仍处在一个较低的发展水平，比低收入国家略高一点儿。中国正在全面建设小康社会，大幅度提高城镇人口比重，逐步扭转、缩小工农差别、城乡差别、地区差别是其中的重要目标之一。为此，必须努力"消除不利于城镇化发展的体制和政策障碍"（十六大报告语），走出一条既不同于西方发达国家和地区，也不同于传统发展老路的城镇协调发展、城乡共同繁荣的与新型工业化道路相呼应的"新型城镇化道路"来。因此，中国新型城镇化的特点和要求有：

1. 规划起点高

城镇要科学规划，合理布局，要使城镇规划在城市建设、发展和管理中始终处于"龙头"地位，从而解决城镇建设混乱、小城镇建设散乱差、城市化落后于工业化等问题。

2. 途径多元化

中国地域辽阔、情况复杂，发展很不平衡，在基本原则的要求下，中国城镇化实现的途径应当是多元的。中国东、中、西部不一样，山区、平原不一样，不同的发展阶段要求不一样，不同地域特色不一样……不能强调甚至只允许一种方式。与工业化的关系处理也应该有多种方式，有的是同步，有的可能要超前。

3. 聚集效益佳

城镇一个最大的特点是具有聚集功能和规模效益。要在增加城镇数量、适度扩大城镇规模的同时，把城镇做强，不能外强中干，现在有些城市就虚得很。

4. 辐射能力强

利用自身的优势向周边地区和广大的农村地区进行辐射，带动郊区、农村一起发展，这是城镇责无旁贷的义务，它应该做到而且也可以做到，问题是我们要有这种意识、视野、规划和措施，千万不能搞成孤岛式的城镇。

5. 个性特征明

中国的城镇要有自己的个性，每个地方的城镇，每一个城镇都应该有自己的个性，要突出多样性。城和镇都是有生命的，都有自己不同的基础、背景、环境和发展条件，由此孕育出来的城镇也应显示出自己与众不同的特点。

6. 人本气氛浓

不能为城镇而城镇，发展城镇的目的是为人服务。所以，城镇的一切应当围绕人来展开，要树立牢固的人本思想，创造良好的人本环境，形成良好的人本气氛，产生良好的为人服务的功能。总的来说，就是要使城镇具有人情味，能够促进人的自由而全面的发展，而不是相反。

7. 城镇联动紧

在表述上使用的是"城镇化"，而非城市化。其内涵是要把城市的发展和小城镇的发展作为一个有机的整体来考虑，解决好非此即彼或非彼即此或畸轻畸重的问题。600多个大、中、小城市和两万多个小城镇本来就是一个完整的梯队，不能人为地分割开来。

8. 城乡互补好

中国的城镇化一定要体现一盘棋的思想，要打破二元结构，形成优势互补、利益整合、共存共荣、良性互动的局面。市带县体制也好、城乡一体化也好，其出发点都是要走活城乡这盘棋。因为农村可以为城镇的发展提供有力支持，形成坚强后盾，城镇可以为农村的发展提供强大动力，从而全面拉动农村发展。绝不能以牺牲农村的发展来谋求城镇的进步，这是一些发达国家曾经走过的老路，是一条教训，当引以为戒。

（三）城镇化存在的问题

当然，在城镇化加快发展的过程中，也存在一些不容忽视的问题，需要引起足够的重视。

1. 人的城镇化不够

一些地方的城镇化过于注重房地产开发、土地征用、盲目投资，导致城市房地产畸形增长，但是，进城的农民还仅仅是住上了楼房的农民，并没有真正变为现代市民。

2. 城市承载力不足

新型城镇化的不断发展，大量农村人口涌进城市，随之而来产生了一系列的问题。城市用地紧张、环境污染严重、教育资源紧缺、公共交通拥挤、工作岗位不足、管理能力低下等现象越来越突出，城市的承载力与进城人口不相配套。

3. 地方债务剧增

为了增加城镇化率，一些地方政府为了城镇化而城镇化，大拆大建，形象工程一大堆，为此背负了巨额债务，蕴藏了巨大的债务风险。

4. 区域不平衡明显

在城镇化过程中，沿海发达地区和少数特大城市，由于产业基础好，就业机会多，现代交通体系完善，吸引了大量人口，尤其是大量高技能的年轻人口，另外，大量经济薄弱的三四线城市，特别是一些县城、乡镇，人口吸纳能力有限，年轻人口流失严重。

5. 房地产化倾向明显

在城镇化的过程中，由于片面追求 GDP 和城市形象，特别对土地财政的依赖，很多地方政府大兴土木，大量房地产项目开工建设，但是并没有相应的需求，形成了著名的"鬼城"现象，很多三四线城市、县城和中小城镇，房地产倾向明显。

二、新型城镇化下果蔬质量安全需求趋势

近年来居民消费持续低迷，制约着经济的健康可持续发展。随着经济全球化程度的加深，当前贸易摩擦日益增多，出口难度在加大，靠政府投

资刺激经济增长的方式不可持续，拉动居民消费是实现经济转型的必经之路。而造成居民消费需求不足的一个重要原因是城镇化滞后，而新型城镇化的加速推进，扩大了消费需求，并且促使包括食品安全在内的居民消费需求产生了新的变化。

（一）新型城镇化对城乡居民需求的影响

近年来，新型城镇化的快速发展，对城乡居民的消费需求产生了巨大的影响。主要的影响有：

1. 扩大了消费需求

国家出台的相关政策均把城镇化和扩大内需紧密地联系在一起，2009年和2012年的中央经济工作会议均指出，城镇化是我国现代化建设的历史任务，是扩大内需的最大潜力所在。

2013年6月《国务院关于城镇化建设工作情况的报告》指出，城镇化是现代化的必由之路，是转变发展方式、调整经济结构、扩大内需的战略重点；同年12月召开的中央城镇化工作会议也强调了城镇化是扩大内需和促进产业升级的重要抓手。2014年出台的《国家新型城镇化规划（2014年—2020年）》再次指出，城镇化是保持经济健康发展的强大引擎，扩大内需的最大潜力在于城镇化。罗富政、罗能生（2013）通过省域面板数据的实证分析得出城镇化与内需之间存在U型关系。[①] 宗翮（2013）则指出，2013—2020年人口城镇化进程将带来百万亿元的内需规模，成为7%—8%中速增长的重要支撑，城镇化对需求的创造源于人口城镇化创造出来的消费城镇化，且消费城镇化使市场获得数倍的扩张能力，城镇化推动城镇建设从而创造投资需求、引发消费升级从而创造消费需求、推动产业升级从而扩充市场需求、促进郊区转型从而形成新的市场需求、促进新农村建设从而扩大农村需求。[②]

[①]　罗富政、罗能生：《城镇化扩大内需的路径及区域效应研究》，《现代财经》（天津财经大学学报）2013年第6期。

[②]　宗翮：《新型城镇化：扩大内需的最大潜力》，《江南论坛》2013年第7期。

2. 促进了消费结构升级

所谓消费结构升级，是指各类消费支出在消费总支出中的结构升级和层级提高，它直接反映了人们消费水平和发展趋势。现代经济学认为，经济结构决定着产品总供给结构，总需求结构决定着消费结构，同时产品总供给结构和消费结构的变化也在一定程度上影响着经济结构和总需求结构。通过消费结构升级来扩大内需，再通过扩大内需来拉动经济增长，集中体现着消费需求对生产的决定作用。新型城镇化的快速发展，即改变了经济结构，更改变了供给结构和消费结构，城乡居民必然在汽车、住房、旅游、教育等方面扩大需求，从而促进消费结构的升级。

3. 城乡居民消费差距缩小

农民向城市转移后，农村人均资本存量将增加，继而促进农村经济增长，提高农民收入水平。因此，城镇化的推进也会改善农村居民的生活质量，提高人们的收入水平和消费水平，再加上城乡公共服务一体化的建设，城乡居民消费差距逐步缩小。

（二）新型城镇化下果蔬质量安全需求趋势

新型城镇化背景下，城乡居民的消费需求也产生了急剧的变化，食品安全需求也不例外，对果蔬质量安全需求呈现出一些新的特点。

1. 安全性标准提升

一方面，农民向城市转移后，农村人均资本存量将增加，继而促进农村经济增长，提高农民收入水平。因此，城镇化的推进也会改善农村居民的生活质量，提高人们的收入水平和消费水平，再加上城乡公共服务一体化的建设，城乡居民消费差距逐步缩小，农村居民对果蔬质量安全的需求必然与原来不同，相应的安全标准也必然要提高。

另一方面，城市居民得益于城市的扩张和基础设施的建设，经济发展质量随之提高，生活水平进一步得到提升，对果蔬质量安全的需求也进一步提升。

由于城乡居民果蔬质量安全需求的提升，相应的果蔬供应链各相关主体必须适应这种变化了的安全需求，规范和提高安全控制行为。

2. 品质要求提高

随着城乡居民生活水平越来越高，广大城乡居民对果蔬的品质要求也越来越高，一般品质的市场需求越来越小，高品质的水果蔬菜市场份额越来越大，居民需求旺盛，特别是有认证的品牌果蔬，由于有权威机构的认证和市场认可，所以得到了逐渐富裕起来的居民的青睐。在一些经济发达地区，进口的美国、东南亚和中国台湾地区的高品质水果蔬菜得到了市场认可，需求量逐年上升，而且价格不菲，虽然如此，但也是供不应求。

由于高品质果蔬必然要求安全性要高，而且很多进口果蔬因为产地标准与国内有差异，再加上进口水果检验检疫要求不同，所以需要国家加强因此产生的果蔬质量安全监管。

3. 花色品种要求越来越多

传统上，中国地域辽阔，农业生产自然条件不同，生活水平差异巨大，形成了果蔬消费上的地域性，地产果蔬占据绝对主导地位，但是在交通网络逐渐完善的当代，随着新型城镇化的发展，居民生活水平的提高，消费结构和能力也得到了极大提升，富裕起来的各地城乡居民已经不再满足于地产果蔬的消费，异地果蔬占的比例越来越大，品种越来越多。

跨地域的果蔬虽然价格较高，但很多居民也能消费得起，而且居民消费的个性化越来越明显，即使是同一品种的果蔬，也会有不同的花色、口味来满足不同消费者的需求。

由于花色品种的增多，不同花色品种的果蔬需要不同的生产行为，一方面导致生产技术水平要求越来越高，化学产品使用越来越多；另一方面导致检验检疫等监管手段要适应因为果蔬花色品种增多而形成的质量安全监管要求。

4. 城乡果蔬安全需求差异缩小

新型城镇化的重要成果是减少了农村居民，提高了农民收入，缩小了城乡差距，由于农村居民和小城镇居民收入的提高，生活水平和要求也逐步提高了，对果蔬安全的需求也越来越接近城市居民，原来因为城乡分割和收入差距形成的果蔬安全需求差异越来越小。

由于城乡果蔬安全需求差异的缩小，原来因为城乡分割和消费水平差异而存在的果蔬质量安全需求差异逐步缩小，因此需要逐步提高农村和小城镇的果蔬质量安全水平，满足城乡差异缩小引起的果蔬安全需求变化。

5. 果蔬消费比重增大的影响

现代生活水平的提高和生活节奏的加快，导致城市病和富贵病越来越多，高血压、高血糖、高血脂等成为居民健康的重要杀手，而饮食结构是"三高"形成的重要原因，因此，"三高"人群越来越注重饮食结构的优化。水果蔬菜由于自身的营养和健康优势，增加居民消费比重，可以有效地减少"三高"的发生，提高居民的健康水平，越来越得到广大消费者的喜爱，在饮食结构中的消费比重越来越大。

随着果蔬消费比重的增大，果蔬质量安全在整个食品安全中的比重也越来越重要，而且从曝光的食品安全事件看，果蔬安全事件的比例也逐渐增多，所以国家需要进一步关注果蔬消费比重加大带来的食品安全问题。

6. 反季节需求的影响

在传统的饮食习惯中，讲究时令果蔬，夏天吃西瓜，冬天吃萝卜感觉是生活的常识，但是，由于生产技术的发展和消费水平的提高，广大城乡居民希望在夏季也能偶尔尝到冬季的果蔬，而在冬季也可以吃到夏季的果蔬，反季节的果蔬在市场上越来越受欢迎，但是反季节果蔬需要一定的技术水准和使用农药，从而会产生一定的安全问题，需要引起足够的重视。

三、农村改革对果蔬质量安全的影响

新型城镇化必然要求城乡改革的进一步深化，近几年，为了适应新型城镇化发展趋势，各种改革措施不断推出，深刻地影响着果蔬质量安全的治理。

(一) 农村"三块地"改革的影响

2014年12月2日，中央全面深化改革领导小组第七次会议审议了

《关于农村土地征收、集体经营性建设用地入市、宅基地制度改革试点工作的意见》。农村土地制度改革三项试点在全国 33 个试点地区进行。农村"三块地"改革的重大举措必然深刻地影响着农民的生产生活和新型城镇化的进程，也影响着果蔬质量安全的需求。

通过深化征地制度改革，征地范围进一步缩小，征地程序更加规范完善，被征地农民所得补偿和分享的增值收益明显增加。集体经营性建设用地入市盘活了农村空闲用地和低效用地，为农村新产业新业态发展提供了用地空间。截至 2017 年 6 月，全国集体经营性建设用地入市地块共计 540 宗，面积达 9381.44 亩，总价款超过 81 亿元。宅基地制度改革在确保农民住有所居、农村和谐稳定的前提下，积极探索农民宅基地租赁、抵押等，既有效盘活了闲置的农房和宅基地，提高了土地利用效率，也大幅增加了农民的财产性收入。数据显示，15 个试点地区已退出宅基地 7.6 万余户，面积 5.9 万余亩，住房财产权抵押 3.1 万余宗，累计获得贷款超过 37 亿元。

农村"三块地"改革最明显的效果是提高了农民收入，农民收入的提高必然促进农民生活水平的改善，消费结构的升级，从而对果蔬质量安全的需求提出更高的要求。

(二) 农村土地"三权分置"的影响

2016 年，中共中央办公厅、国务院办公厅印发了《关于完善农村土地所有权承包权经营权分置办法的意见》(以下简称《"三权分置"意见》)，对坚持土地集体所有权根本地位、严格保护农户承包权、加快放活土地经营权、完善"三权"关系作出了具体规定。"三权分置"是重大的改革创新，内涵丰富。概括地讲"三权分置"是指农村的土地集体所有权、农户的承包权、土地的经营权这"三权"分置并行。

改革开放之初，实行家庭承包责任制，所有权归集体，承包经营权归农户，称为"两权分离"。现在顺应农民要保留自己的土地承包权，农民无论进第二、第三产业还是进城市，还想给自己留一个后路，同时又有流转土地经营权的意愿，所以这次又将土地承包经营权分为承包权和经营权。这样就形成了所有权、承包权、经营权"三权分置"并行的格局。在这个框架下，农村土地的集体所有权归集体所有，是土地承包权的前提。农户享有的承包经营权在土地流转中又派生出经营权，集体所有权是根本，农户承包权是基础，土地经营权是关键，这三者统一于农村的基本经营制度。

这种制度设计是来源于实践的，主要目的是想解决两个问题：一是通过科学界定三权的内涵、边界以及相互间的关系，来巩固和完善农村的基本经营制度，能够更好地维护、实现农民集体、承包农户以及新型经营主体的权益。二是通过实行"三权分置"促进土地资源优化配置，土地作为要素要流动起来，培育新型经营主体发展适度的规模经营，推进农业的供给侧结构性改革。这样就可以为发展现代农业、增加农民收入提供新的路径和制度保证。

农地"三权分置"的意义重大，第一，它丰富了双层经营体制的内涵。双层经营体制是农村改革开放之后确立的基本制度。从"两权分离"到"三权分置"，从集体所有、农户承包经营到集体所有、农户承包、多元经营，应该说"三权分置"展现了中国农村基本经营制度的持久活力，它是不断往前走、不断发展的，因为它涉及亿万农民的切身利益，是农村的重大改革，重大政策。小规模的一家一户的经营有它的基础性意义，同时也面临着规模小、竞争力不足、现代因素引入不畅等问题，通过这个制度设计，既保持了集体所有权和承包关系的稳定，同时又使土地要素能够流动起来，所以说它使农村基本经营制度保持了新的持久的活力。第二，开辟了中国特色新型农业现代化的新路径。实行"三权分置"，在保护农户承包权益的基础上，赋予新型经营主体更多的土地经营权，有利于促进土地经营权在更大范围内优化配置，从而提高土地产出率、劳动生产率和资源利用率。这为加快转变农业发展方式，发挥适度规模经营在农业现代化中的引领作用，走出了一条"产出高效、产品安全、资源节约、环境友好"的中国特色新型农业现代化道路。第三，它还有重要的理论意义，丰富了我党的"三农"理论。"三权分置"实现集体、承包农户、新型经营主体对土地权利的共享，有利于促进分工分业，让流出土地经营权的农户增加财产收入，土地承包权是一种用益物权，让新型农业经营主体实现规模收益，所以它是充满智慧的制度安排、内涵丰富的理论创新，具有鲜明的中国特色。

"三权分置"体现了中国特色社会主义理论的魅力，是新时代中国"三农"思想的重要内容，为发展现代农业、实现城乡协调发展、全面建成小康社会提供了新的理论支撑。总的前提是要引导土地规范地流转，没有流转谈不上经营权，没有相对独立的土地经营权也就没有"三权分置"。加快放活土地经营权，优化土地资源配置，是实施"三权分置"的重要目标之一。通过"农地农民有，农地农业用"的制度安排，可以更好地促进规模经营和现代农业发展。截至 2017 年 6 月底，全国承包耕地流转面积达到了 4.6 亿亩，超过承包地的 1/3。在一些沿海地区这一比例已经达到1/2。现在经营耕地面积 50 亩以上的规模经营农户超过 350 万户。

农地"三权分置"对果蔬质量安全的影响主要体现在以下三个方面：

一是从果蔬质量安全需求看，对于经商、务工和进城的农民而言，土地流出以后，可以获得一部分流出收入，从而整体提高了非农就业和进城农民的收入，促进其尽快市民化，使其果蔬消费也尽快市民化，提高了对安全果蔬的需求数量和质量。

二是从果蔬质量安全供给看，对于流入土地的农民来说，明确土地经营权人对流转土地依法享有一定期限内的占有、耕作并取得相应收益的权利。强调在保护集体所有权、农户承包权的基础上，平等保护经营主体以流转合同取得土地经营权。一方面，土地流转促进了生产能手和经营大户的生产规模，规模化的果蔬生产必然导致果蔬生产的专业化，也就是专用性资产投资加大，进入和退出壁垒提高，果蔬质量安全及其市场声誉的影响加重，专业化、规模化的果蔬生产者质量安全生产的压力增加，其必然会加大质量安全投入；另一方面，规模化和专业化的果蔬生产者实力雄厚，投入果蔬质量安全控制行为的能力提升，也为进一步加强果蔬生产环节的质量安全行为提供了可能。

三是促进果蔬质量安全新型经营主体的发展，"三权分置"对农业政策，包括补贴政策都会产生深刻的影响。总的趋势是新增的农业补贴向适度规模经营的家庭农场、合作社等新型果蔬经营主体适度倾斜，比如建立担保体系或提供购置农机具补贴等。在东北地区，耕地比较多，新型主体经营面积大，购置农机具动辄需要几十万元，甚至上百万元，只靠一个家庭农场甚至一个合作社，一次性支付恐怕比较困难，这就需要政府对他们进行支持。在这种情况下，适当地提高相关的补贴比例，也是必需的。农业补贴下一步的趋势就是增量向新型果蔬经营主体倾斜，主要应当补贴在支持新型果蔬经营主体开展基础设施建设，特别是果蔬安全生产条件改善等方面。要创造条件，促进新型经营主体和适度规模经营健康持续地发展，对建设现代果蔬产业、促进果蔬质量安全控制、增加农民收入都会产生一系列的积极影响。

四、城市居民对果蔬质量安全监管体系的信任研究

由于城镇消费者对蔬菜的生产过程不了解，是纯粹蔬菜的消费者，并且城镇消费者相对于农村消费者，更注重蔬菜的质量安全，而城镇蔬菜的质量安全主要依赖于政府监管体系的有效性。随着经济社会的发展，人们生活水平的逐渐提高，城镇消费者不仅注重蔬菜消费的品种和数量，而且越来越注重蔬菜的内在质量，包括蔬菜的营养成分、有毒有害物质的含量、农药残留等。但是，在过去相当长的一段时间里，为了提高蔬菜的市场供应量，在生产、运输、储藏、加工、销售等环节中大量、不合理地使用化学农药、化肥以及其他化学产品，造成了一定的环境污染和严重的农药残留问题。特别是"毒豇豆""毒韭菜"等蔬菜质量安全事件影响到了消费者对食品安全的信心，引起了消费者对蔬菜质量安全及其监管体系的信任危机。

由于蔬菜同时具备搜寻品、经验品和信任品三种产品的特征，所以其质量安全信息一般消费者是很难掌握的，需要依赖相关监管体系的工作成

效，因此，城镇消费者对蔬菜质量安全的信任问题某种程度上就转化成了对其监管体系的信任问题。目前，国内学者关于消费者食品安全信任问题的研究主要集中在四个方面：一是研究信任对购买意愿、消费者偏好等方面的影响，此时把信任本身作为自变量；二是研究品牌信任的形成机制及其对消费行为的影响；三是把信任作为因变量，从消费行为、个人特征、农户、企业和政府等方面分析影响消费者信任的因素；四是研究信任修复和危机管理，从而提出相关政策建议。

已有关于食品安全的信任研究主要集中在分析消费者食品质量安全信任的影响因素上。以国内外已有的研究为基础，利用江苏省 568 位城镇居民的调查数据来分析城镇居民对蔬菜质量监管体系的信任状况，进一步分析其影响因素，这对促进蔬菜产品质量监管体系的发展，提升食品质量安全水平和扩大居民消费具有一定的学术意义和实践意义。

（一）研究设计

信任是影响市场主体参与交易过程的重要因素，包括接受风险意愿和正面期望两个关键要素。

如威廉姆斯（2001）从接受风险意愿方面认为，信任是对包含机会主义风险行为的依赖意愿。[1] 萨博（1993）从正面期望方面认为，信任是市场交易一方认为另一方不会利用其弱点的信心。[2] 梅尔等（1995）同时考虑正面期望与接受风险的意愿后认为，信任是在一方有监控另一方能力的情况下，宁愿放弃这种能力而使自己暴露弱点、有可能利益受到对方损害的状态。[3] 麦克阿丽斯特（1995）将信任分为认知信任和情感信任两个维

---

① Williams, M., "In Whom We Trust: Group Membership as an Affective Context for Trust Development", *Academy of Management Review*, 2001, 26 (3).

② Sable, C., "Studied Trust: Building New Forms of Cooperation in a Volatile Economy", *Human Relations*, 1993, 46 (9).

③ Mayer, R., Davis, J. and Schoorman, F., "An Intergrative Model of Organizational Trust", *Academy of Management Review*, 1995, 20 (3).

度。① 达斯等（2001）则将信任分为善意型信任和能力型信任两类。② 而卢梭等（1998）将信任划分为算计型信任、制度型信任、威慑型信任和关系型信任四种。③

随着社会上食品安全事件的不断爆发，政府食品安全监管行为失效问题引起了公众的关注，广大消费者开始质疑政府监管的效果，政府食品质量安全监管体系出现了前所未有的信任危机，许多学者也开始研究食品行业的消费者信任问题。本节将考察的信任界定为城镇消费者对蔬菜质量安全监管体系可以信赖的正面预期以及对监管主体能力和善意的感知。

具体消费过程中，消费者信任及其程度会受到多种因素的影响，学者对信任的影响因素问题进行了有益的探讨，朱峰等（2011）、费希尔（2013）都认为有效沟通、声誉机制、互惠互利、相互认同等柔性治理对农产品供应链信任程度提升有重要作用。④

本书将消费者信任影响因素的研究放在了农产品供应链上下游市场主体之间来考察，处于供应链下游的城镇消费者对处于供应链上游的蔬菜质量安全监管体系的信任程度受到了监管体系治理特征的影响。监管体系的治理特征具体包括售前检测、过程监督、事后惩罚、信息发布和公众参与五个因素。另外，年龄、性别、文化程度、家庭人口构成等城镇居民的个体统计特征因素对信任也有一定的影响，家庭收入、饮食习惯、消费层次、消费倾向等。城镇居民的消费特征也是需要考察的影响因素。为了便于分析，对城镇居民信任的调查和研究仅限于对蔬菜质量安全监管体系的信任这一层面，并且将信任分为认知和情感两个方面（Barraud-Didier,

① McAllister, D., "Affect-based and Cognition-based Trust as Foundations for Interpersonal Cooperation in Organizations", *Academy of Management Journal*, 1995, 38（1）.

② Das, T. K., and Teng, B. S., "Trust, Control and Risk in Strategic Alliances: An Integrated Framework", *Organization Studies*, 2001, 22（2）.

③ Rousseau, D., Sitkin, S., Burt, S. and Camerer, C., "Not so Different after all: A Cross-Discipline View of Trust", *Academy of Management Review*, 1998, 23（3）.

④ 朱峰、赵晓飞：《中国农产品渠道联盟信任机制构建》，《农业经济问题》2011 年第 8 期。Fischer, C., "Trust and Communication in European Agri-Food Chains, Supply Chain Management", *An International Journal*, 2013, 18（2）.

2012；Hansen，2002）。[①]

　　不少研究者认为使用单项指标也能够保证信任研究的构思效度（Nilsson 等，2009；郭红东等，2008），[②] 因此，本书将使用单项指标来测度认知信任和情感信任。

表 10.1　变量及赋值

类别	变量名称	赋值
个人特征	性别 年龄 受教育年限 职业	男 = 1，女 = 0 周岁 年 机关事业、国企等 = 1，其他 = 0
家庭特征	家庭年收入	小于 5 万元 = 1，5 万元—8 万元 = 2，8 万元—10 万元 = 3，10 万元—20 万元 = 4，20 万元及以上 = 5
饮食及消费习惯	家庭结构 蔬菜购买习惯 蔬菜质量关注度 饮食习惯	夫妻二人 = 1，有老人或孩子的 = 2，既有老人又有孩子的 = 3 经常购买 = 1，否 = 0 关注蔬菜质量 = 1，否 = 0 经常在外就餐 = 1，否 = 0
监管体系特征	食品安全关注度 售前检测 事后惩罚	关注食品安全 = 1，否 = 0 非常不了解 = 1，比较不了解 = 2，一般了解 = 3，比较了解 = 4，非常了解 = 5 非常不了解 = 1，比较不了解 = 2，一般了解 = 3，比较了解 = 4，非常了解 = 5

---

　　① Barraud-Didier, V., Henninger, M. and Akremi, A., "The Relationship Between Members' Trust and Participation in the Governance of Cooperatives: The Role of Organizational Commitment", *International Food and Agribusiness Management Review*, 2012, 15 (1). Hansen, M., Morrow, J. and Batista, C., "The Impact of Trust on Cooperative Membership Retention, Performance and Satisfaction: An Exploratory Study", *Journal International Food and Agribusiness Management Review*, 2002, 5.

　　② Nilsson, J., Kihlen, A. and Norell, L., " Are Trust Traditional Cooperatives and Endangered Species? About Shrinking Satisfaction", *Involvement and Trust Editorial Staff*, 2009, 12 (4). 郭红东、杨海舟、张若健：《影响农民专业合作社社员对社长信任的因素分析——基于浙江省部分社员的调查》，《中国农村经济》2008 年第 8 期。

类别	变量名称	赋值
	过程监督 信息发布 公众参与	非常不了解＝1，比较不了解＝2，一般了解＝3，比较了解＝4，非常了解＝5 非常不透明＝1，比较不透明＝2，一般＝3，比较透明＝4，非常透明＝5 非常不好＝1，比较不好＝2，一般＝3，比较好＝4，非常好＝5

对于蔬菜质量安全监管体系的信任程度可以分为"非常不信任""比较不信任""一般信任""比较信任"和"非常信任"5个层次，其取值依次为1、2、3、4、5，也就是说城镇居民对目前蔬菜质量安全监管体系的信任程度越高，得分也就越高。另外，本模型中其他变量的含义及取值情况如表10.1所示。

本书构建以下形式的计量模型来检验可能影响城镇居民对蔬菜监管体系信任程度的影响因素：

$$DC = F(X)$$

其中，因变量 DC 表示城镇居民对蔬菜监管体系的信任程度，包括认知信任和情感信任（$DC=1$，2，3，4，5；是一种有序分类变量），X 是自变量，表示可能的各影响因素。

根据变量特征，本书采用有序 Probit 模型对城镇居民对蔬菜质量监管体系的信任程度及影响因素进行分析。

（二）数据获得及初步统计

1. 数据获得

为了更好地分析信任对城镇居民消费选择倾向的作用以及城镇居民对蔬菜质量安全监管体系信任的影响因素，本书以南京市、淮安市和沭阳县的城镇居民作为考察对象，这三个城市的居民分别属于大型城市、中型城市和小型城市，有一定的代表性。

本书数据来自实地问卷调查，调查对象是江苏省的568位城镇居民，问卷调查全部由经过系统培训的淮阴师范学院在校本科学生完成的。主要集中在 2014 年 12 月—2015 年 3 月，为了保证本次问卷调查的质量，首先在淮安市选择了 30 户正在购买蔬菜的城镇居民进行了预调查，在此基础上经过反复修改确定最终的调查内容。问卷调查主要是从城镇居民的角度展开，利用南京市、淮安市和沭阳县的当地学生回家期间进行的，共发放了700 份调查问卷，回收了 632 份，剔除了有问题和异常的问卷 64 份，最终有效问卷 568 份。

2. 初步统计

如表 10.2 所示的统计数据可以看出，总体上仍有不少城镇居民对目前的蔬菜监管体系缺乏信任，信任程度总体偏低，特别是情感信任方面比认知信任的程度更低，表明目前的食品安全事件对城镇居民信任情感的负面影响较大，使之情绪性地降低对蔬菜质量安全监管体系的信任程度。

表 10.2　城市居民对蔬菜质量安全监管体系信任程度统计

信任类型	样本及比例	非常不信任	比较不信任	一般信任	比较信任	非常信任
认知信任	样本量 比例（%）	79 13.91	219 38.56	138 24.30	85 14.96	47 8.27
情感信任	样本量 比例（%）	121 21.30	203 35.74	147 25.88	54 9.51	43 7.57
赋值	1—5	1	2	3	4	5

如表 10.3 所示的调查发现，当前城镇居民中负责蔬菜购买的以中年人为主，样本居民的年龄分布在 24—73 岁，平均年龄为 40.24 岁，表明中年人是蔬菜的主要购买者；居民的正式受教育年限最短的为 6 年，最长的为22 年，平均为 13.65 年，文化程度普遍是高中毕业以上，说明江苏省城镇居民一般都有一定的受教育水准，对食品安全问题的关注程度比较高。在从事的职业中，机关事业单位和国有企业的居民占到了 28%，大部分居民还是从事其他职业；家庭年收入的分布均值为 2.13，也就是位于 8 万—10

万元，基本属于中等收入水平；家庭结构中，除了夫妻两人外，大部分的家庭都有老人或者孩子；大多数的城镇居民都会经常购买蔬菜，经常在外就餐的占比较小；大部分的城镇居民对蔬菜及食品质量安全问题也比较关注，但是对蔬菜质量安全监管体系的特征了解得比较少，觉得信息透明度不高，公众参与不足。

表 10.3　自变量的描述性统计

变量	最小值	最大值	均值	标准差
性别	0	1	0.27	0.41
年龄	24	73	40.24	9.17
职业	0	1	0.28	0.39
受教育年限	6	22	13.65	1.36
家庭年收入	1	5	2.13	0.68
家庭结构	1	3	2.08	0.35
蔬菜购买习惯	0	1	0.74	0.42
蔬菜安全关注度	0	1	0.55	0.44
饮食习惯	0	1	0.24	0.48
食品安全关注度	0	1	0.69	0.41
售前检测	1	5	2.19	0.57
事后惩罚	1	5	1.92	0.49
过程控制	1	5	1.83	0.62
信息发布	1	5	2.03	0.46
公众参与	1	5	1.37	0.53

（三）计量分析

根据变量的赋值情况，把城镇居民对蔬菜质量安全监管体系的信任程度作为因变量，其他的相关变量作为自变量，利用 Probit 模型分别对认知信任和情感信任进行估计，模型估计结果如表 10.4 所示。

表 10.4 模型估计结果

变量名称	认知信任模型估计	情感信任模型估计
性别	−1.167**	−1.305**
年龄	0.083***	0.024*
职业	1.036*	0.982
受教育年限	−3.890***	−4.103*
家庭年收入	−4.972	−5.391**
家庭结构	−1.724*	−1.861**
蔬菜购买习惯	0.902	0.874
蔬菜安全关注度	−1.135**	−1.536***
饮食习惯	0.457	0.589
食品安全关注度	−0.613**	−0.924***
售前检测	−0.357	−0.892*
事后惩罚	−0.476***	−1.426**
过程控制	−0.518	−1.053
信息发布	0.971**	2.391**
公众参与	1.078	0.782
−2 倍的对数似然值	1498.723	1679.154
卡方统计值	181.367***	62.301***

注：*、**、***表示显著度水平分别为 10%、5% 和 1%。

个人统计特征方面：从蔬菜购买者的性别来看，男性对目前的蔬菜质量监管体系不太信任，可能是因为男性对外界比较关注，平时的信息摄入量较多，接触的食品安全负面信息对男性的信任程度产生了明显的负向影响，而女性在家庭准备饮食的劳务多一点，更知道有意识地回避一些可能不安全的蔬菜，反而信任程度高于男性。从年龄来看，年龄越大的购买者，对目前的蔬菜质量监管体系越信任，可能是因为年龄越大的蔬菜购买者，已经形成了自己相对成熟的购买习惯和经验，知道如何购买到自己相对满意的蔬菜，反而对目前的蔬菜质量安全监管体系信任程度高于年轻的购买者，而年轻的购买者往往没有形成成熟的购买习惯和经验，每次购买过程中不知该如何应对，再加上容易受到一些负面信息的影响，往往会对目前的质量安全监管体系不信任。从购买者的职业来看，在机关事业单位和国有企业上班的购买者，由于工作和收入都比较稳定，对目前的政府行为也比较了解，所以对情感信任没有表现出显著的影响，对认知信任的影响程度也比较低，可能是从事这些职业的人相对来说比较理性。从购买者的受教育年限来看，对信任程度呈明显的负向影响，可能是受教育程度较高的购买者工作也较好，收入也较高，对食品安全的追求也就比较高，但是，目前市场上蔬菜质量安全的状况不能令他们满意，再加上时不时出现的食品安全事件的刺激，使他们对目前的蔬菜质量安全监管体系的信任程度降低。

家庭特征方面：从购买者的家庭收入来看，家庭收入与信任程度有负向的影响关系，特别是对情感信任有较为显著的负向影响，可能的原因是由于家庭收入较高的蔬菜购买者与家庭收入较低的购买者相比，对蔬菜质量安全的要求更高，但是，偶尔披露的食品安全事件显著影响了他们对目前蔬菜质量安全监管体系的信任程度。从购买者的家庭结构来看，家庭结构越复杂，对蔬菜质量安全监管体系的信任程度就越低，可能的原因是，结构复杂的家庭，有的有小孩，有的有老人，有的既有小孩又有老人，所以他们对饮食安全和多样性的要求比一般家庭要高，在购买蔬菜的过程中对蔬菜质量安全的了解就越多，偶尔出现的不安全蔬菜降低了他们对目前监管体系的信任程度。

饮食及消费习惯方面：蔬菜质量和食品安全关注因素的影响比较显著，蔬菜购买习惯和饮食习惯因素的影响不显著，对蔬菜质量和食品安全关注程度越高的购买者，对目前的蔬菜质量安全监管体系的信任程度就越低，可能的原因是关注蔬菜质量和食品安全的购买者，对蔬菜质量安全的信息了解得比较多，更在意一些负面的食品安全信息，受到食品安全负面信息影响的可能性就越大，从而对目前的蔬菜质量安全监管体系的信任程度就越低。

对监管体系的感知特征方面：售前检测对消费者信任度有负向影响，对其中的情感信任影响更为显著，可能的原因是在目前的监管体系当中，比较了解的购买者认为检测还不够全面，抽样不太合理，检测过程也不够透明、科学，导致消费者的信任度较低。关于食品安全的事后惩罚，对于屡见不鲜的食品安全事件，购买者有些麻木，对此思考较多，了解越多的购买者，越感觉食品安全事件的事后惩罚力度不够，对目前的蔬菜质量安全监管体系信任程度就越低。关于过程控制对信任程度影响不显著，可能是城镇购买者对蔬菜生产和质量安全控制过程不太了解，但是与信任程度仍呈负相关关系，说明消费者仍然对过程控制不满意。关于质量安全信息发布方面，影响比较显著，越认为信息发布透明的消费者，其信任程度就越高，越认为信息发布不透明的消费者，其信任程度就越低，从统计结果来看，购买者对信息发布透明度的得分平均仅 2.03 分，比较低，说明目前公众对蔬菜质量安全信息透明度不太满意。

（四）研究讨论

信任对促进蔬菜消费，保障居民饮食安全和身体健康有重要的影响，消费者的信任程度是对食品安全监管体系效果的一种评价，一旦居民对食品安全监管体系的信任程度较低，表明居民对食品安全的监管体系已经丧失信心，这会严重地影响居民的消费需求和幸福感，这也是当前中国食品安全监管面临的主要困境。

本书基于江苏省 568 位城镇居民的调查数据就城镇居民对蔬菜质量安全监管体系的信任及其影响因素进行了实证分析。调查结果显示，城镇居民对目前蔬菜质量安全监管体系的信任程度总体不高，并且情感信任度还低于认知信任度。这可能是受到了不断曝光的食品安全事件的刺激，从而使城镇居民在情感上对目前的蔬菜质量安全监管体系下意识地不信任，实证研究的结果表明，城镇居民对蔬菜质量安全监管体系的认知信任和情感信任主要是受到了购买者个人统计特征、家庭结构特征、饮食及消费习惯、对蔬菜质量安全监管体系的感知特征等因素的影响，其中，性别、年龄、职业、受教育年限、家庭结构、蔬菜及安全关注度、事后惩罚、信息发布等因素影响比较显著。

第十一章 "互联网+"与果蔬质量安全市场治理

食品安全是食品行业发展的生命线，提升食品安全水平，推动食品产业又好又快发展是全社会的共同责任。从农耕时代到工业时代再到信息时代，科技的力量不断推动着人类社会的创新发展。2015 年的全国两会上，"互联网+"被写入政府工作报告，移动互联网改变着各行业的生产组织方式、要素配置方式、产品形态和商业服务模式，并朝着信息网络化、数据智能化、平台生态化的方向发展。食品行业作为最大民生产业，应该借助"互联网+"，在新一轮产业竞争中转型升级，运用"互联网+"的理念和手段，进一步健全食品安全的保障机制，优化果蔬供应链质量安全治理。

本章主要以互联网及电子商务快速发展为背景，分析了"互联网+"与食品安全问题，介绍了果蔬电子商务的发展情况，分析了电子商务发展对果蔬供应链垂直协作的影响。本章接着又分析了电子商务背景下城市果蔬的配送问题，最后介绍了目前中国果蔬冷链物流的发展情况。

一、"互联网+"与食品安全监管

主动引领新常态，依托"互联网+"，进行食品产业链、价值链、创新链、服务链、资金链、安全链的改造与重构，开创食品产业转型和安全管控新模式，破解食品安全难题。

（一）有利于从基地上保障原料安全

2013 年以来，中国蔬菜检测合格率不断提高，农残安全防控水平取得巨大进步。但是，农残安全隐患依然存在，超标事件时有发生，个别超市农药检测设备成为摆设，批发市场农残检查效果较低，不能解决的食品安全问题已严重伤害了消费者信任，使国家威信受损。当前农残问题的主要原因在于现行农残防控体制、重视标准、检测和监管体系建设，忽视了以人为本的基本原则，对于合理引导农民用药既没有依托，也缺乏手段。

保障食品原料安全，应充分借助"互联网+"技术，加强农民培训，推广绿色有机食品生产技术，引导农户按照标准化生产技术规程组织生产，减少农药化肥用量，从源头上保障产品质量安全。

(二) 促进建立科学的产品追溯系统

最大限度地实现消费者和厂商之间信任关系的建立，让诚信不断产生，让信任不断升华，推动社会主义核心价值观建设。政府应加大投入，发挥主导作用，逐步建立全国统一的食品溯源信息平台，通过智能手机和移动互联网，对目标厂商进行无时不有、无处不在的监管，最大限度地保障食品安全。"互联网 +"基层食品网、信用监管平台、移动监管平台、电子商务平台、预警维权平台的食品安全监管模式，打通了生产、流通、餐饮全程全域监管链条，解决食品安全多头管理、权责不清的顽症。将符合规定标准的粮食、蔬菜、肉禽蛋奶与其他食品区别开来，实现优质优价，加强食品生产过程的监管，健全工作机制，监管与生产过程同步，使溯源制度真正成为食品安全的铁锁。比如，伊利乳业已经建立了覆盖全产业链的产品追溯程序，从每头牛耳朵上的数码耳标，到原奶收购车辆的 GPS 跟踪，再到原奶入厂后的随机条形码、生产过程的产品批次信息跟踪表、关键环节的电子信息记录系统、质量管理信息的综合集成系统和覆盖全国的ERP 网络系统，实现了产品信息可追溯，为企业开展溯源提供了很好的经验。

(三) 互联网大数据引领食品安全监管

以互联网、物联网、宽带移动通信、云计算、大数据为代表的新一代信息技术，正快速向包括食品产业在内的各行各业广泛渗透。通过采用"互联网+"，食品生产经营者的每一项生产经营过程、生产经营设施以及流通数据都能集中展现，"互联网+"提供的手段可以让食品安全监控的不同阶段的数据能够无缝衔接，并通过监管部门设置的规则让系统自动提醒食品安全风险，改变传统的监管模式，实现食品安全管控的精细化、全程化、常态化，企业要主动提高食品安全意识，强化食品安全的主体责任。

监管部门更要创新监管理念和服务方式，积极向社会力量购买大数据资源和第三方服务，提高政府服务水平和监管效率，降低服务和监管成本，鼓励和引导企业自愿公示更多生产经营数据、销售物流数据等，构建大数据监管模型，提高政府科学决策和风险预判能力，加强对市场主体的事中事后监管，让政府监管和社会监督有机结合，构建全方位的市场监管体系，从而形成企业与监管部门双赢的大数据监管新模式。

（四）促进了食品安全执法监管

食品安全是"管"出来的，要巩固监管体制改革成果，转变监管工作职能，落实好部门监管责任。发挥好消费者、社会组织、相关企业、企业内部职工的作用，运用信息技术，建立覆盖省、市、县、乡四级的举报受理、快速处置、及时反馈、奖励兑现的快速反应系统，真正把消费者、企业职工的力量调动起来。在综合系统植入 APP 软件、微博、微信、手机短信等食品安全科普宣教功能，提升消费者辨假识假能力。建立食品安全不良记录与诚信记录信息系统并与人民银行企业征信系统互联互通。重点录入有食品安全重大违法行为、犯罪行为的企业相关信息，供相关各方查询。

十二届全国人大常委会第十四次会议修订的《食品安全法》，要求网络食品第三方交易平台对入网经营者实名登记，明确管理责任，依法可审查其许可证，并对消费者权益的保护作出了规定。新《食品安全法》的规定参照实体市场监管的市场准入式监管模式，赋予第三方交易平台管理的权利和义务。

积极鼓励、培育第三方组织发展和提供服务，包括鼓励消费者协会、食品安全检测机构、认证机构、行业协会独立检测并独立发布季节性、行业性、区域性食品检测结果，通过充分的信息披露建立食品安全集体信用。各级政府要切实加强对食品安全工作的重视，切实转变政府职能，简政放权，强化事前、事中、事后监管，以制定规则、督促信息披露和严格处罚为主，尽量避免直接介入检测、认证等具体事项中，减少大检查、大整顿等运动式管理，发挥监管者、裁判者作用。夯实基层监管基础，重点要解决好监管"手"和"眼"的问题，建设好县、乡两级监管机构，充实基层执法力量，加强教育培训，提升监管能力，强化对地方政府的食品安全考核，建立严格的食品安全监管责任制和责任追究制，发挥好食品安全委员会的作用，加强农业部门、食品药品监管部门、公安部门的统筹协调，形成监管合力，增强对食品安全监管的震慑力。

二、果蔬电子商务发展研究

近几年来，中国网络购物市场快速发展，电子商务已成为消费者日常生活的一部分。科技的发展，思维的创新使电子商务的模式发生改变，对传统的电子商务造成了巨大的冲击，尤其是在果蔬类领域。

（一）果蔬类农产品电子商务的现状

中国电子商务研究中心的统计报告显示，2012年中国进入流通渠道的农产品价值总额为2.45万亿元，而与服装零售类17%、电子产品类14.5%的占比相比，通过网上渠道流通的果蔬类农产品只有1%左右。可见，果蔬类农产品电子商务有很大的市场成长空间。2014年中国网络零售市场中，社会消费品交易量均值增加60%，生活用品线上交易量增加47%，生鲜网上交易量增长达到100%以上，而生鲜中果蔬类占主导地位。这足以说明果蔬类市场的庞大，导致众多企业纷纷出击，瞄准"蓝海"。

综合性电子商务平台京东、当当、淘宝网等，均将果蔬类农产品作为重要业务拓展，市场上还涌现了垂直类的果蔬农产品电子商务企业，如天天果园、顺丰优选等。经济的发展使人们的生活水平得到改善，人们也有了追求健康饮食的理念，这种理念使瓜果蔬菜成为人们一日三餐必不可少的食物，因此人们关注的焦点开始转移到与老百姓"菜篮子"有关的许多问题上。例如，如何保证让老百姓吃上新鲜健康安全的水果蔬菜，如何保证瓜果蔬菜的价格稳定等问题。果蔬类农产品具有鲜活性、地域性、季节性的特点，并且果蔬类农产品标准化程度低，这些特点使企业在果蔬农产品选择、冷链保鲜、物流配送等方面提出了新的要求，这些环节中的任何一个环节有缺陷都会引起用户体验不稳定，导致消费者对网上购买果蔬类农产品缺乏信任。

（二）果蔬类农产品电子商务的瓶颈

由于果蔬与一般农产品和其他工业品不同，大多有生鲜易腐、容易损耗、不易包装等特点，因此，在果蔬电子商务发展过程中，存在一些亟待解决的问题是可能的。

1. 果蔬类农产品货源不稳定，质量监控困难

在发展初期，果蔬类农产品电子商务企业会面临很多问题，首先企业规模小、销售数量小，不可能直接与多个产地完成对接；其次从多个农场进行小批量进货导致物流成本提高，也无法控制产品的品质和价格。例如，在运营初期，优菜网是定位于有机蔬菜的销售。但是，优菜网慢慢发现有机蔬菜供货渠道的供应商们为他们提供的是用普通蔬菜冒充的有机蔬菜。这严重欺骗了消费者，也与最初的定位相违背。在这种情况下，为了使优菜网继续经营，优菜网也只能将定位改为普通蔬菜的销售。这导致用户大量减少。

2. 冷链物流体系和设施的不完善

冷链物流对果蔬类农产品电子商务来说是个难题，也是物流行业难以爬上的高峰地带。目前，国内的冷链物流相当不完善。就国内当前的第三方物流企业而言，绝大多数第三方物流企业的冷链物流缺乏规模化与专业化，冷链仓储与配送基础设施以及技术落后。其次，果蔬冷链物流在流程

的衔接上存在困难，果蔬类农产品的生产基地和物流运营的组织化程度低，冷链仓储的库存条件不好掌控，这些原因都能导致企业的高亏损。例如"网上菜篮子"就是因为冷链物流成本太高终止了果蔬类农产品的配送。

3. 信息不对称，造成顾客心理落差

在传统的果蔬农产品行业中，顾客可以根据实物挑选自己喜爱的产品。而在网上购买水果和蔬菜时，顾客看到的只是图片，并不知道果蔬产品的质量。致使交易双方所拥有的产品信息存在偏差。

信息不对称使顾客对产品不再有那么高的期望值，他们只是希望花更少的钱买到果蔬类产品，这就使高质量果蔬的销量降低，甚至被挤出市场。比如烟台大樱桃，烟台大樱桃只是个统称，但其实它是有很多品种的，在网上购买，顾客只能通过网页上商家所提供的大樱桃的图片来挑选，而网页上的图片大多都是经过处理的，所以实物跟图片肯定会有差异。有时候顾客认为的品质好的樱桃与商家认为的品质好的樱桃有很大不同，顾客认为又大又红的那种樱桃肯定好吃，其实不然。但是要想改变顾客的思维并不是一件易事，一旦顾客对产品不满意就容易导致高退货率。如果客户再拥有过高的期望值，当收到产品时心理落差较大，就会导致客户的流失。

4. 果蔬类农产品的损耗成本高

果蔬类农产品在整个商品流通过程中的损耗率远远超过普通商品。造成损耗的主要原因有两个：一是人为损耗，二是运输途中的损耗。比如，很多中国消费者在购买蔬菜和水果时，总是习惯把蔬菜外面蔫了的叶子扒掉，留下新鲜的，这种习惯对果蔬类产品造成巨大的损耗。当然，除了人为损耗外，最主要的是因退货运输过程中所造成的高损耗。果蔬类产品一旦退货，在运输途中果蔬类产品的新鲜程度就会下降，时间太长还会导致腐烂。例如，优菜网遇到过卖一种有机番茄时，顾客因为购买的实物产品与自己想要的不符而退货，致使优菜网的损耗率居高不下，造成了高成本低利润的状态。

5. 当地农贸菜市场的威胁

传统的买菜群体集中在中老年人，他们时间比较充裕，比较倾向于当地农贸市场。再加上大多数中老年人不会使用电脑，就更不用说在网上购物了，所以这一庞大群体是很难改变其原有的购物方式的。

其次，虽然与农贸市场相比，网上卖果蔬类农产品，一年可以节省很大一笔摊位费，但是网上销售的技能、风险对于每天习惯于现进现出的商贩来说还是很难驾驭的。

（三）影响果蔬电子商务发展的供应链特征

果蔬电子商务的发展必然受到果蔬供应链特征的影响，与一般产品供应链相比较，果蔬供应链有如下一些影响电子商务发展的特征：

1. 果蔬供应链具有较强的资产专用性

由于果蔬鲜活易腐，在流通中必须采取特定的措施，才能保证果蔬符合质量要求进入消费环节。此外，受到季节、气候、种植环境等自然条件的限制，果蔬的生产周期比普通工业产品相对要长得多，因此，投资具有更长的回收期，厂商进入和离开的阻力较大。

2. 果蔬供应链具有较大的市场不确定性

由于果蔬的产地大多地处偏远，信息相对落后，果蔬生产和消费的分散性使得经营者难以取得垄断地位，因此，难于全面把握市场供求信息及竞争者、合作者的信息；果蔬生产的季节性强，上市时如果在短时间内难以调节，会使市场价格波动较大；果蔬一般不耐贮藏，从全国来看，不同的消费习惯造成果蔬的传统品牌地域性很强，这都限制了跨区域和跨季节的即时调节，使果蔬供应链具有更多的风险；交易成本居高不下，果蔬生产者往往在市场给出的错误信号和地方政府对市场的错误判断指导下盲目生产，造成农产品"买难"和"卖难"现象交替出现。

3. 果蔬供应链具有不均衡的市场

在西方发达国家，农场主作为独立运作的农业企业规模化经营，技术手段先进，并且经常享受政府给以的补贴，从而抵消在供应链上处于的弱势地位。而中国的果蔬生产体系基本上是以小农家庭经营为基础、人均资源自有量偏低,大多数果蔬由分散的农户进行生产,相对于供应链上的其他市场主体,市场力量非常薄弱,因此获得的利润非常微薄,绝大多数利润被中间商得到。

4. 果蔬供应链具有较高的物流要求

由于果蔬生产先天具有地域性,而人们的消费是多样的,因而需要不同地域之间进行流通交易。然而,由于果蔬的鲜活易腐性,即使采取了相应措施,仍会有一定比例的损耗,而且比例会随时间和距离加大而迅速增加,造成流通成本上升,从而限制了果蔬流通路径。必须实行专业化的物流管理,优化果蔬供应链环节。中国加入 WTO 五年后相关条款逐步兑现,随着生活水平的提高,消费者需求的差异性日益增强,因此,现代化的果蔬供应链应该能够根据需求迅速调整生产品种和数量,尽可能订单化安排生产,现代化组织企业物流,对于市场和消费者的需求作出快速反应,为消费者提供专门化的服务。

三、电子商务对果蔬供应链垂直协作的影响

近年来,随着许多食品安全危机的增加,绿色农产品开始成为更多人的最佳选择,但是随着"苏丹红""红心鸭蛋""多宝鱼"等事件的频频曝光,越来越多的相关企业开始试图降低生产和销售过程中的风险,同时越来越多国家的消费者要求提供果蔬供应链中的流动情况并对其进行跟踪和追溯。果蔬供应链是由农民(农产品生产者)、农产品综合型企业和分销、零售商及物流配送业等"从田头到餐桌"上下游企业构成的网链式体系。当前国内涉农供应链中却广泛存在信息流的复杂性、不通畅性和不稳定性,要求信息技术的支持,因此推动供应链相关成员在双赢基础上建立信息共享机制——电子商务交易平台,来降低交易费用,提高交易频率、成功率、范围是解决问题的重点环节。国外非常重视电子商务平台对于农产品供应链中企业经济行为与管理的影响。在企业管理方面,世界 500 强的

农产品企业 ADM 公司和嘉吉公司提供了先进的管理经验。按照莫里塔（Morita）和那卡哈让（Nakahara）的观点，以现代通信信息技术为代表的电子商务平台对于企业的结构影响可能具有两面性。一方面，对于初级产品的获取，它加强了供应链中组织之间的整合，密切买卖双方的关系；另一方面，随着初级产品被加工成制成品而丧失它的易腐特性。电子商务平台使制造商拥有数目庞大的供应商，以较低的成本获取价格信息和成本特征。国内相关的研究主要侧重于宏观政策、集成与模式方面。孙炜等分析了当前我国农产品流通主体的现货市场供应链体系的结构特性及其负面影响；易法敏探讨了农产品供应链网络化集成问题；王宁、黄立平提出了基于信息网络的农产品供应链运作参考模型（SCOR），并构建了信息网络环境下的农产品物流供应链模式。从总体看来，国内对基于电子商务平台的果蔬供应链管理垂直协作体系方面的研究和应用相对不足。下面探讨电子商务平台对整个果蔬供应链垂直协作体系带来的显著影响。

（一）电子商务平台的策略

果蔬企业采用和发展电子商务的强度受不同因素的影响和制约，供应链的关系类型以及依赖性是其中重要的因素，决定了不同类型果蔬供应链内不同节点企业采用电子商务的强弱；如表 11.1 所示，采用电子商务平台，果蔬供应链上的节点企业采用不同的策略，存在优势和弱势。

由于数据集成化，信息更新速度快，产品更新换代响应速度快，能够承接大型的订单生产，果蔬供应链在电子商务平台环境下呈现新的特征：首先是供应链的扁平化，通过减少销售过程中转环节，直接面对最终消费者（B2C）或消费地批发商、超市（B2B）等，进一步压缩供应链的长度，提高供应链的效率；其次，供应链体系的向下垂直化，以实力兼并散户合作方式经营加工，形成以跨平台操作的，建立从上游种植基地到下游直销的大型和超大型农业综合型企业（E-Agribusiness）乃至利用电子商务平台国际市场运作的扩张性跨部门集团。

表 11.1 电子商务的不同策略影响

不同策略	优势	劣势
获得速度和先发优势	削减成本、满足需求、降低风险、降低价格	需要灵活性、增加风险、可能需要大量资金
构建品牌	品牌认可容易,给顾客以信心	需要大量资金
使用入口开发	构建进入壁垒	需要大量资金,阻碍便利性
追求缝隙策略	聚焦一个竞争领域并且成为一个专家	可能冒险
增强与消费者的关系	构建进入壁垒,能够更好地满足消费者的需求	可能失去控制力

(二) 电子商务对于果蔬供应链垂直协作体系的影响

在市场经济的环境中,小农经济和小规模企业或组织由于缺乏竞争和讨价还价的能力,并且由于资金所限,不能很好地借助电子商务平台改变自己信息的不对称,正处于逐渐消退的阶段;适合市场竞争要求的规模化经济组织正凭借自己的实力和信息优势,在果蔬供应链中占据核心地位,成为供应链驱动者和收益的划分者。

1. 以上游为核心的果蔬供应链

现在很多消费主体开始追求的一些迎合当代口味、有较高性价比、有名气的产品,借助于国外农产品企业较大的技术实力和电子商务平台的合理运用,洋品牌的果蔬已经开始渗透进中国这个传统的农产品出口大国,电子商务交易平台的出现与发展引起果蔬供应链的垂直协作体系的显著变化,这种变化促进国内果蔬种植者对于自身在供应链的垂直协作体系中的地位重新思考。

国内的果蔬生产者趋向于从分散经营组建转变为有组织的集中经营,各种协会的出现为显著代表,这些协会大部分得到各级政府的辅助和支持。

　　大规模农业协会的出现给果蔬的种植市场带来质的变化。首先，农业协会借助相对雄厚的集资资金和配套的政府贷款，有能力购置电子商务平台硬件设施，可以聘请专业人才进行专业管理和操作，信息更新快，有利于掌握新的技术，因此，不仅在规模上，而且在经营的业务范围上也有扩张的趋势；其次，随着经营规模和经营能力的提高，协会讨价还价的能力和应对市场风险的能力进一步加强，有资金建立冷库和其他储藏设备与手段，合理安排库存策略，避开上市高峰期造成市场价格暴跌的影响，以时间换效益；再次，大规模农业协会的出现降低了成本、提高了效益，进一步压缩分散种植户的数量，对于减少无序竞争、减少资源浪费起到有效的作用。随着果蔬生产的进一步集中，某些地区的农业协会或协会联合体在资金充足的基础上，购置必要库存设备和运输设备，建立自己的仓储、物流、半加工或成品加工体系，某些特色果蔬有可能形成垄断经营，从而在果蔬供应链内利益分配中占据有利位置；最后，通过电子商务平台，协会可以压缩供应链的垂直结构，剔除多余的中间环节，建立和超市、农贸市场、批发商乃至出口商之间的直接联系。

2. 以"E-Agribusiness"为核心的果蔬供应链

　　果蔬供应链与工业供应链的差异，决定了供应链组织结构的不同。以协会方式大量出现的供应链上游组织，大大增强了农民在供应链利润分配中的能力和经济地位，但这种增强和供应链自身的效益最大化存在一定差异，协会无法完成果蔬运作中的很多环节，只能从种植者一个角度去作，因此，现代化的农业需要企业的形成和出现，农业综合型企业（Agribusiness）主要是指农业的输入、生产、加工制造和零售部门；农场、农户输入农产品，农民、农场输出的加工处理，食品制造商以及提供运输、销售和食品预处理的企业。电子商务平台对于果蔬的加工生产企业带来的最大变化就是开始出现以信息化为特征的高新技术农产品综合型企业（E-Agribusiness）。"E-Agribusiness"是指利用电子商务的手段主要从事农业和食品生产及相关服务的企业。尤其是后者作为农产品供应链中的创新型组织形式已经引起世界各国专家学者的广泛关注。

以"E-Agribusiness"为核心的现代果蔬供应链组织的出现，最重要的是将现代管理思想引入农产品企业，由于很多农产品综合型企业是在各种协会的基础上发展起来的，对于掌握先进技术的农民来说，掌握先进的现代管理理念同样是重要的，这是一种在电子商务平台上的流程重组的过程，完成了这个转变才能标志着农产品企业结束小作坊式的传统操作，正式进入现代企业的行列，迎接国内外市场的激烈竞争。

3. 以下游为核心的绿色农产品供应链

第三方支付方式在电子商务平台上的实现并且日益成熟，使果蔬供应链中的销售渠道更加多样化，带来更大的便利性。作为传统果蔬销售地的农贸市场，受到超市的有力挑战，价格较低的因素也被超市的质量保证和扁平化供应链体系带来的成本降低所抵消，超市除了采用传统的店面销售以外，已经开始采用B2C、B2B等类型的方式进行销售，同样对于自己的进货渠道按照电子商务和现代物流的要求进行重组，构建以自己为核心的绿色农产品供应链体系。

四、电子商务环境下城市果蔬配送

水果蔬菜是每个人餐桌上必不可少的食品，在电子商务环境下做好果蔬物流的配送工作，可以满足居民多样化和新鲜健康的饮食需求。由于城乡差异和公共服务的因素，目前的果蔬配送工作重点主要在城市。

当前，城市居民的生活节奏越来越快，时间越来越宝贵，而购买果蔬产品占用了大量时间。许多城市居民希望能购买果蔬产品花较少时间，果蔬产品网上交易可以解决此问题。作为网上购物的实物送达环节，城市果蔬配送成为客观需要。2014年中央一号文件提出"加强农产品电子商务平台建设"，2015年中央一号文件强调支持电商、物流、商贸、金融等企业参与涉农电子商务的建设，中央政策的支持为涉农电子商务的发展开启了新机遇。2014年，国内农产品网络零售总额超过1000亿元，天猫商城、顺风优选、中粮我买网、1号店都已开展了生鲜果蔬电子商务，城市果蔬配送是经济发展和市场需求变化的必然趋势。从我国果蔬配送的现状来看，果蔬配送过程中存在着配送时间长、成本高、效率低、产品损耗严重等一系列的问题。电子商务环境下的果蔬配送有着传统果蔬产品流通方式无法比拟的优越性，具有减少流通环节，提高流通效率，降低流通费用，适应消费者的多样化要求等一系列优点。

（一）城市果蔬配送的概念和配送模式

1. 城市果蔬配送的概念

电子商务环境下的城市果蔬配送是一种现代化、信息化、社会化的新型配送模式，一般是在城市或区域范围内，利用计算机技术、网络技术及科学管理手段，根据消费者的要求，对果蔬产品进行拣选、加工、包装、分割、组配等作业，并按时送达指定地点的物流活动。城市果蔬产品的配送不同于普通产品的配送，有效提高配送效率、降低配送过程中的损耗是果蔬配送的关键。

2. 城市果蔬配送模式分析

城市果蔬配送的典型运作模式主要有四种：（1）自营配送模式。自营配送模式是指企业自己建造配送中心，开展物流配送业务，完成对消费者的果蔬配送。这种模式适用于需要随时把握果蔬产品物流、商流、资金流等信息，而且对商业信息的保密性要求高、资金雄厚、规模较大的企业。（2）部分外包配送模式。部分外包配送模式是指企业根据自身情况有选择性地建立配送系统或者自己完成部分配送作业，一部分配送业务自营，把不具备竞争优势的配送业务外包给第三方物流企业，企业可以专注发展核心业务。（3）全部外包配送模式。全部外包配送模式是指把配送业务全部外包给第三方物流企业，形成长期稳定的战略合作关系。这种模式一般适用于规模较小或者对配送缺乏经验的企业。（4）联盟配送模式。联盟配送模式是指几个果蔬产品经营企业基于互相信任、利益共享、风险共担的基础上，将加工配送中心、冷链运输配送部门等业务联合起来，进行统一管理和运营。

(二) 城市果蔬配送系统存在的问题

1. 配送专业化、组织化程度低

目前，第三方物流的业务主要是针对普通货物，涉及生鲜果蔬的配送业务相对较少。生鲜果蔬的冷藏柜、冷藏车等专用物流设备较少，无法在配送过程中保证果蔬产品的质量和新鲜度。因此，果蔬电子商务企业的配送业务大部分要自营，固定资金投入大，不利于城市果蔬电子商务企业的快速发展。由于城市果蔬配送的消费者分散、网络覆盖面广，所以配送网络规划在城市果蔬配送中起着至关重要的作用，它直接影响着配送的成本和效率。农产品批发市场、果蔬电子商务企业和超市等果蔬产品经营机构一般规模较小，企业确定配送网络时，主要依据经验建立配送网点、安排车辆配送，而不是利用定量化方法确定合理的配送方案。根据主观经验决策存在一定的不科学性，影响配送效率。城市果蔬产品配送组织发展相对滞后，严重制约了果蔬配送的发展，其主要表现在：(1) 配送组织规模较小且分散。城市果蔬配送必须要达到一定的规模，才能比较经济，其业务量要在销售体系中至少占到20%—30%，目前我国城市果蔬配送远达不到该规模。(2) 缺乏统一规划。在城市果蔬配送过程中，没有进行统一规划，各配送主体的信息不能有效共享，运输设备不能得到充分利用，未能发挥配送组织自身应有的组织、协调、管理等功能。(3) "配"与"送"不能有机结合。城市果蔬配送由于受到设施、设备、技术以及资源等限制，其业务基本上就是送货业务，不能与分拣、包装和整理等业务有机结合。城市果蔬配送主体在果蔬产品的集货、配货、送货等方面还未形成规范完整的标准流程，而且其工作主要是"送"，"配"不规范、不成系统，对城市果蔬配送的速度、成本、服务水平等造成很大影响。

2. 电子商务化程度低

2013年中国农产品的交易总额达到4万亿元左右，但80%是通过传统交易方式实现的。虽然近几年农产品电子商务发展迅速，但相对于服饰、电子产品等商品，农产品电子商务交易量占成交总量的比例较低。虽然互联网已经逐步覆盖到县、乡镇、村，但是仍有许多农村地区还无法使用宽带上网，农民的上网总体比例相对较低，不利于农产品电子商务的开展。农民的文化水平相对较低、信息意识薄弱、接受新事物能力相对较差，对网络的认识、应用能力较低，而且农民往往只是利用手机、电脑上网浏览信息，不会或不愿尝试进行网络交易，使得电子商务只发挥了信息传播作用。在果蔬电商企业方面，我国很多果蔬企业没有自己的网站或者网站功能简单，只能起到简单的广告宣传作用，不能快速、有效地进行网上交易。

3. 配送技术落后

长期以来，农产品产后损耗非常大，果蔬、肉类、水产品在流通过程中的损耗率分别为 20%—30%、12%、15%，仅果蔬产品每年损耗造成的损失就达 1000 亿元以上。大部分果蔬产品在生产地收购后，只是经过了简单的整理、捆扎、包装，就直接运到批发市场。然后拆开包装，进行简单的整理、储藏，出售给超市、果蔬零售商、大型用户等客户，整个过程都是在常温环境下进行，没有使用冷链运输和储存。通过冷链运输的易腐保鲜食品只占其运输总量的 20%，80% 左右的水果、蔬菜、禽肉等是用普通卡车运输。冷链物流与发达国家存在很大差距，发达国家预冷保鲜率为 80%—100%，而中国为 30%；发达国家冷藏运输率为 80%—90%，而中国为 10%—20%。果蔬存储时，许多果蔬产品露天储存或者放在简单的棚子下存储，果蔬产品的冷库存储设备和养护措施不完善，会产生大量的损耗。果蔬配送环节基本上都是采用普通货车送货，甚至由客户采用摩托三轮车或电动三轮车自提货物，配送过程中缺乏冷链环境，导致在果蔬产品配送过程中车辆实载率低、产品损耗率高。

4. 果蔬产品的非标准化

水果标准尚未形成体系，果品贮藏、商品化处理、水果生产及果品采摘技术规范等还很不完善；蔬菜产品的标准在数量上也远远低于国外。电子商务要求网上交易的果蔬产品标准化，而果蔬产品种类繁多，评价指标多样化，给果蔬产品的标准化带来了很大的难度。目前，大多果蔬产品仍然缺乏统一的标准,这是阻碍果蔬产品电子商务发展的主要因素。非标准化产品主要会造成两方面影响:一方面,各种果蔬产品大小不同、包装要求不同,不便于统一包装和配送;另一方面,影响消费者对果蔬产品的认可度,没有一个统一的验收标准。

(三) 电子商务环境下城市果蔬配送发展策略

根据国内外城市果蔬配送的经验,电子商务环境下发展城市果蔬配送可采取以下具体措施。

1. 整合配送资源,建立多样化的配送方式

目前,大部分果蔬电子商务企业采取线上线下相结合的模式,即实体门店和网上销售相结合。果蔬配送业务大部分是自营,建设了大量的配送中心,不仅给企业带来了巨大的负担和资金压力,而且造成了重复建设的资源浪费。因此,有必要对果蔬配送资源进行整合,避免重复建设,同时提高果蔬配送设施设备的利用率。城市果蔬配送客户多、复杂,存在着各种需求的客户,单一的配送方式很难适应各个客户的需求,因此需要针对不同的客户需求,建立相应的经济的配送方式:(1) 对大客户直接送货。对于饭店、超市、企事业单位食堂等果蔬产品需求量较大的客户,订货规律,订货量大,要求的送货时间规律,送货组织相对比较简单,由果蔬批发市场配送中心或果蔬电子商务企业配送中心组织车辆,直接送货上门,能够保证服务水平,而且送货成本较低。(2) 大型社区直接送货上门或建立二级配送中转站。对于客户量较大而且集中的大型社区,在配送成本经济的前提下,可以把果蔬产品直接送货上门。但直接配送到门配送工作量大,而且居民时间安排比较分散,直接送货上门困难较大、成本较高,也可建立二级配送站 (或者可以探索与物业合作的形式)。客户下单后果蔬配送中心按照要求进行分拣、加工,配送至二级配送站进行存放,然后组织人员送货上门;或者由客户统一到二级配送站自取货物。(3) 整合资源开展共同配送。果蔬产品配送与纯净水、鲜奶等产品配送相似性较大,这些企业送货上门服务比较成熟,配送覆盖面较广,可以

考虑与这些企业联合开展共同配送,可以在很大程度上减少资金投入,降低果蔬产品的配送成本。(4) 配送业务外包给第三方物流企业。对于小型果蔬电子商务企业或者偏远小区送货,由于规模小,自营配送成本较高,可以把果蔬配送业务全部外包给第三方物流企业,减少其在配送系统上的投入。

2. 建立完善的电子商务平台

网上购物已经非常普及,城市居民工作较忙,去市场购买果蔬产品需要占用大量的时间,他们更倾向于网上(手机)购买果蔬产品。建立完善的果蔬产品网上订购平台,不但能够快速处理客户订单,还能够起到广告宣传的作用。网络信息平台的开发与建设,还可以更全面地收集市场信息,帮助电子商务果蔬企业科学合理决策。建立完善的信息网络平台,其优势表现在:(1) 订单处理速度快、准确。电话订货或者纸质订单需要录入电脑系统,处理速度较慢,而网上订单可以直接导入系统,处理速度快,加快果蔬配送中心的订单处理速度。(2) 方便客户。对于客户来说,网上(手机)订货时间、地点非常灵活,可以 24 小时订货,而且只要在有电脑网络或手机网络的情况下都可以下订单,然后由果蔬配送企业送货上门,节约了大量的不必要的购买水果、蔬菜的时间。网上订货还可以提供实时便捷的订单查询功能,客户可以实时查询订单状态。(3) 促进销售。通过网页,结合文字、图片、视频等多种展示方式,可以更加真实、美观、详细地介绍果蔬产品,以较低的成本对果蔬产品信息实时更新,促进果蔬产品的展示和销售。(4) 帮助企业科学决策。建立完善的网络信息平台,可以利用网络技术、计算机技术、统计技术等科学技术准确搜集、统计和挖掘市场信息数据,为公司科学决策提供科学依据。

3. 推广冷链物流

果蔬冷链物流泛指果蔬产品在收获、运输、存储、分拣、加工、配送等各个物流环节中,始终处于相应的低温环境下,以保证果蔬产品的质量和性能。果蔬冷链物流需要综合考虑各环节的经济性和技术性,并协调好各环节间的关系。加强果蔬冷链物流体系的建设,重点加强分级、包装、预冷等环节的建设，加强果蔬主产区的冷链物流设施条件的改善，提高果蔬产品冷藏运输能力，完善城市果蔬冷链配送设施建设。果蔬产品在产地采摘之后立即进行预冷，可以减少果蔬产品在物流过程中的损耗，提高果蔬产品的新鲜度。通过实施"农批对接""农超对接"，减少果蔬产品的流通环节，缩短周转时间。果蔬产品大部分是单户生产、采摘分散，资金能力有限，可以大力开展果蔬冷藏保鲜设备的租赁业务。政府部门还应当引导和支持第三方冷链物流的发展，大力发展第三方冷链物流，应从第三方冷链物流的长远发展考虑，利用信息网络整合冷链物流资源，提高物流效率。

4. 加强果蔬城市配送标准化建设

果蔬产品标准化是指围绕各种水果、蔬菜产品，制定的以国家标准为基础，行业标准、地方标准和企业标准相配套的产前、产中、产后全过程系列标准的总和。果蔬标准化主要包括农业基础标准、种子和种苗标准、产品标准、方法标准、环境保护标准、卫生标准、农业工程和工程构件标准、管理标准等。通过果蔬产品标准化的实施，便于果蔬产品在电子商务各个交易环节的信息沟通、商品品质认定。由于果蔬产品种类多，果蔬产品的品质要求存在很大差异，行业标准制定存在很大的困难。可以考虑先建立公司内部的"商品标准化"，尽可能地对所销售的每一种商品进行细致和精确的描述，在公司的电子商务交易过程中，使用该标准，并不断修正和推广。

五、果蔬冷链物流建设发展研究

冷链物流是指从生产、贮藏、运输、销售，直到最终消费前的各个环节使易腐、生鲜食品始终处于规定的低温环境下，保证食品质量，减少食品损耗的特殊供应链体系。果蔬属于易腐性的生鲜农产品，在流通过程中极易受到储藏和运输条件的影响，确保果蔬在采购、加工、储藏、运输、销售等各个环节始终处于规定的低温环境下，是保证果蔬的质量、减少损耗的有效方法。

在 2009 年发布的《物流业调整和振兴规划》中，明确提出要完善鲜活农产品储藏、加工、运输和配送等冷链物流设施，提高鲜活农产品冷藏运输比例。2010 年 7 月国家发展和改革委员会颁布的《农产品冷链物流发展规划》，为中国农产品冷链物流发展提供了有力的政策支持。2010 年 10 月 18 日，国务院出台的《研究部署进一步促进蔬菜生产保障市场供应和价格基本稳定的政策措施》，强调加快实施《农产品冷链物流发展规划》，加强产地蔬菜预冷设施、批发市场冷藏措施、大城市蔬菜低温配送中心建设，加强铁路冷藏运输设施建设等。

(一) 果蔬冷链物流发展现状

中国是果蔬生产大国，2012 年，蔬菜、水果产量均居世界第一。由于缺乏高效、实用、节能、安全的果蔬保鲜技术和装置，尤其是缺乏产地预冷装置和冷藏运输设备，中国 80% 以上的果蔬以常温物流或自然物流为主，导致果蔬的采后损失严重。每年约 1.3 亿吨的蔬菜和 1200 万吨的果品在运输中损失，腐烂损耗的果蔬可满足近两亿人的基本营养需求，造成的经济损失达 750 亿元。中国现代果蔬冷链物流技术起步于 20 世纪 80 年代。目前中国果蔬冷藏运输率为 15%，冷链流通率仅为 5%，而欧洲、美国、加拿大、日本等发达国家蔬菜、水果冷链流通率均达到 95% 以上。由于起步晚、基础差等原因，中国果蔬冷链物流的建设相对滞后，已不能满足日益增长的果蔬产量的冷链需求。可见，加快果蔬冷链物流建设已经成为关系国民经济建设、关乎百姓生活质量的重大课题。

1. 果蔬产业的发展格局

中国水果、蔬菜的种植面积、总量和人均占有量均居世界首位，是名副其实的世界果蔬第一生产大国，主产区在山东、河北、河南等省份。为提高果蔬产品的市场竞争力，自 20 世纪 90 年代以来，中国采取扶优扶强的非均衡发展战略，重点发展优势产区、培育优势产品，其中，明确长江中上游、赣南湘南桂北和浙南闽西粤东为柑橘的三大优势产区；渤海湾、西北黄土高原、黄河故道和西南冷凉高地为苹果的四大优势产区。从20世纪80年代实施"菜篮子工程"以来，蔬菜产业得到了长足的发展，基本形成了华南冬春蔬菜、长江中下游冬春蔬菜、黄淮海与环渤海设施蔬菜等八大蔬菜重点生产区域。全国蔬菜产业的优势区域布局也初步形成了沿交通动脉（铁路、高速公路、高等级公路）发展大宗商品菜和特色蔬菜的内销基地；沿海沿边地区（沿海出口蔬菜带和黑龙江、新疆、云南）"一带三片"的蔬菜出口基地。

果蔬产品消费主要集中在山东、广东、四川、北京、上海等地。果蔬的短距离流通主要以大中型城市为中心，周边果蔬向其汇集；长距离流通以产地为中心，向全国主要消费地流通。作为果蔬生产和消费集中地的果蔬批发市场，是果蔬产品的主要流通环节之一。中国最具规模的果蔬批发市场有山东寿光蔬菜批发市场、广州江南批发市场、成都龙泉聚和（国际）果蔬交易中心等，这些批发市场是全国重要的果蔬集散地，果蔬销售辐射全国各大城市。

2. 果蔬冷链运输的发展现状

公路和铁路是中国果蔬冷藏运输的两种主要形式。截至2009年年底，铁路运输中果蔬的冷链运输只占果蔬运输总量的25%；在公路运输中，果蔬的冷链运输仅占果蔬运输总量的10%。据统计，截至2012年7月，中国有保温车约3万多辆，美国20多万辆，日本12万辆左右。中国冷藏保温汽车占货运汽车的比例仅为0.3%左右，美国为0.8%—1%，德国等发达国家均为2%—3%。

据统计，全国每年由铁路调运的易腐货物约1000万吨，其中能保证用冷藏列车运输的货物只占25%；用于公路调运冷藏保鲜车总量仅5万辆，公路冷运易腐食品也不足运输总量的20%；水路冷运能力更显不足，全国各型冷运船只仅200余艘，总容量10万吨，易腐货物冷运量仅占全年水运总量的1%，因此，除出口果蔬基本做到冷藏运输外，国内的果蔬流通基本上还是常温运输。

表 11.2　近年果蔬冷链物流发展情况

年份	果蔬总产量（亿吨）	冷链流通量（亿吨）	冷链运输量（亿吨）
2010	8.65	0.51	1.38
2011	9.07	0.66	1.60
2012	9.50	0.85	1.85
2013	9.86	1.13	2.14
2014	10.00	1.46	2.47
2015	10.41	1.91	2.86

如表 11.2 所示，2010—2015 年中国果蔬产品冷链流通运输量 2010—2013 年中国蔬菜、水果的产量逐年增长，这与国家和地方政府对农业产业、农产品流通的大力支持是密不可分的。在各项政策良好的情况下，预计未来几年中国的果蔬产量还有增长的空间。然而，与日益增长的果蔬产量相比，中国的果蔬冷链流通环节十分薄弱，虽然果蔬的冷链流通量在以每年近 30% 的比例增长，但每年的果蔬产品冷链流通率还是不到总产量的 20%，这与发达国家 95% 的果蔬冷链流通率相去甚远。发展果蔬冷链物流仍然是迫在眉睫的重要任务，这不仅关系到产品质量和国民食品安全，更是倡导"绿色发展、循环发展、低碳发展"生态文明建设的必然要求。

（二）国内果蔬冷链物流建设的成绩

响应国家对冷链物流的支持，我国部分省市在果蔬冷链物流建设方面取得了一些成绩。政府规划培育壮大一批具有较强资源整合能力和国际竞争力的冷链物流龙头企业，建成一批规模化、专业化、现代化的跨区域农产品冷链物流配送中心，建设肉类、水产品、果蔬等国家和省里重要农产品冷链物流基地，加快发展以大型农产品批发市场、商贸流通企业、食品加工或经销企业为主导的专业化第三方农产品冷链物流，初步形成布局合理、设施先进、上下游衔接、功能完善、管理规范、标准健全的农产品冷链物流服务体系。肉类和水产品冷链物流水平显著提高，果蔬冷链物流进一步发展，食品安全保障能力显著增强。果蔬、肉类、水产品冷链流通率分别提高到 25%、35%、41% 以上，冷藏运输率分别提高到 35%、55%、70%左右，流通环节产品腐损率分别降至 13%、6%、8% 以下。

第十二章　政策建议及未来研究展望

一、研究总结

　　本书以交易成本和供应链管理理论为依托，基于扩展后的现代果蔬供应链为框架，以超市供应链为主要线条，以现代果蔬供应链垂直协作为视角，从产前环节、生产环节、中间环节、零售环节、消费环节和消费后环节六个方面论述了果蔬供应链的不同利益主体如何基于自身利益考虑加强相互协作及其一体化程度，从而提升果蔬产品质量安全市场治理的措施。

　　随着经济社会的发展，广大消费者对食品消费的品质要求越来越高，已经由传统的贫乏型、数量化向现代的多元化、质量化转变，水果蔬菜逐渐成为日常居民食品消费必不可少的主体之一，对水果蔬菜的新鲜性和安全性是其主要的品质特征，因此果蔬食品的安全直接关系到消费者的生命安全。但是目前的果蔬质量安全与消费者的要求还有一定差距，果蔬食品安全事件时有发生。各类果蔬相关的恶性食品安全事件的高度频发，激发了消费者的强烈关注，也引起了对果蔬食品安全问题的重视，食品安全治理成为一个重要的社会热点和难点问题，国内外很多学者对其开展了卓有成效的研究，本书在总结已有文献的基础上，以供应链理论和交易成本理论为基础，从垂直协作的视角提出了果蔬供应链质量安全的市场治理问题。

　　产前环节、生产环节、中间环节、零售环节、消费环节和消费后环节这六个方面分别分布着现代果蔬供应链上的不同参与主体，基本可以系统地描述现代果蔬供应链的概况，了解果蔬质量安全状况的变化和传导情况，因此，本书以这六个环节作为主要研究范畴，建立了果蔬供应链质量安全市场治理的理论框架。

对于果蔬产前环节来说，农业生产资料和生产环境是影响果蔬质量安全的起点，土壤安全状况、农业用水安全状况会影响果蔬生产的质量安全，由于土壤安全、农业用水安全是典型的公共产品，很难简单通过市场治理来解决，需要政府的干预，因此不是本书关注重点。农业生产资料的经营及安全状况对果蔬质量安全的影响是市场治理的重要内容，本书分析了农业生产资料经营的模式及其垂直协作状况对农资质量安全的影响问题。

生产环节无疑对果蔬质量安全有关键影响，果蔬生产者的小农户特征及其生产行为对果蔬质量安全影响较大，本书以菜农为例研究了小农户的农药超标使用情况，并进一步分析了小农户进入果蔬供应线的合同模式，他们有加入附加值较高的现代果蔬供应链的愿望，并且合同农户与非合同农户比较收入更高，无奈受限于自身的规模化程度低、获取信息的渠道少，及自身素质低等方面的影响，在加入现代果蔬供应链中面临很多困难，最后分析了农户生产合同的机理。

果蔬供应链中间环节的垂直协作状况同样会影响果蔬质量安全状况，协作式供应链是中间环节质量安全市场治理的主要选择。规模大、实力强的果蔬供应商或出口商，他们有能力建立协作式供应链。由于协作式供应链具有完整的质量和安全管理，因此，可以被出口商用来实现、提升其果蔬产品的安全性和质量控制水平，满足工业化国家市场对高品质、高质量的果蔬产品的需求。

零售环节直接与广大消费者连接，对果蔬供应链的质量安全有重要的筛选和鉴别作用。传统的果蔬供应链零售环节质量安全状况参差不齐，难以保证，超市作为现代果蔬供应链零售终端，无疑有其不可替代的优势，其自有品牌的建立已经成为超市巨大的无形资产，承载着超市几十年发展起来的质量标准和管理，也标志着向消费者的慎重质量承诺，它代表着企业诚信、形象，传递着安全信息，连锁经营及其加盟店促进了现代果蔬供应链的地域分布和推广，垂直协作机制和可追溯系统的结合，进一步促进了零售环节的果蔬质量安全市场治理。

真正直接影响消费者身体健康的是果蔬的消费环节，消费环节是果蔬质量安全市场治理的最后机会。随着食品安全意识的提高及收入水平的上升，消费者对于果蔬产品安全性的关注度也在上升，对果蔬质量安全的认知程度也在提高，并对其消费选择行为产生了显著影响。消费环节的选择偏好及其差异反映了消费者对其自身食品质量安全状况的关注情况，对于高收入人群来讲，他们更加注重果蔬产品的安全性，而果蔬价格处于次要的考虑范围。对于中等及收入偏低的消费者，他们对于果蔬产品的价格仍很敏感。由于果蔬质量安全信息的不对称，第三方认证成为必要的选择，消费者对认证的信任程度影响第三方认证系统的建设。

消费后环节是果蔬质量安全市场治理的补充，由于果蔬质量安全影响的滞后性，关注消费后环节有利于完善果蔬质量安全治理系统。对于果蔬消费后环节，基于果蔬食品安全事件时有发生，果蔬质量安全信息不对称情况明显，市场声誉难以形成，消费后的质量安全信息倒逼机制是促进整个果蔬供应链质量安全治理的重要外部压力。

果蔬产品质量安全的市场治理，需要供应链上每一个参与主体及消费终端的消费者都有质量安全的意识。帮助扶持有实力的规模较大的果蔬产品出口商及供应商，通过行业协会或农民合作组织，使更多的小农户加入协作式供应链中来，而不是被排除在外。居于主导地位的出口商，依据其先进的管理技术和管理手段，提升产品的安全性和质量水平。超市的自由品牌策略，也使小农户受益匪浅。因此，果蔬产品市场治理的核心是建立高效的协作式供应链体系。

随着新型城镇化的发展和互联网的兴起，果蔬供应链质量安全也受到了深刻的影响。新型城镇化改变了中国人口的城乡分布，而不同的人口分布及就业状况进一步影响其生产和消费行为，从而影响到果蔬供应链的质量安全治理主体及外部环境，本书初步关注了新型城镇化对果蔬供应链质量安全治理的影响问题。

农村各项改革措施及电子商务的发展，要求现代果蔬供应链必须适应这些新出现的现象。互联网+食品安全问题是一个值得研究的问题，本书进一步关注了互联网对食品安全治理的影响，电子商务影响了供应链的垂直协作状况、果蔬配送及冷链建设，因此，应该进一步提高电子商务背景下供应链各环节的垂直协作程度，构建有效的可追溯系统无疑是一个可行途径。

二、政策建议

根据前述的研究结果以及对这些结论的讨论，本书相应地提出促进现代果蔬供应链质量安全市场治理的政策建议，以期能够为政府、企业、农户、消费者等主体在果蔬供应链质量安全治理方面提供决策建议，并且为进一步促进现代化果蔬供应链建设和提高上下游环节的垂直协作程度提供有益的理论参考。

（一）大力发展一体化程度高的现代果蔬供应链

与传统果蔬供应链不同，现代果蔬供应链以超市为重要零售节点，超市从其本身的经营目标出发，提高上下游环节的垂直协作程度，主动把食品安全作为重大事情来管理。为此，国家应加大对超市的扶持力度。

从本书的分析可以看出，超市正在成为生鲜农产品经营的强势力量。在减少生鲜流通环节、提高农产品质量安全性方面，越来越多的超市开始选择农产品基地、专业供应商等作为其生鲜采购的主渠道。因此，政府应加大对超市的扶持力度，为超市蔬菜等农产品的直接采购创造条件。

（二）重视果蔬供应链质量安全的产前环节治理

果蔬供应链的产前环节对质量安全状况的影响比较容易受到忽视，没有引起足够的重视，特别是土壤、农业用水、种子、农药、化肥、化学添加剂、农膜等生产资料的安全标准会深刻影响供应链后续环节的安全状况，因此，在考虑供应链质量安全问题时，必须把产前环节纳入考虑范围，重视对产前环节生产经营的关注，促进垂直协作，为后续的安全提供源头保障。

（三）重视培育大型龙头企业

一个好的供应链离不开各环节的参与主体状况，大型龙头企业在供应链中往往起着引领和抗风险的作用。培育大型的农产品龙头企业，把分散的小农户真正纳入现代化的农产品供应链中，提高农产品质量，提高农户收入。

大型农产品龙头企业的发展，能很好地带动小农户发展，为农户提供技术、信息、质量安全性等方面的帮助。通过建立协作式供应链，提高供应链各参与主体的市场竞争力，保障农产品质量安全性的提高。

（四）促进非政府组织作用的发挥

为了更好地促进果蔬供应链质量安全市场治理，需要大力促进农民专业技术协会的发展，加强非政府组织在蔬菜质量安全治理领域的职能。

在农产品供应链上游，农民专业技术协会是连接小农户与现代化零售商—超市的有效主体，农业专业技术协会不仅从生产技术上，也从思维方式、生活习惯上逐步改造农民，对农户所生产的蔬菜产品进行安全性的监督与指导。因此，政府应该鼓励农民专业组织和/或协会的发展，缩短小规模农户与超市进行交易的环节，减少交易成本。通过促进农民专业技术协会的发展，充分发挥专业技术协会的治理职能。

（五）建立和完善有效的果蔬供应链可追溯体系

可追溯体系是促进食品安全问题解决的重要手段，可以有效地减少食品安全市场的信息不对称状况，增强供应链各环节的安全责任，使保障食品安全的压力在供应链上有效传导，促进安全责任的落实。

在果蔬供应链的各个环节上，应该进一步加强市场监督和管理。由于超市供应链的链条比较完整，超市果蔬供应链的采购体系、配送体系、质量监督管理体系以及发达的信息、物流体系，为农产品可追溯体系的建立创造了极其有利的条件。因此，相关政府部门应加强市场管理和监督，为农产品可追溯体系的建立、发展创造条件。

（六）发挥互联网和电子商务对果蔬质量安全市场治理的特殊作用

互联网的普及和电子商务的发展，让果蔬供应链的信息传递和物流速度大大加快，缩短了果蔬从源头到终端的时空距离，客观上有利于提高果蔬质量安全的保障程度，也降低了相应的物流成本，缓解了信息不对称状况，提高了订单生产的响应速度，加速了资金流转，使现代果蔬供应链的快速发展成为可能。

由于互联网和电子商务硬件建设属于公共产品，互联网和电子商务的规范属于公共领域，因此，政府应该加强农产品流通领域的建设与管理，促进互联网的普及和完善，特别是农产品电子商务方面的建设，加速果蔬等农产品的流通速度，密切上下游环节的联系，建设可追踪体系，提高果蔬等农产品质量安全的保障水平，进而合理引导居民消费，提高消费者健康食品的消费比重。

（七）促进食品安全知识的普及和提高消费者的认知水平

由于食品安全知识有一定的专业性，需要相关媒体和平台加强食品安全知识的宣传，减少谣言的传播，让消费者对果蔬食品安全问题有一个理性的认识。同时改善和提高农产品流通环境与服务质量，积极发展社区生鲜便利店、生鲜配送等有利于改善农产品安全状况的流通与服务形式，让消费者能够接触到安全的果蔬产品。

另外，加强宣传，提高消费者对安全农产品的认知和识别能力，以及对认证果蔬产品的认可度，政府应采取有关措施，维护果蔬认证的真实性和严肃性，防止鱼龙混杂现象。

（八）重视果蔬供应链质量安全的消费后治理

传统的果蔬供应链往往止于消费环节，其实，由于果蔬质量安全信息的不对称，质量安全问题的显现往往具有滞后性，质量安全状况在消费购买时很难被辨别，其危害在消费当时一般也不会暴露，假如存在质量差异，一般也会在消费一段时间后才会显现，而且农药超标等危害需要一段时间的积累才能产生危害，所以，果蔬的消费后环节才能最终反映出其质量安全状况，消费后治理成为果蔬供应链质量安全治理必须关注的重点。

作为传统供应链的扩展，消费后环节应该得到足够的重视，特别是要充分利用质量安全信息在供应链中的倒逼机制，发挥倒逼机制传导质量安全保障压力和责任的作用，在垂直协作的基础上促进上游各环节加强质量安全管理，提高整个供应链的质量安全水平。

三、未来研究展望

把垂直协作与果蔬供应链质量安全市场治理研究结合起来，得到的研究结论有一定的理论和现实意义，但是，在研究过程中发现，未来可以在以下一些方面进行拓展和探索。

（一）调研范围和推广应用可以进一步扩大

本书有关农资经营、农户生产、果蔬龙头企业、超市、消费者等的研究主要以江苏省的调研资料为例，在某种程度上带有一定区域性质，由于中国地域辽阔，各地区的生产生活条件差异巨大，传统习惯和风俗人情也各不相同。因此，本书所得的研究结论，是否可推广到全国，尚待做进一步的研究。

(二) 重视食品安全的政府治理研究

食品安全问题是关系到广大消费者身体健康的重大民生问题，时常成为社会关注的焦点，也影响了民众的消费，而且食品安全问题属于公共品范畴，市场失灵现象普遍存在，因此，政府治理就成为解决市场失灵问题的必然选择，在食品安全治理中，政府不能缺位，未来必须继续促进政府治理措施的完善。

(三) 关注第三方治理

由于食品安全问题的特殊性和逆向选择倾向的普遍存在，食品安全治理中不但会出现市场失灵现象，政府失灵现象也经常出现，当市场失灵和政府失灵同时出现时，消费者协会、行业协会等非政府组织作为第三方，就会发挥不可或缺的作用，因此，未来的食品安全治理研究中，应该更加关注第三方治理问题。

(四) 司法治理是未来的一个发展趋势

环境污染问题已经成为影响果蔬质量安全的重要因素，把环境问题纳入果蔬质量安全治理是一个不可回避的问题，另外，消费者的果蔬质量安全权利集中体现在《消费者权益保护法》等法律、法规中，环境治理和消费者权益保护都离不开法律手段，司法治理成为果蔬质量安全治理的重要趋势。

随着法治社会的建设，法律在社会生活中的作用越来越大，运用司法手段参与果蔬质量安全治理将是一个趋势，特别是环境公益诉讼和消费者权益保护方面的公益诉讼将会是重要的治理手段。

参 考 文 献

1. 奥利弗·E. 威廉姆森:《治理机制》, 中国社会科学出版社 2001 年版。

2. 蔡荣、韩洪云:《交易成本对农户垂直协作方式选择的影响——基于山东省苹果种植户的调查数据》,《财贸经济》2011 年第 7 期。

3. 陈素云、吴一平:《生猪产业垂直协作模式分析》,《河南农业大学学报》2012 年第 2 期。

4. 陈素云:《规模生猪加工企业垂直协作模式演进路径——以双汇集团为例》,《南方农村》2012 年第 1 期。

5. 丁力:《农业产业化的利益机制问题初探》,《农业经济问题》1997 年第 9 期。

6. 董安邦、廖志英:《供应链管理的研究综述》,《工业工程》2002 年第 5 期。

7. 杜吟棠、潘劲:《我国新型农民合作社的雏形——京郊专业合作组织案例调查及理论探讨》,《管理世界》2000 年第 1 期。

8. 杜吟棠:《 "公司+农户" 模式初探——兼论其合理性与局限性》,《中国农村观察》2002 年第 1 期。

9. 段文婷、江光荣:《计划行为理论述评》,《心理科学进展》2008 年第 2 期。

10. 樊海、方凯:《柑橘种植户垂直协作模式方式选择及其意愿研究——以广东省为例》,《基层农技推广》2017 年第 4 期。

11. 范金、郑庆武:《应用产业经济学》, 经济管理出版社 2004 年版。

12. 方敏：《论绿色食品供应链的选择与优化》，《中国农村经济》2003年第4期。

13. 方志权、顾海英：《大中城市蔬菜产业链发展的现状、问题及对策》，《农业经济问题》2003年第6期。

14. 冯忠泽、温少辉、张梦飞：《推进无公害农产品产地认定与产品认证一体化》，《中国蔬菜》2006年第11期。

15. 傅晨：《"新一代合作社"：合作社制度创新的源泉》，《中国农村经济》2003年第6期。

16. 傅晨：《"公司+农户"产业化经营的交易行为及其规则》，《南方农村》1999年第1期。

17. 傅晨：《"公司+农户"产业化经营的成功所在——基于广东温氏集团的案例研究》，《中国农村经济》2000年第2期。

18. 高宽众：《中国肉鸡产业的困境和前景》，《中国家禽》2000年第22期。

19. 郭红东：《农业龙头企业与农户订单安排及履约机制研究》，博士学位论文，浙江大学，2005年。

20. 郭红东、钱崔红：《关于合作社理论的文献综述》，《中国农村观察》2005年第1期。

21. 郭红东、杨海舟、张若健：《影响农民专业合作社社员对社长信任的因素分析——基于浙江省部分社员的调查》，《中国农村经济》2008年第8期。

22. 郭永辉：《基于计划行为理论的设计链知识持续分享模型》，《科学学研究》2008年第10期。

23. 国鲁来：《合作社制度及专业协会实践的制度经济学分析》，《中国农村观察》2001年第1期。

24. 韩纪琴、王凯：《猪肉加工企业质量管理、垂直协作与企业营运绩效的实证分析》，《中国农村经济》2008年第5期。

25. 韩青：《消费者对安全认证农产品自述偏好与现实选择的一致性及

其影响因素——以生鲜认证猪肉为例》,《中国农村观察》2011 年第 4 期。

26. 韩杨、陈建先、李成贵:《中国食品追溯体系纵向协作形式及影响因素分析——以蔬菜加工企业为例》,《中国农村经济》2011 年第 12 期。

27. 何军、张兵、应瑞瑶:《乡镇企业股份合作制的制度逻辑》,《中国农村经济》2001 年第 1 期。

28. 黄祖辉、鲁柏祥、刘东英、吕佳:《中国超市经营生鲜农产品和供应链管理的思考》,《商业经济与管理》2005 年第 1 期。

29. 黄月香、刘丽、张玉梅等:《北京市蔬菜农药残留及蔬菜生产基地农药使用现状研究》,《中国食品卫生杂志》2008 年第 4 期。

30. 胡瑞法、黄季焜、李立秋:《中国农技推广:现状、问题及解决对策》,《管理世界》2004 年第 5 期。

31. 胡少华、陈超:《"温氏模式":寻求企业与农户的结合》,《中国农村经济》2002 年第 10 期。

32. 胡彦龙:《"三温一古"养鸡模式的实证分析》,《金陵科技学院学报》2004 年第 2 期。

33. 胡定寰、佛雷德·格尔、托马斯·里德森:《试论"超市+农产品加工企业+农户"新模式》,《农业经济问题》2006 年第 1 期。

34. 胡定寰、陈志钢、孙庆珍、多田稔:《合同生产模式对农户收入和食品安全的影响——以山东省苹果产业为例》,《中国农村经济》2006 年第 11 期。

35. 胡定寰:《影响我国牛肉生产和消费行为的各因素研究》,《中国农村经济》2000 年第 9 期。

36. 胡定寰、俞海峰、T. Reardon:《中国超市生鲜农副产品经营与消费者购买行为》,《中国农村经济》2003 年第 8 期。

37. 胡定寰:《农产品"二元结构"论——论超市发展对农业和食品安全的影响》,《中国农村经济》2005 年第 2 期。

38. 胡定寰、杉山道雄、小栗克之:《中国鸡肉生产的一体化经营组织构造》,《农村和食品经济》1995 年第 12 期(日本中部农业和食品经济协会杂志，日文）。

39. 胡凯、马士华：《具有众多小型供应商的品牌供应链中的食品安全问题研究》，《系统科学与数学》2013 年第 8 期。

40. 蒋侃：《生鲜农产品供应链的分析及其优化》，《沿海企业与科技》2006 年第 1 期。

41. 江波、吴秀敏：《农产品供应链垂直协作方式的选择——基于资产专用性维度的分析》，《农村经济》2008 年第 3 期。

42. 冷建飞：《蔬菜供应链利益分配问题初探》，《江苏经贸职业技术学院学报》2006 年第 2 期。

43. 李国祥：《农业结构调整对农民增收的效应分析》，《中国农村经济》2005 年第 5 期。

44. 李季芳：《基于连锁超市的生鲜农产品供应链管理模式研究——以家家悦连锁超市为例》，《山东财政学院学报》2009 年第 2 期。

45. 刘东英、梁佳：《中国的生鲜蔬菜物流链：观察与解释——以河北省乐亭县蔬菜物流系统为例》，《中国农村经济》2007 年第 8 期。

46. 刘芳、罗军、陈梓蓉、王浩：《广东省油茶产业垂直协作方式分析——基于油茶种植户视角》，《广东农业科学》2015 年第 8 期。

47. 刘风芹：《不完全合约与履约障碍》，《经济研究》2003 年第 4 期。

48. 刘刚、张晓林：《基于农民合作社的农产品质量安全治理研究》，《农业现代化研究》2014 年第 6 期。

49. 吕志轩：《质量安全背景下农业龙头企业对合同关系的选择问题——约束条件、治理机制及其绩效分析》，《山西财经大学学报》2009 年第 2 期。

50. 罗必良、汪沙、李尚蒲：《交易费用、农户认知与农地流转》，《农业技术经济》2012 年第 1 期。

51. 罗伯特·S. 平狄克、丹尼尔·L. 鲁宾菲尔德：《微观经济学》（第四版），中国人民大学出版社 2000 年版。

52. 罗富政、罗能生：《城镇化扩大内需的路径及区域效应研究》，《现代财经》（天津财经大学学报）2013 年第 6 期。

53. 马丁·克里斯托弗著，何明珂等译：《物流与供应链管理》（第 3 版），电子工业出版社 2006 年版。

54. 马士华、杨文胜、李莉：《基于二层规划的供应链多阶响应周期决策模》，《管理科学学报》2005 年第 6 期。

55. 缪建平：《关于农业产业化利益机制几个问题的探讨》，《中国农村观察》1997 年第 6 期。

56. 闵继胜、周力：《垂直协作对生猪养殖户健康养殖行为的影响研究——基于江苏、福建、江西、山东和四川省的调查数据》，《农林经济管理学报》2016 年第 3 期。

57. 闵耀良、邓红卫：《美国蔬菜、水果市场流通状况考察》，《中国农村经济》2004 年第 4 期。

58. 牛若峰、夏英：《农村合作经济组织发展概论》，中国农业科技出版社 2001 年版。

59. N. 乔治·曼昆著，梁小民译：《经济学原理》（第三版），机械工业出版社 2003 年版。

60. 欧阳昌民：《"公司+农户"契约设计及价格形成机制》，《经济问题》2004 年第 2 期。

61. 浦徐进、金德龙：《生鲜农产品供应链的运作效率比较：单一"农超对接"VS. 双渠道》，《中国管理科学》2017 年第 1 期。

62. 蒲应龚、杨为民：《蔬菜供应链一体化经营的国际比较》，《世界农业》2007 年第 6 期。

63. 任迎伟：《农产品供应链中小型生产组织管理问题研究》，《农村经济》2005 年第 6 期。

64. 桑乃泉：《食品产业纵向联合、供给链管理与国际竞争力》，《中国农村经济》2001 年第 12 期。

65. 水延凯等：《社会调查教程》，中国人民大学出版社 2003 年版。

66. 宋维平：《家禽业的产业结构特征及发展方向》，《中国禽业导刊》

2004 年第 9 期。

67. 孙若愚、周静:《基于损害控制模型的农户过量使用兽药行为研究》,《农业技术经济》2015 年第 10 期。

68. 孙世民:《基于质量安全的优质猪肉供应链建设与管理探讨》,《农业经济问题》2006 年第 4 期。

69. 孙向东:《蔬菜农药残留的危害、种类、超标原因及应对措施》,《贵州农业科学》2005 年第 6 期。

70. 孙艳华、刘湘辉:《紧密垂直协作与农产品质量安全控制的机理分析》,《科学决策》2009 年第 6 期。

71. 孙艳华、刘湘辉、周发明、周力、应瑞瑶:《生产合同模式对农户增收绩效的实证研究——基于江苏省肉鸡行业的调查数据》,《农业技术经济》2008 年第 4 期。

72. 孙艳华、刘湘辉:《农户垂直协作选择趋向的实证研究》,《求索》2011 年第 5 期。

73. 孙艳华、应瑞瑶、刘湘辉:《农户垂直协作的意愿选择及其影响因素分析——基于江苏省肉鸡行业的调查数据》,《农业技术经济》2010 年第 4 期。

74. 孙振、乔光华、白宝光:《基于关系合约的农业垂直协作研究》,《农业技术经济》2013 年第 9 期。

75. 谭崇台等:《发展经济学的新发展》,武汉大学出版社 1999 年版。

76. 唐步龙:《果蔬质量安全治理中政府失灵的原因及对策研究》,《科技管理研究》2012 年第 24 期。

77. "完善农村义务教育财政保障机制" 课题组:《普及农村义务教育对农民增收的实证分析》,《中国农村经济》2005 年第 9 期。

78. 万玮:《分析垂直协作方式对水稻种植农户化肥施用的行为影响》,《农民致富之友》2015 年第 1 期。

79. 汪普庆、周德翼、吕志轩:《农产品供应链的组织模式与食品安全》,《农业经济问题》2009 年第 3 期。

80. 王爱群、夏英：《合同关系与农业垂直一体化应用比较研究》,《农业经济问题》2006 年第 7 期。

81. 王东辉：《食品质量认证体系发展分析》,《食品科技》2008 年第 4 期。

82. 王东辉、卢振辉、张优：《食品质量认证体系发展的理论解释》,《食品科技》2009 年第 6 期。

83. 王锋、张小栓、穆维松、傅泽田：《消费者对可追溯农产品的认知和支付意愿分析》,《中国农村经济》2009 年第 3 期。

84. 王桂霞、霍灵光、张越杰：《我国肉牛养殖户纵向协作形式选择的影响因素分析》,《农业经济问题》2006 年第 8 期。

85. 王名、贾西津：《中国 NGO 的发展分析》,《管理世界》2002 年第 8 期。

86. 王恒彦、卫龙宝：《城市消费者安全食品认知及其对安全果蔬消费偏好和敏感性分析》,《浙江社会科学》2006 年第 6 期。

87. 王启现、李志强：《我国农产品质量信息特征分析与技术策略》,《农业质量标准》2006 年第 6 期。

88. 王素霞、胡定寰：《以超市为中心的农产品供应链流通成本研究》,《经济研究参考》2007 年第 26 期。

89. 王晓霞：《农产品认证制度的经济学分析》,《世界标准化与质量管理》2006 年第 4 期。

90. 王晓燕、王素霞、胡定寰：《超市发展对中国养鸡业的影响》,《中国家禽》2006 年第 28 卷第 18 期。

91. 王晓燕、胡定寰：《中、外资超市有机蔬菜经营实证分析——以北京超市为例》,《中国食物与营养》2008 年第 8 期。

92. 王秀清、孙云峰：《我国食品市场上的质量信号问题》,《中国农村经济》2002 年第 5 期。

93. 王学真、刘中会、周涛：《蔬菜从山东寿光生产者到北京最终消费者流通费用的调查与思考》,《中国农村经济》2005 年第 4 期。

94. 王瑜：《养猪户的药物添加剂使用行为及其影响因素分析——基于江苏省 542 户农户的调查数据》,《农业技术经济》2009 年第 5 期。

95. 王瑜、应瑞瑶：《垂直协作与农产品质量控制：一个交易成本的分析框架》,《经济问题探索》2008 年第 4 期。

96. 王瑜、应瑞瑶：《养猪户的药物添加剂使用行为及其影响因素分析——基于垂直协作方式的比较研究》,《南京农业大学学报》（社会科学版）2008 年第 2 期。

97. 王志刚、吕冰：《蔬菜出口产地的农药使用行为及其对农民健康的影响：来自山东省莱阳、莱州和安丘三市的调研证据》,《软科学》2009 年第 11 期。

98. 威廉姆森：《交易费用经济学：契约关系的规制》,上海人民出版社、上海三联书店 1997 年版。

99. 威廉姆森：《资本主义经济制度：论企业签约与市场签约》,商务印书馆 2002 年版。

100. 魏来、陈宏：《绿色农产品电子商务平台对于供应链垂直协作体系的影响研究》,《软科学》2007 年第 5 期。

101. 吴林海、徐玲玲、王晓莉：《影响消费者对可追溯食品额外价格支付意愿与支付水平的主要因素——基于 Logistic、Interval Censored 的回归分析》,《中国农村经济》2010 年第 4 期。

102. 吴林海、朱淀、徐玲玲：《果蔬业生产企业可追溯食品的生产意愿研究》,《农业技术经济》2012 年第 10 期。

103. 夏英、宋伯生：《食品安全保障：从质量标准体系到供应链综合管理》,《农业经济问题》2001 年第 11 期。

104. 肖湘雄：《大数据：农产品质量安全治理的机遇、挑战及对策》,《中国行政管理》2015 年第 11 期。

105. 徐潇潇、傅泽田、张小栓：《我国蔬菜供应链管理中信息技术采用的障碍因素分析——基于 TOE（技术—组织—结构）模型的实证研究》,《农业图书情报学刊》2006 年第 11 期。

106. 谢康、赖金天、肖静华:《食品安全社会共治下供应链质量协同特征与制度需求》,《管理评论》2015 年第 2 期。

107. 徐旭初:《农民专业合作组织立法的制度导向辨析——以〈浙江省农民专业合作社条例〉为例》,《中国农村经济》2005 年第 6 期。

108. 徐忠爱:《公司和农户缔结的超市场契约及其治理的信任机制》,《南京农业大学学报》(社会科学版) 2008 年第 3 期。

109. 杨锦秀:《蔬菜批发市场发展对策研究——以四川省彭州市为例》,《农村经济》2004 年第 4 期。

110. 杨金深、张贯生、智建飞、张春锋:《我国无公害蔬菜的市场价格与消费意愿分析——基于石家庄的市场调查实证》,《中国农村经济》2004 年第 9 期。

111. 杨金深:《无公害蔬菜生产投入的成本结构分析》,《农业经济问题》2005 年第 11 期。

112. 杨为民:《农产品供应链一体化模式初探》,《农村经济》2007 年第 7 期。

113. 姚文、祁春节:《交易成本对中国农户鲜茶叶交易中垂直协作模式选择意愿的影响——基于 9 省（区、市）29 县 1394 户农户调查数据的分析》,《中国农村观察》2011 年第 2 期。

114. 易丹辉:《数据分析与 Eviews 应用》, 中国统计出版社 2002 年版。

115. 应瑞瑶、何军:《中国农业合作社立法若干理论问题研究》,《农业经济问题》2002 年第 7 期。

116. 应瑞瑶、郭忠兴:《农业产业化经营合同初探》,《中国农村经济》1998 年第 2 期。

117. 应瑞瑶、刘营军:《农业合作社经济的基本原则探析》,《马克思主义与现实》2003 年第 3 期。

118. 应瑞瑶、沈亚芳:《苏南地区农村社区股份合作制改革探析》,《现代经济探讨》2004 年第 2 期。

119. 应瑞瑶、张兵:《试论契约一体化农业》,《农业经济》1999 年第

9 期。

120. 应瑞瑶:《合作社的异化与异化的合作社——兼论中国农业合作社的定位》,《江海学刊》2002 年第 6 期。

121. 应瑞瑶、孙艳华:《江苏省肉鸡行业垂直协作形式的调查与分析——从肉鸡养殖户角度》,《农业经济问题》2007 年第 7 期。

122. 应瑞瑶:《农民自组织专业合作社的成长路径——以江苏省"泰兴市七贤家禽产销合作社"为例》,《中国农村经济》2006 年第 6 期。

123. 应瑞瑶、王瑜:《交易成本对养猪户垂直协作方式选择的影响——基于江苏省 542 户农户的调查数据》,《中国农村观察》2009 年第 2 期。

124. 应瑞瑶、薛莘绮、周力:《基于垂直协作视角的农户清洁生产关键点研究——以生猪养殖业为例》,《资源科学》2014 年第 3 期。

125. 袁平、朱立志:《中国农业污染防控:环境规制缺陷与利益相关者的逆向选择》,《农业经济问题》2015 年第 11 期。

126. 曾碧翼:《长沙市生猪供应链垂直协作模式选择》,《现代农业科学》2008 年第 12 期。

127. 战明华、吴小钢、史晋川:《市场导向下农村专业合作组织的制度创新——以浙江台州上盘镇西兰花合作社为例》,《中国农村经济》2004 年第 5 期。

128. 张兵、应瑞瑶、贾红刚:《关于发展中国农业微观经济组织的思考》,《南京农业大学学报》(社会科学版) 1999 年第 3 期。

129. 张光辉:《农业产业化经营:"温氏模式"成功机制分析》,《农业经济问题》1998 年第 7 期。

130. 张静、傅新红:《聚焦供应链管理　提升产业化经营——农产品供应链管理与农业产业化经营国际研讨会观点综述》,《中国农村经济》2007 年第 2 期。

131. 张昆、王海涛、王凯:《垂直协作模式与农户生产绩效:基于交易成本与风险的视角》,《江海学刊》2014 年第 4 期。

132. 张利国：《垂直协作方式对水稻种植农户化肥施用行为影响分析——基于江西省 189 户农户的调查数据》，《农业经济问题》2008 年第 3 期。

133. 张敏：《基于核心企业的农产品供应链分析》，《物流技术》2004 年第 5 期。

134. 张晓山：《促进以农产品生产专业户为主体的合作社的发展——以浙江省农民专业合作社的发展为例》，《中国农村经济》2004 年第 11 期。

135. 张征：《"公司+农户"是发展规模化养鸡业的成功模式》，《中国家禽》1997 年第 12 期。

136. 周德翼、杨海娟：《食物质量安全管理中的信息不对称与政府监管机制》，《中国农村经济》2002 年第 6 期。

137. 周峰、王爱民：《垂直协作方式对农户肥料使用行为的影响基于南京市的调查》，《江西农业学报》2007 年第 4 期。

138. 周洁红、黄祖辉：《食品安全特性与政府支持体系》，《中国食物与营养》2003 年第 9 期。

139. 周洁红、金少胜：《农贸市场超市化改造对农产品流通的影响》，《浙江大学学报》（人文社会科学版）2004 年第 3 期。

140. 周洁红：《消费者对蔬菜安全的态度、认知和购买行为分析》，《中国农村经济》2004 年第 11 期。

141. 周洁红：《生鲜蔬菜质量安全管理问题研究》，中国农业出版社 2005 年版。

142. 周洁红：《农户蔬菜质量安全控制行为及其影响因素分析：基于浙江省 396 户菜农的实证分析》，《中国农村经济》2006 年第 11 期。

143. 周立群、曹利群：《农村经济组织形态的演变与创新》，《经济研究》2001 年第 1 期。

144. 周立群、曹利群：《商品契约优于要素契约》，《经济研究》2002 年第 1 期。

145. 周立群、曹利群：《农村经济组织形态的演变与创新——山东省莱阳市农业产业化调查报告》,《经济研究》2001 年第 1 期。

146. 周立群、邓宏图:《为什么选择了"准州体化"的基地合约》,《中国农村观察》2004 年第 3 期。

147. 周应恒、卢凌霄、耿献辉:《生鲜食品购买渠道的变迁及其发展趋势》,《中国流通经济》2003 年第 4 期。

148. 周应恒、霍丽明、彭晓佳:《食品安全:消费者态度、购买意愿及信息的影响》,《中国农村经济》2004 年第 11 期。

149. 周衍平等:《山东省订单农业的发展状况与问题》,《中国农村经济》2002 年第 5 期。

150. 周曙东、戴迎春:《供应链框架下生猪养殖户垂直协作形式选择分析》,《中国农村经济》2005 年第 6 期。

151. 朱峰、赵晓飞:《中国农产品渠道联盟信任机制构建》,《农业经济问题》2011 年第 8 期。

152. 朱国宏:《经济社会学》,复旦大学出版社 2003 年版。

153. 朱毅华、王凯:《农产品供应链整合绩效实证研究——以江苏地区为例》,《南京农业大学学报》(社会科学版) 2004 年第 2 期。

154. 宗翮:《新型城镇化:扩大内需的最大潜力》,《江南论坛》2013 年第 7 期。

155. Aigner, D. J., Lovell, C. A. K. and Schmidt, P., "Formulation and Estimation of Stochastic Frontier Production Function Models", *Journal of Econometrics*, 1997, 6.

156. Aitken, J., "Supply Chain Integration within the Context of a Supplier Association", Cranfield University, Ph. D. Thesis, 1998.

157. Ajzen, I., "The Theory of Planned Behavior", *Organizational Behavior and Human Decision Processes*, 1991, 50 (2).

158. Alback, S., C. Schultz, "On the Relative Advantage of Cooperatives", *Economic Letters*, 1998, 59.

159. Antle, J. M., "Efficient Food Safety Regulation in the Food Manufac-

turing Sector", *American Journal of Agricultural Economics*, 1996, 78 (5).

160. Arrow, K., "The Organization of Economic Activity: Issues Pertinent to the Choice of Market Versus Nonmarket Allocation", Washington, DC: U. S. Government Printing Office, 1969.

161. Barkema, A. and Drabenstott, M., "Re-defining the Role of Market Institutions and Government in Agri-food Chains", Proceedings of the 2nd International Conference on Chain Management in Agribusiness and the Food Industry, Wageningen Agricultural University, the Netherlands, 1996, 5.

162. Barraud-Didier, V., Henninger, M. and Akremi A., "The Relationship between Members' Trust and Participation in the Governance of Cooperatives: The Role of Organizational Commitment", *International Food and Agribusiness Management Review*, 2012, 15 (1).

163. Balsevich, F. J. A. Berdegue, L., Flores, D., Mainville and T. Reardon, "Supermarkets and Produce Quality and Safety Standards in Latin America", *American Journal of Agricultural Economics*, 2003, 85 (5).

164. Barghouti, S., Kane, S., Sorby, K. and Ali, M., "Agricultural Diversification for the Poor: Guidelines for Practioners, Agricultural and Rural Development", Discussion Paper 1, Washington DC, USA: The World Bank, 2001.

165. Bart Minten, Lalaina Randrianarison and Johan F. M., "Swinnen, Supermarkets, International Trade and Farmers in Developing Countries, Evidence from Madagascar", *Journal of Agricultural Economics*, 2005, 9.

166. Battese, G. E. and Corra, G. S., "Estimation of a Production Frontier Model: With Application to the Pastoral Zone of Eastern Australia", *Australian Journal of Agricultural Economics*, 1997, 21.

167. Berges-Sennou, F., etc., "Private Label: An Analysis of Literature", http://www.toulouse.inra.fr/esr/?2003.

168. Boger, Silke, "Quality and Contractal Choice: A Transaction Cost

Approach to the Polish Hog Market", *European Review of Agricultural Economics*, 2001, 28 (3).

169. Bosele, D., "Business Case Description Tops Supply Chain Project", Thailand KLICT IASCD Toolkit, 2002.

170. Bowersox, Donald, J. and David, C., Closs, *Logistical Management: The Integrated Supply Chain Process*, McGraw-Hill Series in Marketing, New York: The McGraw-Hill Companies, 1996.

171. Brakus, J. J., Schmitt, B. H. and Zarantonello, L., "Brand Experience: What is It? How is It Measured? Does It Affect Loyalty?", *Journal of Marketing*, Vol. 73, No. 3, 2009.

172. Brexendorf, T. O., Muhlmeier, S., Tomczak, T. and Eisend, Martin, "The Impact of Sales Encounters on Brand Loyalty", *Journal of Business Research*, Vol. 63, No. 11, 2010.

173. Burt, R. S., "A Note on Social Capital and Network Content", *Social Networks*, 1997, 19.

174. Cadilhon, J. J., Moustier, P., Poole, N., et al., "Traditional vs Modern Food Systems? Insights from Vegetable Supply Chain to Ho CHI Minh City (Vietnam)", *Development Policy Review*, Blackwell Pubblishing, Oxford, UK, 2006, 24.

175. Charles Eaton and Andrew, W., "Shepherd Contract Farming: Partnerships for Growth", *FAO Agricultural Services J. S. Bulletin of Social*, 2001.

176. Cook, M., "The Future of U. S. Agricultural Cooperatives: A Neo-institutional Approach", *American Journal of Agricultural Economics*, 1995, 77.

177. Cotterill, R. W., "The Food Distribution System of the Future: Convergence towards the US or the UK Model?", *Agribusiness*, 1977, 13 (2).

178. Darby, M. R. and Karni, E., "Free Competition and the Optimal Amount of Fraud", *Journal of Law and Economics*, 1973, 6.

179. Das, T. and Teng, S., "Trust, Control and Risk in Strategic Alliances: An Integrated Framework", *Organization Studies*, 2001, 22 (2).

180. Delgado-Ballester, E., Munuera-Alemán, J. L. and Yague-Guillen, M. J., "Development and Validation of a Brand Trust Scale", *International Journal of Market Research*, Vol. 45, No. 1, 2003.

181. Dolan, C., Humphrey, J. and Harris-Pascal, C., "Horticultural Commodity Chains: The Impact of the UK Market on the African Fresh Vegetables Industry", Institute of Development Studies, Brighton Institute of Development Studies Working Paper, 1999.

182. Engel, S., "Overcompliance, Labeling, and Lobbying: The Case of Credence", *Environmental Modeling and Assessment*, 2006, 11.

183. Eisenhardt, K. M., "Agency Theory: An Assessment and Review", *Academy of Management Review*, 1989, 12 (1).

184. Fearne, A., "The Evolution of Partnerships in the Meat Supply Chain: Insights from the British Beef Industry", *Supply Chain Management*, 2003, 3 (8).

185. Feinerman, E. and Falkovitz, M., "An Agricultural Multipurpose Service Cooperative: Pareto Optimality, Price-tax Solution, and Stability", *Journal of Comparative Economics*, 1991, 15.

186. Fischer, C., "Trust and Communication in European Agri-Food Chains", *Supply Chain Management, An International Journal*, 2013, 18 (2).

187. Frank, S. D. and Henderson, D. R., "Transaction Costs as Determinants of Vertical Coordination in the U. S. Food Industries", *American Journal of Agricultural Economics*, 2000, 74.

188. Ganeshan, Ram and Terry, P., Harrison, "An Introduction to Supply Chain Management", Department of Management Sciences and Information Systems, 303 Meam Business Building, Penn State University Park, PA, 1995.

189. Gary Gereffi, Miguel Korzeniewicz, *Commodity Chains and Global Capitalism*, *Praeger Publish*, *Westport*, *CT*, 1992.

190. Giulio, E. Lancioni, "Promoting Independent Task Performance by Persons with Severe Developmental Disabilities through a New Computer-Aided System", *Behavior Modification*, Vol. 21, 2000.

191. Glover, D., "Contract Farming and Outgrower Schemes in East and Southern Africa", *Journal of Agricultural Economics*, 1990, 21 (3).

192. Golan, E., etc., "Trancebility in the US Food Supply: Dead End or Super Highway", *Choices*, 2003, 2.

193. Golan, E., Kuchier, F., "Traceability for Food Marketing & Food Safety: What is the Next Step?", *Economic Research Service/USDA*, 2002, 1-2.

194. Golan, E., Krissoff, B., Kuchler, F., Calvin, L., Nelson, K. and Price, G., "Traceability in the U. S. Food Supply: Economic Theory and Industry Studies", *USDA*, *Agricultural Economic Report*, No. 830, 2001.

195. Gonzalez, I., Joaquin, L. and Bhatta, Gambhir, *Governance Innovation in the Asia-Pacific Region*, Hants: Ash Gate Publishing Ltd., 1998.

196. Goodhue, R. E., Klonsky, K. and Mohapatra, S., "Can an Education Program be a Substitute for a Regulatory Program that Bans Pesticides Evidence from a Panel Selection Mode", *American Journal of Agricultural Economics*, 2010, 92 (3).

197. Grossman, Herschel, I., "Incomplete Information, Risk Shifting, and Employment Fluctuations", *Review of Economic Studies*, Blackwell Publishing, 1981, 28 (2).

198. Grosskopf, W., "Einkommens Steigerung Durch Kooperatives Marketing and Vertrags-landwirtschaft", *Archiv-DLG*, *Germany*, 1994, 88.

199. Hansen, M. Morrow, J. Batista, C., "The Impact of Trust on Cooperative Membership Retention, Performance and Satisfaction: An Exploratory

Study", *Journal International Food and Agribusiness Management Review*, 2002, 5.

200. Hansmann, Henry, "The Role of Nonprofit Enterprise", *Yale Law Journal*, Vol. 8, 1980.

201. Harris-White, B., *Onto a Loser: Disability in India*, Guhan, New Delhi Havami, 1993.

202. Hdeberg, C. W., "Global Surveillance Need to Prevent Foodborne Disease", *California Agriculture*, 2000, 52 (5).

203. Hendrikse, G. W. J., "Screening, Competition and the Choice of the Cooperative as an Organizational Form", *Journal of Agricultural Economics*, 1998, 49 (2).

204. Hennessy, David, A., "Information Asymmetry as a Reason for Food Industry Vertical Integration", *American Journal of Agricultural Economics*, Vol. 78, 1996.

205. Hennessy, David, A., Lawrence, John, D., "Contractual Relations, Control, and Quality in the Hog Sector", *Review of Agricultural Economics*, Vol. 21, 1999.

206. Hensher, D. A. and Bradley, M., "Using Stated Response Choice Data to Enrich Revealed Preference Discrete Choice Models", *Marketing Letters*, Vol. 4, No. 2, 1993.

207. Henson, S. J. and Northen, J., "Consumer Assessment of the Safety of Beef at the Point of Purchase: A Pan-European Study", *Journal of Agricultural Economics*, 2000, 51.

208. Henson, S. and Loader, R., "Barriers to Agricultural Exports from Developing Countries: The Role of Sanitary and Phytosanitary Requirements", *World Development*, 2001, 29 (1).

209. Hobbs, J. E., "A Transaction Cost Approach to Supply Chain Management", *Supply Chain Management*, 1996, 1 (2).

210. Hobbs, J. E., "Transaction Costs and Slaughter Cattle Procurement: Processors Selection of Supply Channels", *Agribusiness*, 1996, 12.

211. Hobbs, J. E., "Measuring the Importance of Transaction Costs in Cattle Marketing", *American Journal of Agricultural Economics*, 1997, 79 (11).

212. Hobbs, J. E. and Youg, L. M., "Closer Vertical Co-ordination in Agri-food Supply Chains: A Conceptual Framework and Some Preliminary Evidence", *Supply Chain Management*, 2000, 5.

213. Hornibrook, S., Fearne, A., "Demand Driven Supply Chains: Contractual Relationships and the Management of Perceived Risk", Paper Presented at 2nd European Forum on Market-Driven Supply Chains, 2005, 4.

214. Hu, D. H. and Xia, D. D., "Innovative Practice: China Case Studies of Carrefour's Quality Lines", Institute of Agricultural Economics and Development, Chinese Academy of Agricultural Sciences, 2007.

215. Hu, D. T., Reardon, S., Rozelle, P. and Tier, H. Wang, "The Emergence of Supermarkets with Chinese Characteristics: Challenges and Opportunities for China's Agricultural Development", *Development Policy Review*, 2002, 11.

216. Humphrey, John & Oetero, Antje, "Strategies for Diversification and Adding Value to Food Exports: A Value Chain Perspective", UNCTAD Conference on Trade and Development, 2000.

217. Imre Ferto and Gábor G. Szabóv, "The Choice of Supply Channels in Hungarian Fruit and Vegetable Sector", *Agricultural Economic Report*, June 14, 2002.

218. Jensen, J. M. and Hansen, T., "An Empirical Examination of Brand Loyalty", *Journal of Product & Brand Management*, Vol. 15, No. 7, 2006.

219. Jikun Huang, Scott Roselle, "Small Farmers and Agri-food Market Restructuring: The Case of Fruit Sector in China", *Phase I Report*,

Oct. 28, 2006.

220. Joskow, Paul, L., "Vertical Integration and Long-term Contracts: The Case of Coal-burning Electric Generating Plants", *Jounaal of Law, Economics, and Organization*, 1985, 8.

221. Karantinis, K. A. Zago, "Endogenous Membership in Mixed Duopsonies", *American Journal of Agricultural Economics*, 2001, 83 (5).

222. Kaynak, K., "The Relationship between Total Quality Management Practices and Their Effects of Firm Performance", *Journal of Operations Management*, 2003, 21.

223. Kim, Seok Eun and Kim, Kon Joong, "A Study on Livestock Products Brand Loyalty of University Students", *Journal of Animal Science and Technology*, Vol. 51, No. 5, 2009.

224. Klein, B. R., Crawford, A. Alchian, "Vertical Integration Appropriable Rents, and the Competitive Contracting Process", *Journal of Law and Economics*, Vol. 21, 1978.

225. Kumar, M., Krishna, K. V., "A Stated Preference Study for a Car Ownership Model in the Context of Developing Countries", *Transportation Planning and Technology*, Vol. 29, No. 5, 2006.

226. Leiblein, M. J., "The Choice of Organizational Governance Form and Performance: Predictions from Transaction Cost, Resource-based, and Real Options Theories", *Journal of Management*, 2003, 29.

227. Li, Fu'an, Zhou, N., Kashyap, R. and Zhilin, Yang, "Brand Trust as a Second-order Factor: An Alternative Measurement Model", *International Journal of Market Research*, Vol. 50, No. 6, 2008.

228. Liu, P., "Tracing and Periodizing China's Food Safety Regulation: A Study on China's Food Safety Regime Change", *Regulation & Governance*, Vol. 4, No. 2, 2010.

229. Loomis, J. T., Brown, B. and George, P. "Improving Validity Ex-

periments of Contingent Valuation Methods: Results of Efforts to Reduce the Disparity of Hypothetical and Actual Willingness to Pay", *Land Economics*, Vol. 72, No. 9, 1996.

230. Loureiro, Maria, L., Mc Cluskey, J. and Mottelhammer, Ron, C., "Are Stated Preferences Good Predictors of Market Behavior? ", *Land Economics*, Vol. 82, No. 4, 2003.

231. Manchester, A. C., "The Industrialization of U. S. Agriculture: The Role of Contracting and Vertical Integration", U. S. Department of Agriculture, Economic Research Service, Unpublished Manuscript, 1997.

232. Marion, B. W. (Eds.), *The Organization and Performance of the U. S. Food System*, Lexington MA: Lexington Books, 1986.

233. Martinez, S. W., "Vertical Coordination in the Pork and Broiler Industries: Implications for Pork and Chicken Products ", *USDA. ERS. AER.*, 1999.

234. Martinez, S. W., "Vertical Coordination in the Pork and Broiler Industries: Implications for Pork and Chicken Products, Food and Rural Economics Division, Economic Research Service, U. S. Department of Agriculture", *Agricultural Economic Report*, 1996.

235. Martinez, S. W., " Vertical Coordination of Marketing Systems: Lessons from the Poultry, Egg, and Pork Industries", *Agricultural Economic Report*, 2002, 4.

236. Martinez, Steve, W., Kevin, E. Smith and Kelly, D., "Zering Analysis of Changing Methods of Vertical Coordination in the Pork Industry", *Journal of Agricultural and Applied Economics*, 1998, 6.

237. Masten, S. E. (Eds.), *Case Studies in Contracting and Organization*, Oxford University Press, 1996.

238. Mayer, R., Davis, J. and Schoolman, F., "An Intergrative Model of Organizational Trust", *Academy of Management Review*, 1995, 20 (3).

239. McAllister, D., "Affect-based and Cognition-based Trust as Foundations for Interpersonal Cooperation in Organizations", *Academy of Management Journal*, 1995, 38 (1).

240. Mighell, R. L., Jones, L. A., "Vertical Coordination in Agriculture, U. S. Department of Agriculture, Economic Research Service", *Agricultural Economic Report*, 1963.

241. Milgrom, Paul and John Roberts, *Economics*, *Organization and Management*, Prentice-Hall, Inc., 1992.

242. Nelson, P., "Study of Information and Consumer Behavior", *Journal of Political Economy*, 1990, 6.

243. Nelson, P., "Trust, Information and Consumer Behavior", *Journal of Political Economy*, 2005, 8.

244. Nilsson, J., Kihlen, A., Norell, L., "Are Trust, Traditional Cooperatives and Endangered Species? About Shrinking Satisfaction", *Involvement and Trust Editorial Staff*, 2009, 12 (4).

245. Olesen, "Production Contracts and Productivity in the U. S. Hog Section", *American Journal of Agricultural Economics*, 2003, 8 (1).

246. Omta, S. W. F., Trienekens, J. H. & Beers, G., "Chain and Network Science: A Research Framework", *Journal on Chain and Network Science*, 2001, 1 (1).

247. Otsuka, K., *The Economics of Contract Choice: An Agrarian Sage*, Oxford, Clarendon Press, 1999.

248. Porter, M. E., "Strategy and the Internet", *Harvard Business Review*, 2001, 3.

249. Pratap, S., Birthal, PK. Joshi and Ashok Gulati, "Vertical Coordination in High-value Food Commodities: Implications for Small Holders", *MZ'ID Discussion Paper*, 2005, 4.

250. Raju, J. S., Sethnraman, R. and Dhar, S. K., "The Introduction

and Performance of Store Brands", *Management Science*, 1995, 41 (6).

251. Rao, A. R., Qu, L. and Ruekert, R. W., "Signaling Unobservable Product Quality through a Brand Ally", *Journal of Marketing Research*, Vol. 36, 1999.

252. Reardon, T. C. P., Timmer C. B. and Barren, J. Berdegue, "The Rise of Supermarkets in Africa, Asia, and Latin America", *American Journal of Agricultural Economics*, 2003, 85 (5).

253. Reardon, T. and J. A. Berdegue, "The Rapid Rise of Supermarkets in Latin America: Challenges and Opportunities for Development", *Development Policy Review*, 2002, 20 (4).

254. Rehber, E., "Vertical Coordination in the Agri-Food Industry and Contract Farming: A Comparative Study of Turkey and the USA", *Food Marketing Policy Center Research Report*, 2000, 2.

255. Rhodes, V. James, "The Industrialization of Hog Production", *Review of Agricultural Economics*, Vol. 17, 1995.

256. Rogers, R. T. and R. J. Sexton, "Assessing the Importance of Oligopsony Power in Agricultural Markets", *American Journal of Agricultural Economics*, 1994, 76 (5).

257. Rousseau, D., Sitkin, S., Burt, S. and Camerer, C., "Not so Different after all: A Cross-Discipline View of Trust", *Academy of Management Review*, 1998, 23 (3).

258. Rusten, David, "Contract Farming in Developing Countries: Theoretical Aspects and Analysis of some Mexican Cases, *Espanol*, 1996.

259. Sable, C., "Studied Trust: Building New Forms of Cooperation in a Volatile Economy", *Human Relations*, 1993, 46 (9).

260. Schneider, B., "Agricultural Cooperatives and Market Performance in Food Manufacturing", *Journal of Agricultural Cooperation*, 1994, 9.

261. Scott, G. J., *Prices, Products and People: Analyzing Agricultural*

Markets in Developing Countries, Lynne Rienner Boulder, 1995.

262. Scott, M. F. and Zettelmeyer, F., "The Strategic Positioning of Store Brands in Retailer-manufacturer Bargaining, NBER", http://papers. nber. org/papers/w7712,2000,Working Paper.

263. Shon Martin Ferguson, "The Economics of Vertical Coordination in the Organic Wheat Supply Chain", University of Saskatchewan, Discussion Report, 2004, 10.

264. Sparling, D. H. and Sterling, B. T., *Food Traceability: Understanding the Business Value*, RCM Technologies Canada, 2004.

265. Sporleder, T. L., "Assessing Vertical Strategic Alliances by Agribusiness", *Canadian Journal of Agricultural Economics*, 1994, 42.

266. Schulze, B., Spiller, A. and Theuvsen, L., "Vertical Coordination in German Pork Production: Towards more Integration? ", Paper Presented at the 16th Annual World Forum and Symposium, Agribusiness, Food, Health, and Nutrition, 2006.

267. Starbird, S. A., "Supply Chain Contracts and Food Safety", *Choices*, 2005, 20 (2).

268. Stevens, G. C., " Integrating the Supply Chain ", *International Journal of Physical Distribution and Materoals Management*, Vol. 19, 1989.

269. Torgerson, R., Reynolds, B. and Gray, T., "Evolution of Cooperative Thought, Theory and Purpose", *Journal of Co-operatives*, 1998, 13.

270. Unnevehr, L., " Food Safety: Setting and Enforcing Standards", *Choices*, 2003, 1.

271. Uzzi, B., "Social Structure and Competition in Interfirm Networks: The Paradox of Embeddedness", *Admin. Sci.*, 1997, 42.

272. Van Tilburg, A. and Moll, H. A. J., *Agricultural Markets beyond Liberalization*, Kluwer Academic Publishers, Boston, 2000.

273. Venkatesh, V., "The Impact of Trust on Cooperative Membership Re-

tention, Performance, and Satisfaction: An Exploratory Study", *The International Food and Agribusiness Management Review*, 2002, 5 (1).

274. Wall, P., "Food Safety and Supply: Present and Future Challenges", *Journal of Farm Management*, Vol. 13, No. 12, 2010.

275. Williamson, O. E., *Markets and Hierarchies: Analysis and Antitrust Implications*, New York: Free Press, 1975.

276. Williamson, O. E., *The Economic Institutions of Capitalism: Firms, Markets Relational Contracting*, New York: The Free Press, 1985.

277. Wilson, C., Tisdell, C., "Why Farmers Continue to Use Pesticides despite Environmental, Health and Sustainability Costs", *Ecological Economics*, 2001, 39 (3).

278. Williams, M., "In Whom We Trust: Group Membership as an Affective Context for Trust Development", *Academy of Management Review*, 2001, 26 (3).